国家社科基金项目成果 经管文库

Study on Practice and Theory of Mechanism Innovation of Land Development Right in Arable Land Protection in China

我国耕地保护中的土地发展权机制创新的实践与理论研究

王 荧／著

中国财经出版传媒集团
经济科学出版社
Economic Science Press

图书在版编目（CIP）数据

我国耕地保护中的土地发展权机制创新的实践与理论研究/王荧著．—北京：经济科学出版社，2020.12
ISBN 978-7-5218-2190-1

Ⅰ．①我…　Ⅱ．①王…　Ⅲ．①耕地保护-研究-中国
Ⅳ．①F323.211

中国版本图书馆CIP数据核字（2020）第256267号

责任编辑：胡成洁
责任校对：李　建
责任印制：李　鹏　范　艳

我国耕地保护中的土地发展权机制创新的实践与理论研究
王　荧　著
经济科学出版社出版、发行　新华书店经销
社址：北京市海淀区阜成路甲28号　邮编：100142
经管中心电话：010-88191335　发行部电话：010-88191522
网址：www.esp.com.cn
电子邮件：espcxy@126.com
天猫网店：经济科学出版社旗舰店
网址：http：//jjkxcbs.tmall.com
北京季蜂印刷有限公司印装
710×1000　16开　15.5印张　280000字
2020年12月第1版　2020年12月第1次印刷
ISBN 978-7-5218-2190-1　定价：62.00元
（图书出现印装问题，本社负责调换。电话：010-88191510）

国家社科基金项目成果经管文库

出版说明

我社自1983年建社以来一直重视集纳国内外优秀学术成果予以出版。诞生于改革开放发轫时期的经济科学出版社，天然地与改革开放脉搏相通，天然地具有密切关注经济领域前沿成果、倾心展示学界翘楚深刻思想的基因。

2018年恰逢改革开放40周年，40年中，我国不仅在经济建设领域取得了举世瞩目的成就，而且在经济学、管理学相关研究领域也有了长足发展。国家社会科学基金项目无疑在引领各学科向纵深研究方面起到重要作用。国家社会科学基金项目自1991年设立以来，不断征集、遴选优秀的前瞻性课题予以资助，我社出版了其中经济学科相关的诸多成果，但这些成果过去仅以单行本出版发行，难见系统。为更加体系化地展示经济、管理学界多年来躬耕的成果，在改革开放40周年之际，我们推出“国家社科基金项目成果经管文库”，将组织一批国家社科基金经济类、管理类及其他相关或交叉学科的成果纳入，以期各成果相得益彰，蔚为大观，既有利于学科成果积累传承，又有利于研究者研读查考。

本书库中的图书将陆续与读者见面，欢迎相关领域研究者的成果在此文库中呈现，亦仰赖学界前辈、专家学者大力推荐，并敬请经济学界、管理学界给予我们批评、建议，帮助我们出好这套文库。

经济科学出版社经管编辑中心

2018年12月

本书由国家社科基金项目“我国耕地保护中的土地发展权机制创新的实践与理论研究”（项目编号：15BJY080）和福建江夏学院“龙江学术著作”出版基金资助出版

目　录

Contents

第一章　绪　　论

第一节　研究背景、目的与意义

一、研究背景

（一）现实背景

耕地是人类赖以生存和发展的基本自然资源，保护耕地资源历来是世界各国最为重视的工作之一。尤其在中国，一方面，中国人口众多，人均耕地面积不到世界平均水平的40%；另一方面，改革开放以来，随着工业化、城镇化的持续推进，我国经济发展与耕地保护之间的矛盾不断激化。该如何既保障经济发展，又能保护足够数量和质量的耕地，以保障中国老百姓的粮食安全和生态安全，是中国政府和学术界关注的热点问题。

（二）研究综述（学术背景）

1. 耕地保护理论研究现状

在耕地保护的理论研究方面，学术界关注的议题主要有两个：一是为什么要保护耕地（实质），二是如何保护耕地（途径）。已有文献对这些议题展开深入分析，取得了丰硕成果。

耕地不仅是一种重要的农业生产资源，也是一种基本的生态、社会资源，它不仅能为人们提供粮食生产服务，同时也能给人们带来粮食安全、生态服务等各种正的公共外部性价值或收益，而这些外部性收益具有公共物品属性——耕地创造的粮食安全价值、生态价值等外部性收益具有非竞争性和非排他性。一方面，一个人对耕地的消费和享受并不会减少其他人对这些价值的消费机会与享受数量，即耕地的公共外部性价值具有非竞争性；另一方面，公众共同享受耕地的公共外部性价值，若要将其中的任何人排除在外，则要么在技术上不可能要么是经济上的无效率，即耕地的公共外部性价值具有非排他性。在缺乏任何激励或约束的背景下，各经济主体在决定耕地的利用与保护时只考虑耕地给其带来的私人收益和成本，而忽略了耕地存在所带来的公共外部性收益，因此，从社会整体的角度来看，所有经济主体保有的耕地总量与社会最优量相比往往太低了，未能实现耕地利用与保护的帕累托最优状态。鲍莫尔和奥茨（Baumol and Oaets，1988）构建数理模型论证得到使市场均衡结果实现公共外部性配置的帕累托最优状态的唯一价格条件：对于制造正的公共外部性的经济主体进行补贴，补贴价格等于该公共外部性给其他所有经济主体带来的总收益；对于制造负的公共外部性的经济主体进行征税，征税价格等于该负公共外部性给其他所有经济主体造成的总损失。根据鲍莫尔和奥茨（1988）的结论，耕地保护的实质和核心问题是要保护并将这些公共外部性收益内化到人们耕地利用与保护的决策当中。

耕地保护中的土地发展权——耕地发展权的设置则是为了保护和实现耕地的这些公共外部性价值。因此，耕地保护的根本在于通过合理设置与配置耕地发展权予以实现。当前，耕地发展权的配置机制主要有两类：计划命令的配置机制和经济措施的配置机制。其中，计划命令的配置机制是通过政府的行政命令与计划分配来实现耕地发展权的配置，经济措施通过基于价格控制的经济措施（庇古税与庇古补贴）、数量控制（总量控制下的市场交易）以及混合机制三种基本方式来实现耕地发展权的内在价值以保护耕地（Baumol and Oates，1988；Callan and Thomas，2006）。总体而言，相比于计划命令的配置机制，经济措施因具有成本有效性而备受推介（Goulder and Schein，2013）。对于基于价格控制和基于数量控制的经济措施孰优孰劣，已有文献从可信承诺与灵活性之间的权衡、实施成本、政治可行性（Hepburn，2006）、灵活补偿分配不均的影响（Mansur，2013）、不完全竞争市场下的实施效果（Mansur，2013）、在不确定性条件下环境政策对企业技术选择的影响（StorrØsten and Briseid，2014）、与其他政策的配合（Driesen，2017）、对于混合污染物的管制效果（Stranlund and Son，2018）、对于国际环境协议的影响（Ulrike and Robert，2018）、不确定性下的效率（Baumol and Oates，1988）等方面展开比较分析，不过未取得统一共识。史蒂文斯（Stavins，2008）、基欧汉（Keohane，2009）等青睐于总量控制下的市场交易机制，梅特卡夫（Metcalf，2009）、曼昆发起设立的庇古俱乐部等更倾向于庇古税机制。总体而言，总量控制下的市场交易机制似乎更受政策制订者的关注。不过，近年来，政策制订者对庇古税机制的兴趣在不断攀升，他们认为作为税收制度改革的一部分——庇古税的开设有利于增加政府财政收入、缓解政府财政赤字（Marron，2015）。斯特伦德和索恩（Stranlund and Son，2018）、鲍莫尔和奥茨（1988）等则认为混合机制兼得了基于价格控制和基于数量控制的优点，在很多情况下优于纯价格控制和纯数量控制，尤其在考虑不确定性的情况下，混合机制更是具有明显的优势（Baumol and Oates，1988）。

2. 我国耕地保护的实践与理论研究现状

我国耕地保护的实践与理论问题备受政府、社会公众和学术界关注。改革开放初期，政府、社会公众和学术界对于耕地保护的认识还处于不断加深的过程中，加上我国工业化、城镇化的快速推进，这一时期我国耕地流失数量较大。《中国国土资源统计年鉴》的数据显示，1987～1995 年全国耕地净减少 310.38 万公顷，年均净减少 34.49 万公顷。为了扼制“开发区热”“房地产热”等对耕地的盲目圈占行为，1998 年修订的《土地管理法》构建起包括土地用途管理、土地利用总体规划、基本农田保护、耕地占补平衡在内的我国最严格的耕地保护机制。不过，该最严格的耕地保护机制以计划命令配置为主，缺乏市场交易和配套的补偿机制设计，显得刚性有余而弹性不足（蔡银莺、余元，2012），导致我国耕地保护、非农化利用与耕地补充存在诸多问题：（1）未能有效保护耕地的公共外部性价值；（2）未能灵活规划空间布局；（3）未能平衡各地区耕地非农化收益差异；（4）未能协调各地区耕地保护责任共担、效益共享（张蔚文、李学文，2011）。为了突破这样耕地保护机制的制约，2000 年以来，我国部分发达地区开始探索如何在现行体制下引入市场交易和补贴机制以解决耕地利用与保护的低效和不公的问题。比较有代表性是成都耕地保护基金机制（郭旭东、于琦，2011）、重庆地票交易机制（童代志，2013；黄美均、诸培新，2013）、浙江耕地指标交易机制（包括耕地异地占补平衡、基本农田易地代保、折抵指标有偿调剂、复垦指标等几种指标交易。不过，目前基本农田易地代保机制和折抵指标有偿调剂机制已经被国家禁止。汪晖、陶然，2009；张蔚文、李学文，2011；王文龙，2015），以及城乡建设用地增减挂钩机制。中央政府则是密切跟踪各地的创新实践，一方面，积极总结各地创新实践中的成功做法，并汇集成系统的创新举措向全国推广；另一方面，及时发现各地区创新实践存在的问题，并及时地予以制止，同时梳理更为正确的做法，指导规范各地区的创新实践。现有文献主要从两个角度对我国的耕地保护制度变迁历程展开研究。

一是对我国耕地保护制度变迁历程进行阶段划分，以便更好地把握我国耕地保护制度的变迁逻辑，主要形成了四种观点：（1）臧俊梅等（2019）运用内容分析法、词频分析法和 Kendall 检验法对 1978 年以来中央政府及其相关职能部门出台的 214 份耕地保护相关的政策、法规进行内容特征分析，进而将改革开放以来我国耕地保护制度的变迁历程区分为“建设型”耕地数量保护阶段、“限制型”耕地和基本农田保护阶段、“约束型”耕地数量质量保护阶段、“激励型”耕地数量质量生态三位一体保护阶段四个阶段；（2）牛善栋和方斌（2019）运用归纳法、演绎法和理论分析法对我国耕地保护制度的内涵进行深入分析，认为改革开放以来我国耕地保护制度经历了概念深化—制度发展—转型完善的过程，耕地保护制度的内涵变革呈现出从“数量”转变为“数量 + 质量”，再跃迁到“数量 + 质量 + 生态”三位一体的均衡管理；（3）刘国凤（2011）考察了 1978 年以来耕地保护的各项法规、条例，并结合同期我国耕地的变化趋势，将改革开放以来我国耕地保护制度的变迁历程区分为耕地保护制度的孕育期、耕地保护制度的产生期、耕地保护制度的发展期、耕地保护制度的完善期四个阶段；（4）林晓雪（2014）梳理了改革开放以来国务院及国土管理系统颁布的耕地保护相关的法规条例，并结合我国经济体制改革和农业经济发展过程，将改革开放以来我国耕地保护制度的变迁历程区分为耕地保护制度的起步、发展、巩固、调整、完善五个阶段。

二是对我国耕地保护制度变迁的绩效进行理论分析。由于耕地保护的实质与核心是通过构建合理的耕地发展权制度以内化耕地存在所带来的公共外部性收益。因此，现有文献主要基于土地发展权理论对我国耕地保护制度的变迁历程以及未来展望进行深入分析。学术界普遍认为，虽然耕地发展权及其相关权能在我国法律上还未明确界定，它在现实的土地规划与管理中却是存在的，体现在政府对耕地转用的总量控制以及计划分配之中，分解为建设占用耕地、基本农田保有、耕地补充等指标予以实现（汪晖、陶然，2009）。近年来的成都耕地保护基金机制、重庆地票交易机制、浙江耕地指标交易机制以及城乡建设用地增减挂钩等耕地保护探索机制在一定程度上弥补了以往耕地保护机制的不足。事实上，从土地发展权理论角度，这些机制的本质是基于土地发展权的耕地保护机制——实际上这些机制中涉及的耕地占补平衡、地票等指标均执行了耕地发展权的职能（汪晖、王兰兰、陶然，2011），这些探索机制在以往耕地发展权的计划命令基础上引入了经济措施。其中，成都耕地保护基金机制是以补贴方式来实现现存耕地的土地发展权内在价值，其他三种则是通过市场交易来实现新增耕地的土地发展权内在价值。

总体上，基于土地发展权制度创新的耕地保护机制研究集中于四个问题的探讨。(1) 我国耕地发展权的设置问题。目前主要有四种观点：其一认为建设占用耕地指标实质上执行着耕地发展权的权能（靳相木、姚先国，2010），其二认为耕地占补平衡指标实质上执行着耕地发展权的权能（任艳胜，2009），其三认为建设占用耕地指标、耕地占补平衡指标、基本农田保护指标三者共同构成了我国耕地发展权权利束（汪晖、陶然，2011），其四认为耕地异地占补平衡、基本农田易地代保、折抵指标有偿调剂、复垦指标交易等几种指标交易本质都是耕地发展权交易（张蔚文、李学文，2011）。(2) 我国耕地发展权的归属问题。目前存在三种观点：第一种观点主张耕地发展权归国家所有（林坚、许超诣，2014），第二种观点主张耕地发展权归农地所有者——农民集体所有，第三种观点主张应该由国家和农民集体共同分享耕地发展权益。(3) 我国耕地发展权制度创新的绩效问题。目前主要有两种截然不同的观点：一种观点认为英国、美国等发达国家或地区在运用土地发展权机制保护农地等自然环境资源的方面积累了不少成功经验（Mattew Henson Brinkley，2007；Michale D Kaplowitz et al.，2008；Nelson and Arthur C，Rick Pruetz and Doug Woodruff，2012；柴铎、董藩，2014），因此，通过借鉴它们的成功经验，构建中国特色的耕地发展权机制，能解决建设用地利用和跨区配置中的突出矛盾，以及区域间的效率与公平问题（汪晖、陶然，2009），一种观点认为现有的耕地发展权机制创新，无论从实践层次，还是从理论层面，对于资源的配置都没有实质性的贡献（张蔚文、李学文，2011）。(4) 基于耕地发展权的土地金融研究。目前研究主要集中于两个方面的探讨：一是基于耕地发展权的农村土地整治项目融资模式和风险研究（陈佳骊、徐宝根，2011），如基于城乡建设用地增减挂钩指标的抵押贷款等；二是美国土地发展权转移银行的运作模式与启示（陈佳骊，2011）。

3. 研究评价

纵观现有文献，对于耕地保护理论及我国耕地保护中的土地发展权机制的研究取得了丰硕的成果，不过还存在着一些不足。(1) 理论上，鲍莫尔和奥茨(1988) 论证得出了使市场均衡结果实现帕累托最优状态而需要对公共外部性的制造（削减）行为施加的唯一价格约束。但他们忽略了一个事实：作为一个非营利性的机构，公共管理部门在实施一定经济政策以实现这样的价格约束时，往往还要兼顾财政收支平衡，只有这样才能实现公共外部性的持续治理。那么，什么样的价格约束才能兼顾帕累托最优和财政收支平衡？对于这一问题的分析，现有文献较少涉及。(2) 对于我国耕地保护机制变迁历程，现有文献只侧重描述性分析，对于其背后的变迁规律与变迁路径的经济学解释，现有文献较少涉及。(3) 对于当前我国耕地发展权制度创新的绩效问题，现有文献存在两种截然不同的观点，还未取得统一共识。（4）关于我国耕地发展权的种类设置、实现方式和产权归属等问题尚存争议。（5）如何构建中国特色耕地发展权机制以实现我国耕地利用与保护的效率与公平，还未有文献对这一问题进行系统阐述并构建数理模型进行分析论证。因此，耕地保护理论及我国耕地保护中的土地发展权机制的创新研究还要在实证分析与理论解释方面进一步往前推进。

二、研究目的与意义

（一）研究目的与研究对象

鉴于我国耕地保护问题的重要性以及现有文献在耕地保护理论和我国耕地保护中的土地发展权机制等方面的研究不足，并考虑到耕地发展权机制是在土地分区管理下公平有效地实现耕地保护与非农化配置的有效手段——耕地发展权的设置保护了耕地的公共外部性价值，耕地发展权的合理配置协调了耕地保护各方的利益，诱使各利益主体采取合理的保护行为。因此，本书以我国耕地保护中的土地发展权机制变迁与创新为研究对象，在资源与环境、产权经济、制度变迁、运筹学等理论框架下，归纳总结我国耕地保护制度的变迁历程及创新现状，从学理上阐述这些变迁的耕地保护制度所构建的耕地发展权机制，探讨这些耕地发展权机制的创新绩效，总结其成功经验、发现其存在的问题。然后，以现状为基础，以党的指导思想和我国宪法为指导，以耕地保护理论为支撑，进一步构建实现我国耕地最优利用与保护的中国特色耕地发展权创新机制，并架构数理模型论证该机制的合理性，从而在耕地保护中厘清政府和市场的关系，使市场在耕地保护中起决定性作用和更好地发挥政府作用，引导社会资本投入耕地保护领域，最终实现我国耕地保护的效率与公平。

为了进一步阐明本书的研究对象，以便深入展开后续内容的研究，本节首先对耕地、耕地保护、耕地非农化、耕地保护制度、耕地保护机制、耕地发展权、耕地发展权制度和耕地发展权机制等概念进行界定，具体见表1－1。

表1－1　基本概念界定

名词	概念
耕地	《土地利用现状分类》（GB/T 21010—2007）对耕地进行了界定，即，耕地是指种植农作物的土地，包括熟地，新开发、复垦、整理地，休闲地（含轮歇地、轮作地）；以种植农作物（含蔬菜）为主，间有零星果树、桑树或其他树木的土地；平均每年能保证收获一季的已垦滩地和海涂。耕地中包括南方宽度小于1.0米、北方宽度小于2.0米的固定的沟、渠、路和地坎（埂）。二级分类为水田、水浇地、旱地

续表

名词	概念
耕地保护	耕地保护是指运用法律、行政、经济、技术等手段和措施，动态地实现耕地数量、质量和生态三位一体保护。可以对耕地进行非农化，只要实现相应数量、质量和生态的占补平衡即可，由此可见，从动态角度看，耕地保护要实现耕地保有保护、耕地非农化和耕地补充三个维度的均衡
耕地非农化	耕地非农化是耕地用途的变更，即由农业用地转变为非农建设用地，形式上包括了耕地转为非农建设用地的所有情况：（1）农民集体所有耕地转为农民集体建设用地的耕地非农化；（2）农民集体耕地转为城市建设用地；（3）国有耕地转为建设用地
耕地保护制度与耕地保护机制	新制度经济学认为制度是约束人们行为的一系列规则（罗必良，2006），机制是一个工作系统的组织或部分之间相互作用的过程和方式。从经济学角度看，制度与机制密不可分，经济机制是在一系列规则约束下经济系统内部组成要素按照一定方式的相互作用实现其特定的功能，一个系统的制度安排往往构建起某一经济运行机制，而某一经济运行机制需要相应的一系列制度安排予以支撑。耕地保护制度是指为了保护耕地而所采取的一切法律、政策、规章、措施、技术规范等，具体上又有广义与狭义之分。广义的耕地保护制度是所有与耕地保护有关的法律、政策、标准、规章、措施、技术规范之和，外延上具体包括土地用途管制、永久基本农田保护、耕地占补平衡、耕地产权制度、土地整理技术标准、耕地质量等级划分技术标准等基本制度。狭义的耕地保护制度，是指为了确保粮食安全与生态安全、保证耕地的持续利用而形成的耕地的产权、使用、规划与管理的法律、政策、规章、措施。本书的耕地保护制度是指狭义的耕地保护制度，具体包括土地用途管制、永久基本农田保护、耕地占补平衡、耕地产权制度等基本制度。耕地保护机制则是指在耕地保护系列规则下各经济主体相互作用决定耕地的利用与保护的过程和方式
土地发展权、耕地发展权、耕地发展权制度和耕地发展权机制	土地发展权是指土地用途的变更之权，耕地发展权是耕地农用用途的变更之权，即将耕地从农用转为非农建设利用的权利。本书认为耕地保护中的土地发展权机制本质上就是耕地发展权机制。耕地发展权制度包括所有与耕地用途的变更有关的法律、政策、规章、措施，具体包括土地用途管制、永久基本农田保护、耕地占补平衡、部分耕地产权制度等基本制度，由此可见，耕地发展权制度是耕地保护制度最核心组成部分，基本上可以看作是狭义的耕地保护制度。耕地发展权机制则是指在耕地发展权制度下各经济主体相互作用决定耕地的利用与保护的过程和方式，耕地发展权机制是耕地保护中的最根本、最核心的机制

资料来源：笔者整理。

（二）研究意义

1. 应用价值

以我国耕地保护制度以及相应的耕地保护机制的变迁历程和变迁规律作为参考，以现有各种耕地发展权探索为基础，构建中国特色的耕地发展权创新机制，从而在耕地保护领域厘清政府和市场的关系，使市场在耕地保护中起决定性作用，并更好地发挥政府作用，引导社会资本投入耕地保护领域，最终使我国珍贵的耕地资源得到最好地保护。合理界定耕地发展权的种类、权能、实现形式与归属并建立相应的耕地发展权市场化配置机制，可以为建立林地、滩涂等其他生态环境资源保护的市场化机制提供借鉴。

2. 学术价值

通过数理模型分析论证使市场均衡结果实现公共外部性的帕累托最优状态、兼顾效率与财政收支平衡的价格约束条件，将有利于丰富外部性理论。以产权经济学为理论框架，探析实现我国耕地最优利用与保护的土地发展权创新机制，并架构数理模型论证该机制的合理性，将有利于丰富土地产权理论。研究我国耕地保护制度以及相应的耕地保护机制的变迁历程、变迁规律以及变迁原因，有利于丰富制度变迁理论。

第二节 研究思路与研究内容

本书按照图 1 -1 展示的基本思路和研究框架，顺次展开以下五个方面内容的研究。

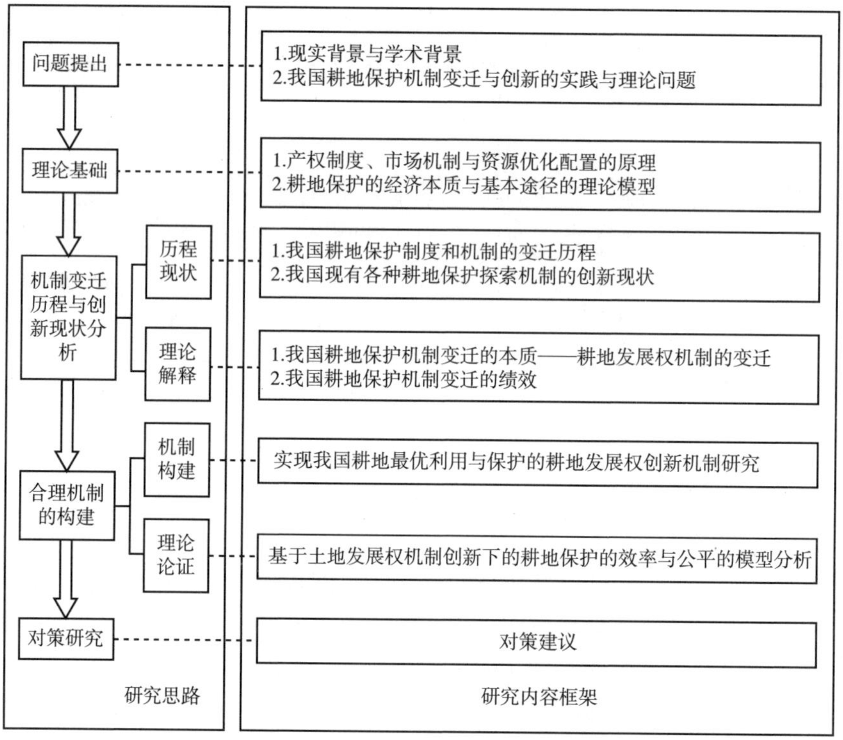

图 1 -1 研究思路和研究框架

（1）梳理研究背景、明确研究重点。本书第一章在现实背景描述的基础上，从理论和实践两个角度对中外文献进行系统梳理，在理论方面，主要梳理学术界对于为什么要保护耕地、如何保护耕地等问题的研究方法、模型与结论；在实践方面，侧重于回顾学界什么时候开始关注我国耕地保护中的土地发展权机制变迁历程、机制变迁的制度经济学解释以及未来该如何进一步创新等实践与理论问题，至今的研究发展态势、阶段性特点、研究范式、运用的理论视角、借助的分析方法以及主要研究结论等。在此基础上，对前人的学术作为进行实事求是的评价，指出本书继续努力的研究方向和重点。除此之外，第一章还阐述了本书的研究思路和研究内容，梳理研究的技术路径，最后总结本书的主要创新点。

（2）架构耕地保护的理论基础。资源优化配置理论是耕地等生态环境资源最优利用与保护的理论基础。为此，本书第二章在对产权制度、市场机制与资源优化配置的作用机理进行概述的基础上，首先阐述了资源配置的经济效率标准——帕累托最优，并通过构建数理模型求得帕累托最优的实现条件；其次，在构建产权的市场交易模型的基础上，求得市场均衡条件，并通过比较分析市场均衡条件与帕累托最优的实现条件，明确了使市场均衡结果实现帕累托最优状态的最优均衡价格条件；最后，根据最优均衡价格条件，从经济角度进一步深入理解产权的本质与作用，并明确了该如何构建产权制度才能使产权交易的市场均衡结果实现帕累托最优状态。

本书第三章进一步从理论上阐明耕地保护的经济本质和基本途径。首先，在比较现有五种主要的耕地价值构成理论的基础上，从耕地价值的产生特性和耕地价值的实现特性两个维度来认识耕地的价值构成。其次，根据耕地价值构成特性，拓展第二章的数理模型，论证了在没有任何激励或约束措施下，耕地利用与保护无法实现帕累托最优效率，从而明确了耕地保护的本质原因，并进一步分析了耕地保护的基本途径，即通过构建耕地发展权制度以及相应的配置机制来实现耕地利用与保护的帕累托最优效率。再次，将兼顾帕累托最优和财政收支平衡、耕地具有不同的质量等级、耕地存在局部外部性和分区管理等情况纳入考虑，分析在这些额外约束情况下实现帕累托最优状态的耕地保护机制。最后，进一步探讨如何在实现耕地利用与保护帕累托最优效率的基础上兼顾公平，为后文分析搭建起坚实的理论基础。

（3）我国耕地保制度与机制的变迁历程、逻辑和绩效。本书第四章首先从耕地增减变动情况、耕地质量等级结构、耕地质量空间分布三个维度认识我国耕地保有现状。其次，梳理改革开放以来我国耕地保护制度以及相应的耕地保护机制的变迁历程，划分变迁阶段，分析每一阶段我国耕地保护制度建设情况以及相应的耕地保护机制的运作机理，并基于耕地发展权的理论分析我国耕地保护制度以及相应的耕地保护机制变迁的逻辑。最后，以制度变迁和耕地发展权理论为框架，从学理角度分析每阶段我国耕地保护的效率与公平的改进程度以及存在的问题，即我国耕地保护制度变迁与机制创新的绩效，后文构建中国特色的耕地发展权制度和机制奠定现实基础。

（4）构建与论证实现我国耕地最优利用与保护的耕地发展权创新机制。本书第五章首先梳理了我国耕地保护制度以及相应的耕地保护机制进一步改革创新的思路。其次，根据我国耕地保护的总体目标，以我国耕地保护、非农化利用与耕地补充现状为基础，详细阐述了我国耕地发展权的种类设置、实现形式、权能界定和产权归属，并搭建了综合总量控制下的市场交易和庇古补贴的耕地发展权的配置机制，从而系统完整地构建了中国特色的耕地发展权创新机制。最后，通过数量模型，分析论证中国特色的耕地发展权创新机制的效率与公平。

（5）总结研究结论、提出政策建议。本书第六章在总结本书主要研究结论的基础上，提出合理的、具有可操作性的完善耕地发展权制度和机制，从而实现我国耕地最优利用与保护的对策建议。

第三节 技术路线

本书的技术路线见图1－2。

（1）抽象。梳理现实耕地保护问题，在凝练共同特征的基础上，将现实耕地保护问题抽象成一般理论描述。

（2）建模。基于非线性规划理论，分别构建耕地保护的帕累托最优模型和市场中各经济主体追求自身福利最大化下的耕地利用与保护的选择模型。

（3）求解。分别求得帕累托最优实现条件和市场均衡条件，比较二者求得使市场均衡实现帕累托最优状态的最优均衡价格，以此为基础，进一步分析如何设置耕地发展权，并构建相应的配置机制以实现最优均衡价格，最终使市场均衡实现帕累托最优状态。

（4）应用分析。运用前面的研究结论分析我国耕地保护制度和机制的变迁历程，探讨每一阶段我国耕地保护制度本质上所建立的耕地发展权机制，分析每一阶段的耕地发展权机制的耕地保护绩效。

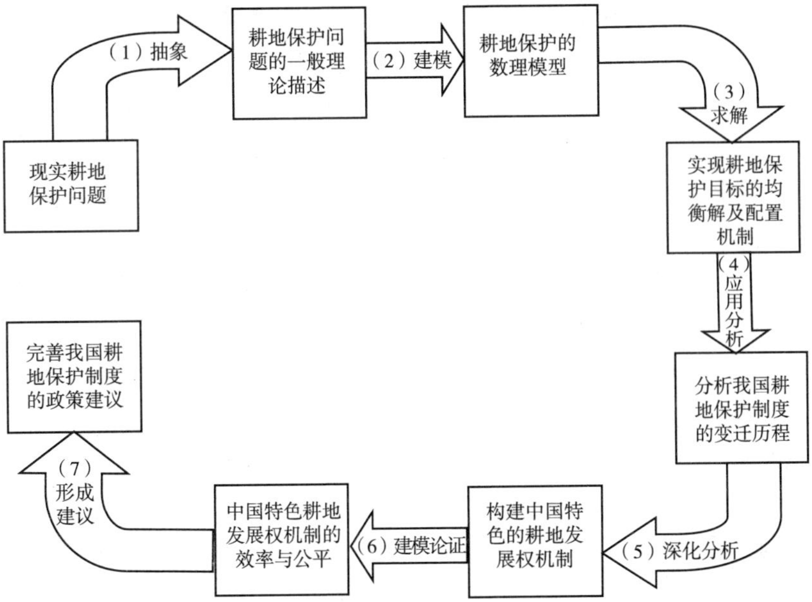

图1－2 本书技术路线

（5）深化分析。以我国耕地保护机制创新现状为基础，从耕地发展权的种类设置、实现形式、权能界定和产权归属等方面系统构建中国特色耕地发展权制度，并构建包含综合总量控制下的市场交易和庇古补贴的我国耕地发展权的配置机制，从而系统完整地构建了中国特色的耕地发展权的创新机制。

（6）建模论证。构建中国特色的耕地发展权创新机制的数理模型，分析论证中国特色的耕地发展权创新机制的效率与公平。

（7）形成建议。在上述研究的基础上，提出合理、具有可操作性的完善的耕地发展权制度和机制，提出实现我国耕地最优利用与保护的对策建议。

第四节 研究创新和研究局限

一、主要创新点

本书的创新主要包括以下几个方面。

（1）本书在使市场均衡结果实现耕地利用与保护的帕累托最优的最优均衡价格条件基础上，加入耕地保护机制运行中的财政收支平衡约束，推导得出唯一的一组兼顾帕累托最优效率和财政收支平衡的价格约束条件，这一研究结论在一定程度上丰富了外部性理论。

（2）在对我国耕地保护制度以及相应的耕地保护机制变迁历程进行描述性分析的基础上，基于耕地发展权理论，揭示了改革开放以来我国耕地保护机制的变迁路径：由1982年《宪法》框架下的耕地发展权缺失和产权主体虚置，逐步变迁到1986年《土地管理法》框架下的地方政府以征收权和出让权的形式实质性地确立起耕地发展权，再到1998年逐步建立起总量控制下的计划命令的配置机制，2000年至今正处于耕地发展权的计划命令的配置机制向经济措施的配置机制变迁过程中。基于耕地发展权理论视角梳理我国耕地保护机制变迁的逻辑路径，这一研究视角具有一定创新性。

（3）基于制度变迁理论，深入分析我国耕地保护制度和机制每次变迁的绩效，揭示了我国耕地保护制度和机制的每次变迁都修正了此前制度安排的不足之处，从而均促进了效率与公平的改进，不过，每次变迁都遗留了部分问题，从而为下一阶段的制度和机制变迁埋下伏笔，揭示了我国耕地保护制度和机制变迁的深层次原因。这一研究结论一定程度上丰富了耕地制度变迁理论。

（4）根据我国耕地保护的总体目标，以我国耕地保护机制创新现状为基础，从耕地发展权的种类设置、实现形式、权能界定和产权归属等维度创新我国耕地发展权的制度安排，并搭建了综合总量控制下包含市场交易和庇古补贴的我国耕地发展权的配置机制，从而系统完整地构建了中国特色的耕地发展权的创新机制，并通过数量模型，分析论证中国特色的耕地发展权创新机制的效率与公平。这一研究结论具有一定创新性，也在一定程度上丰富了土地产权理论。

（5）构建了国家耕地保护基金和地方耕地保护基金双层联动与分档补偿相结合的兼顾帕累托效率与财政收支平衡的耕地保护基金补偿机制。这一研究结论丰富了生态补偿理论。

（6）在测算国家耕地保护基金的补偿标准中，提出了基于保险定价模型的耕地粮食安全价值估算模型，这一评估方法具有一定创新性，也在一定程度上丰富了绿色金融产品价值的评估方法。

二、研究局限

由于我国耕地保护问题涉及的利益主体和影响因素众多，情况复杂，再加上笔者学识的限制，因此，本书还存在一些需要进一步改进和深化的地方。

（1）本书实证中所需的数据资料比较庞杂，且部分数据获取难度较大，因此，有的数据只能参考其他研究文献，例如必要人均粮食消费量、耕地的单位面积生态效益等数据，故本书的实证分析结果的深度、广度和精确度还有待进一步加强。

（2）本书的模型分析假设“市场是竞争性市场，因此，任何经济主体都只能被动地接受市场价格”，因此，对于垄断市场下的结论，还需要进一步拓展分析。

（3）本书建议：耕地保有指标的补贴收益，应该由耕地保护者——耕地所在的地方政府和拥有其所有权的农民共同分享，但二者的分享比例还需要在具体操作层次做进一步的讨论与分析。

第二章　产权制度、市场机制与资源优化配置的原理分析

资源配置是指在经济运行过程中，对各种资源（如劳动力、技术、自然资源等）在社会不同部门（如农业、工业、服务业等不同行业部门）、不同方向（如开发利用、保护等）、不同用途（如消费、生产投入等）上加以比较而做出的选择。资源优化配置理论是耕地等生态环境资源最优利用与保护的理论基础。为此，本章在对产权制度、市场机制与资源优化配置的作用机理概述的基础上，首先阐述了资源配置的经济效率标准——帕累托最优，并通过构建数理模型求得帕累托最优的实现条件；紧接着，在构建产权的市场交易模型的基础上，求得市场均衡条件，并通过比较分析市场均衡条件与帕累托最优的实现条件，明确使市场均衡结果实现帕累托最优状态的最优均衡价格条件；最后，根据最优均衡价格条件，从数学经济角度进一步深入理解产权的本质与作用，并明确该如何构建产权制度才能使产权交易的市场均衡结果实现帕累托最优状态。

第一节　产权制度、市场机制与资源优化配置的作用机理概述

一、产权的概念

自从科斯发现产权在外部性治理中的重要作用，诺思、阿尔钦、德姆赛茨等一大批经济学家对产权理论展开深入研究，取得了丰硕的成果，构建起了系统的产权理论框架。当前，产权理论已经成为新制度经济学的核心理论之一，制度经济学研究者罗必良（2005）认为，产权分析和交易成本范式共同构成了新制度经济学的两大分析工具；作为一种基础性的经济制度，产权制度不仅

独自对经济效率产生重大影响，而且是构成包括市场制度在内的其他众多制度安排的基础。深入探讨产权理论必须要从弄清产权的概念开始，弄清产权的概念是研究分析产权理论与实践问题的基础。许多研究者对产权的概念进行了界定，比较权威的观点有6种，见表2-1。

表2-1　主要的产权概念

序号	产权的概念	代表性的学者或文献
观点1	产权也称为财产权利，是受法律、规则、习惯等制度保护的对财产的权利。这里财产是广义上的财产，是让人们受益或给人们带来效用满足的一切东西，既可以是有形财产，也包括无形财产，甚至连家庭背景、相貌等也可以看作是财产[1][2]	科斯
观点2	产权的本质是一种排他性的权利，产权在市场上的交易，本质上是两束权利的交换[3]	诺斯
观点3	作为一种重要的社会工具，产权是在竞争达到均衡时经济主体所获得的对稀缺资源的排他性权利，包括了经济主体受益或受损的权利。产权能够帮助经济主体在与其他经济主体的交易中形成一个可以合理把握的预期，从而规范经济主体将外部性内化，实现资源的优化配置[4]	德姆赛茨
观点4	产权是"人身权"的对称，是指具有物质财富内容，直接和经济利益相联系的民事权利，这里的权利具体包括所有权、其他物权、债权、继承权、版权和专利权、商标权等[5]	《现代实用民法词典》
观点5	产权即财产所有权，是指存在于任何客体之中或之上的完全权利，这里的权利包括占有权、使用权、转让权、出借权、用尽权、消费权以及其他与财产有关的一切权利[6]	《牛津法律大词典》
观点6	产权不是指人与物之间的关系，而是指由物的存在以及关于它们的使用所引起的人们之间相互认可的行为关系[7]	马克思和恩格斯，卢现祥

注：[1] 贝克尔．家庭经济分析［M］．北京：华夏出版社，1987：47-50.
[2] 科斯．财产权利与制度变迁［M］．上海：上海人民出版社、上海三联书店，1994：95-100.
[3] 诺斯．经济史上的结构与变革［M］．北京：商务印书馆，1992：96.
[4] 德姆塞茨．关于产权的理论［M］．上海：上海三联出版社，1994：100-107.
[5] 江平，巫昌祯．现代实用民法词典［M］．北京：北京出版社，1988：31.
[6] 周福直．新型农业合作化中的土地产权分析［D］．成都：西南财经大学硕士学位论文，2008：15.
[7] 卢现祥．新制度经济学［M］．武汉：武汉大学出版社，2004：64.

表2-1所罗列的6种比较有代表性的产权的定义和理解的观点并没有本质上的矛盾，只是基于不同的研究方法、不同理解角度对产权进行的界定。综合现有文献的观点，本书认为：产权是受制度（法律、规则、习惯）保护的

对财产的权利，它保护了财产给相关经济主体带来的收益或效用的满足，在交易时帮助相关经济主体形成合理的均衡收益预期，进而规范经济主体之间的行为关系，最终实现稀缺资源的优化配置。这里的财产是让人们受益或人们凭以获得效用满足的一切东西，这里的权利是一束可以分割并且受制度（法律、规则、习惯）限制与保护的权利。

二、市场机制的概念

通俗地理解，市场是人们进行财产物品买卖交易的场所或接洽点，具体来讲，市场可以是一个有形的财产物品交易场所，如农贸市场，市场也可以是通过现代通信工具进行财产物品买卖交易的接洽点，例如股票交易市场。从本质上理解，市场是财产物品交易双方相互作用进而决定财产物品的交易数量和交易价格的一种组织形式或制度安排。①

在现代经济中，市场是资源配置最为重要的方式。资源的配置方式主要有两种：计划配置和市场配置。② 其中，计划配置方式是通过计划机制对资源进行配置，其基本特征是：作为资源配置的直接决策者——中央计划机构，通过行政渠道，以行政指令形式纵向层层下达计划指标至企业，企业的职责是完成中央下达的计划指标，它的发展动力来源于外部。市场配置方式则是通过市场机制来实现资源的配置，其基本特征是：独立的经济主体是资源配置的直接决策者，各个不同的经济主体在追求自身利益最大化的过程中对各自的资源配置进行分散决策、并通过市场供求关系将所有经济主体的决策联系起来，形成总体的经济活动。市场机制在市场配置方式中发挥着不可替代的功能，其通过价格机制、供求机制和竞争机制等具体机制调节供需、优胜劣汰，最终实现资源的有效配置。

计划配置方式和市场配置方式各有优缺点。计划配置的优点包括其能够在宏观角度上对经济进行预测和规划，对国民经济重大结构进行调整和生产力合理布局，能够合理调节收入分配，兼顾效率与公平，有利于宏观战略目标的实现，推动经济持续发展等；计划配置方式的缺点在于：无法对微观经济活动和复杂多变的社会需求进行及时的洞察，容易造成供需之间的相互脱节，不能通过竞争机制刺激创新，从而导致效率低下，还容易造成特权、寻租等现象。市

① 高鸿业．西方经济学［M］．北京：中国人民大学出版社，1999：208.

② 逄锦聚，洪银兴，林岗，刘伟．政治经济学（第三版）［M］．北京：高等教育出版社，2007：45－47.

场配置的优点在于，其可以通过市场机制的自发调节自动匹配供需、优胜劣汰、激励创新，实现资源的优化配置；不过市场配置也存在盲目性、滞后性、分散性，难以自动地实现整个国民经济的发展战略目标，对于外部性、公共物品等调控苍白无力，无法有效调节分配公平等问题。因此，当前，世界各国构建的市场机制往往不是纯粹的自由市场机制，而是综合了宏观调控的市场机制，市场在资源配置中起决定性作用、更好地发挥政府作用，最终实现资源的优化配置。

三、产权制度、市场机制与资源优化配置的作用机理

尽管学者们或文献对产权概念的理解各有侧重点，但在产权对市场机制构建以及资源优化配置的作用方面则取得了较为一致的共识：产权制度是市场机制的基础，是市场交易的必要前提，它能够帮助经济主体在与其他经济主体的市场交易中形成一个可以合理把握的均衡收益预期，从而激励、引导经济主体优化配置资源。事实上，只要产权被清晰定义和完美保护，并且其交易成本为零或者很小，则无论产权初始配置给哪个经济主体，市场交易的均衡结果都是有效率的，此即科斯第一定理；当交易成本较大时，不同的产权初始分配会导致不同的资源配置效率，此时，通过合理初始分配产权所实现的效率改善，可能优于通过交易实现的效率改善，此即科斯第二定理；在这种情况下，应该选择能够实现最优效率的产权初始配置，此即科斯第三定理。①

综上，可以用图2－1具体说明产权制度、市场机制与资源优化配置的作用机理：产权的设置保护了财产的内在价值，产权的合理初始归属调节了经济主体间的收益分配，产权的市场交易一方面实现了财产的内在价值，一方面将

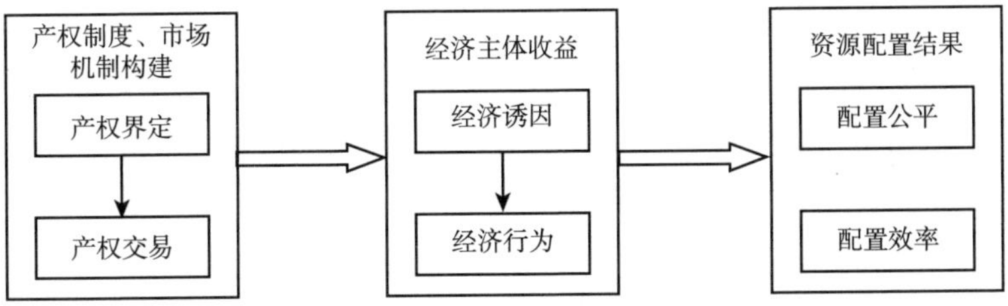

图2－1　产权制度、市场机制构建→经济主体收益→资源配置结果作用机理

① 罗必良．新制度经济学［M］．太原：山西经济出版社，2005：236.

稀缺的资源配置到最有效率的经济主体手中。合理的产权界定和产权交易能形成合理的收益分配，会引起合理的经济诱因，导致合理的经济行为，最终实现的期望的资源配置效率和社会公平状况。

本节后续内容将遵循以下研究思路进一步通过数理模型具体阐述产权制度、市场机制与资源优化配置的作用机理。

首先，阐述资源配置的经济效率标准，即帕累托最优状态、帕累托最优标准；并基于非线性规划理论，构建资源配置的帕累托最优数理模型，根据 K－T 定理求得帕累托最优的实现条件，并阐述该实现条件的经济原理。

其次，构建产权的市场交易模型，根据 K－T 定理求得市场均衡条件，并将该市场均衡条件与帕累托最优的实现条件相比较，从而明确应该要满足怎样的价格条件才可以使市场均衡结果实现帕累托最优状态，即求取最优均衡价格。

最后，根据最优均衡价格条件，从数学经济角度进一步深入理解产权的本质与作用，归纳总结能够实现最优均衡价格条件的产权界定的四大规则，探讨该如何构建产权制度才能使产权交易的市场均衡结果实现帕累托最优状态。

第二节　资源的最优配置

一、资源的最优配置状态

经济学区分为实证经济学和规范经济学。其中，实证经济学研究经济系统如何运行、运行结果是怎样，探讨回答“是什么”的问题。具体分析范式上，实证经济学对经济主体的经济行为做出合理的设定，在此基础上，分析经济系统的运行结果，并对结论进行各种检验。[①] 规范经济学则试图回答“应当是什么”的问题，即，基于一定的社会价值判断标准，对一个经济系统的运行进行评价，对运行结果是“好”还是“不好”给出判断，并在此基础上，进一步说明一个经济系统应当如何运行，以及为此应该采用何种经济政策。[②] 总体而言，实证经济学的基本原理告诉人们各种资源配置方式的一般均衡结果是存在的，但是这种均衡结果是不是一种“最优”状况？是否还存在其他更好的

---

①② 高鸿业. 西方经济学［M］. 北京：中国人民大学出版社，1999：380、383.

经济状态，使每个经济主体乃至整个社会的福利都有所改善？则必须要有一个最优状态、效率判断标准。

实现资源配置的效率与公平是经济社会期望实现的资源配置的目标状态。现有文献在资源配置的效率标准上有相对统一的共识：资源配置应该达到帕累托最优状态、实现帕累托最优效率。资源配置的帕累托最优状态是指资源配置的一种状态，在该状态上，任何的配置改变都不能使至少有一个经济主体的福利状况变好而又不使其他任何经济主体的状况变坏。[①] 在帕累托最优状态下，资源得到了最有效地配置，即实现了帕累托效率。而如果既定的资源配置状态的改变可以不使任何一个经济主体的福利状况变坏的情况下却可以使至少一个经济主体的福利状况变好，则称这样的状态改变为帕累托改进，帕累托改进是达到帕累托最优状态、实现帕累托效率的路径和方法，帕累托最优状态意味着资源配置不存在任何帕累托改进的空间。

帕累托效率标准基本立足点认为福利只能用序数来比较而不能用基数来计量，不同经济主体之间的福利是无法比较的，从而避免了对于公平的不同理解。而如果福利是可以计量的，则帕累托最优状态和所有经济主体总福利最大化状态一致。如果帕累托最优状态不是所有经济主体总福利最大化的状态，则在这种情景下，在帕累托最优状态向所有经济主体总福利最大化状态转变的过程中，必然有福利改进的经济主体获得的福利总增量大于福利恶化的经济主体的福利总损失，此时，只要福利改进的经济主体拿出部分福利增量对福利恶化的经济主体的福利损失进行补偿，则可以实现不使任何一个经济主体的福利状况变坏情况下使至少一个经济主体的福利状态得到改善。由此可见，在福利可以计量的情况下，帕累托最优状态就是所有经济主体总福利最大化的状态。

相对于效率标准的相对统一，对于公平的标准，不同学者基于不同的价值观和不同的学科，针对不同的问题提出不同的公平原则，因此，对于公平标准需要具体问题具体分析。正因为公平标准的不统一，部分经济学者将资源的优化配置聚焦于帕累托最优效率的实现，例如，逄锦聚等（2007）认为将有限的资源在各种用途间配置，求得最大的效益，这就是资源配置的最优化或最有效。[②] 本书认为，从经济学视角看，实现资源配置的效率与公平，应该更强调在实现资源配置最优效率的基础上兼顾公平。

---

① 高鸿业．西方经济学［M］．北京：中国人民大学出版社，1999：383.

② 逄锦聚，洪银兴，林岗，刘伟．政治经济学（第三版）［M］．北京：高等教育出版社，2007：46.

二、资源配置的帕累托最优模型

本节在对现实资源配置问题的理论抽象的基础上，构建了资源配置的帕累托最优数理模型，求得资源配置的帕累托最优实现条件，并解释该实现条件的经济含义。

（一）基本设定

假设经济社会内共有 I 个经济主体生产消费 K 种产品，用 k 作为产品的索引，用 $i=1, 2, \cdots, I$ 和 $\bar{i}=1, 2, \cdots, I$ 作为经济主体的索引。后文部分公式同时涉及单个经济主体和所有经济主体加总的情况，为了避免产生歧义，用 i 作为单个经济主体的索引，用 $\bar{i}$ 作为所有经济主体加总中的经济主体的索引。除此之外，只要不会引起歧义，主要以 i 作为经济主体的索引，后文中，同一个变量涉及两个索引的情况，没有特别说明均是基于这样考虑。

用 x_{ki}表示第 i 个经济主体消费的第 k 种产品，用 y_{ki}表示第 i 个经济主体生产（或投入）的第 k 种产品（y_{ki}为正表示产出，为负表示投入）①，m_{ki}表示第 i 个经济主体拥有的第 k 种产品的初始量。同时，经济社会还存在公共外部性产品，所谓的外部性产品是指这样的一类产品，当任意一个经济主体 A 生产或消费外部性产品时，会影响到其他经济主体的福利，但经济主体 A 并没有因为该生产或消费行为影响到其他经济主体的福利而支付相应的补偿或收获相应的报酬；具有非竞争性或非排他性的外部性产品则为公共外部性产品，其中，非竞争性是指某个经济主体增加（减少）外部性产品的承受量、并不会减少（增加）其他经济主体的承受量，非排他性则是指，要将其中的任何人排除在对外部性产品的消费使用（承受）之外是技术不可能或经济无效率的。② 例如，生态环境资源就属于一种公共外部性产品。公共外部性产品给该公共外部性产品拥有者带来的收益（成本）被称为私人收益（私人成本），将公共外部性产品给该公共外部性产品拥有者之外的所

---

① William J Baumol, Wallace E Oates. The theory of environmental policy (second edition) [M]. Cambridge: Cambridge University Press, 1988.

② Antonio Scialà. External economies and diseconomies in a competitive situation [J]. Studi Economici, 2000, 70 (245): 54-67.

有经济主体带来的收益（成本）被称为外部收益（外部成本），公共外部性产品给所有经济主体带来的收益（成本）被称为社会收益（社会成本），社会收益 = 私人收益 + 外部收益，社会成本 = 私人成本 + 外部成本。而普通产品则同时具备竞争性和排他性，后文没有特别说明的普通产品简称为产品。

用 $\hat{s}_i$ 表示经济主体 i 拥有的初始公共外部性产品数量，用 ss_i 表示经济主体 i 补充（削减）的公共外部性产品的数量（ss_i 为正表示补充，为负表示削减），$s_i = \hat{s}_i + ss_i$ 表示经济主体 i 最终拥有的公共外部性产品的数量，用 $S = \sum_{i=1}^{I} s_i$ 表示整个社会最终的公共外部性产品总存量，$\sum_{i=1}^{I} \hat{s}_i$ 表示整个社会初始公共外部性产品总存量，进而有 $\frac{\partial S}{\partial ss_i} = 1$；$f_i(y_{1i}, \cdots, y_{Ki}, ss_i)$ 为第 i 个经济主体的生产函数，因此，$f_i(y_{1i}, \cdots, y_{Ki}, ss_i) \leqslant 0$ 为第 i 个经济主体的生产可能性区域；$u_i(x_{1i}, \cdots, x_{Ki}, s_i, S)$ 为第 i 个经济主体的福利函数，它是第 i 个经济主体消费的各种产品数量以及整个社会公共外部性产品存量 S 的函数，其中，K 种产品数量给经济主体带来的是正福利，公共外部性产品存量 S 给经济主体带来的福利可以是正的也可以是负的，例如，耕地存量给经济主体带来的是正福利，而污染物存量给经济主体带来的负福利，不管是带来正福利的公共外部性产品还是带来负福利的公共外部性产品，数理模型分析过程均是类似的，为了避免文字的重复，本章仅分析带来正福利的公共外部性产品，带来负福利的公共外部性产品的数学论证和结论可以以此类推。由于 $\frac{\partial S}{\partial ss_i} = 1$，因此，$\frac{\partial u_i}{\partial ss_i} = \frac{\partial u_i}{\partial S} \cdot \frac{\partial S}{\partial ss_i} = \frac{\partial u_i}{\partial S}$。

为了便于阅读，本章小结中还将进一步汇总本章的变量或函数的含义与说明。本章用带上标“ * ”的变量表示帕累托最优状态下的变量值，用带上标“o”的变量表示市场均衡状态下的变量值。

（二）基本假设

本节涉及的基本假设有三个。

假设 2 - 1：作为“经济人”，每个经济主体的行为都是为了实现自身福利最大化。

假设 2 - 2：每个经济主体的消费可行集是封闭的凸集，并且包含空的消费组合向量；每个经济主体的福利函数均是二阶可微、严格递增和严格凹型；

每个经济主体的生产可行性集都是凸集，均由一组二阶可微的技术约束来定义。

假设2－3：存在这样一组产品：（1）该组产品中的任意一个产品均被至少两个经济主体消费或者生产（使用）；（2）任意一个经济主体均消费或者生产（使用）该组产品中的至少一个产品，每一个经济主体均可以通过该组产品与其他任何经济主体产生直接或间接的经济关联；（3）该组产品中任何一种产品均存在统一的交易市场和交易价格。可以以一个简单例子进一步说明；假设有甲、乙、丙、丁四个经济主体，甲和乙之间交易 A 产品，丙和丁之间交易 B 产品。如果甲乙两个经济主体和丙丁两个经济主体均没有交易任何产品，则甲和乙均没有和丙丁有任何的直接或间接的关联，从而无法满足假设2－2，见图 2－2 中的（a）；如果，甲乙中的至少有一个经济主体（假设仅为甲）和丙丁中的至少一个经济主体（假设仅为丙）交易 C 产品，则四个经济主体中的任何一个经济主体均可以与其他任何经济主体产生直接或间接关系，见图 2－2 中的（b），ABC 则为这组产品，从而满足假设 2－2。

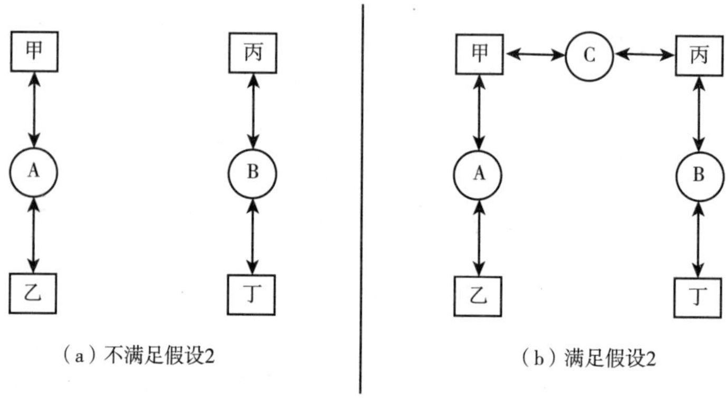

图 2－2 假设 2－2 的图形说明

假设2－4：市场是竞争性市场，因此，任何经济主体都只能被动地接受市场价格。

上述四个假设中，首先，追求自身福利最大化是现实经济社会中大部分人的行为准则，因此，本章假设 2－1 基本符合现实，事实上，大部分的经济文献也包含该假设。其次，在本章假设 2－2 成立的条件下，本章后文最大化问题的解是存在的并且是唯一的。[①] 第三，本章假设2－3中的这组把所有经济主体都直接或间接的关联在一起的产品，本质上起到了价值衡量的作用，使所有经济主体的效用或福利可以进行比较，可以将这组产品中的任何一种产品设定为货币，从而使所有经济主体的福利统一用货币描述，具体论证可以参看附录2A。鲍莫尔和奥茨（1988）假设存在一个被甲、乙、丙、丁四个国家都消费或生产（使用）的商品，并且该商品有共同的市场进行交易并形成共同的价格，鲍莫尔和奥茨（1988）认为劳动就是这样的产品。很明显，鲍莫尔和奥茨（1988）的假设比本章假设2－3严格，本章假设2－3是现实世界更真实的写照。

（三）资源配置的帕累托最优模型

可以用式（2.1）描述资源配置的帕累托最优模型：

$$
\begin{aligned}
\max: & u_1(x_{11},\cdots,x_{K1},s_i,S)\\
\text{s.t.}: & u_i(x_{1i},\cdots,x_{Ki},S) \geqslant \bar{u}_i(\forall i = 2、3、\cdots、I),\\
& \hat{s}_i + ss_i \geqslant 0(\forall i = 1、2、\cdots、I),\\
& f_i(y_{1i},\cdots,y_{Ki},ss_i) \leqslant 0(\forall i),\\
& \sum_{i=1}^{I} x_{ki} \leqslant \sum_{i=1}^{I}(y_{ki} + m_{ki})(\forall k)
\end{aligned}
\tag{2.1}
$$

式（2.1）描述了任意经济主体（以第一个经济主体为代表进行描述），在不使其他任何一个经济主体福利水平减少［用 $u_i(x_{1i},\cdots,x_{Ki},S) \geqslant \bar{u}_i(\forall i = 2,3,\cdots,I)$ 描述］、各经济主体公共外部性产品数量［用 $\hat{s}_i + ss_i \geqslant 0(\forall i = 1,2,\cdots,I)$ 描述］、各经济主体生产可能性集合［用 $f_i(y_{1i},\cdots,y_{Ki},ss_i) \leqslant 0(\forall i)$ 描述］、消费可能性集合［用 $\sum_{i=1}^{I} x_{ki} \leqslant \sum_{i=1}^{I}(y_{ki} + m_{ki})(\forall k)$ 描述］等约束下，最大化自身的福利。由于每个经济主体都是在不使其他任何一个经济主体福利水平减少的情况下最大化了自身福利，即不存在任何的帕累托改进，因此，式（2.1）描述了帕累托最优状态。

式（2.1）的拉格朗日式为式（2.2）：

$$
L_{2.1} = \sum_{i=1}^{I}\{\lambda_i \cdot [u_i(\bullet) - \bar{u}_i]\} + \sum_{i=1}^{I}[\theta \cdot_i(\hat{s}_i + ss_i)] - \sum_{i=1}^{I}[\mu_i \cdot f_i(\bullet)]
$$

① William J Baumol, Wallace E Oates. The theory of environmental policy (second edition) [M]. Cambridge: Cambridge University Press. 1988.

$$- \sum_{k=1}^{K} \left\{ \omega_k \cdot \left[\sum_{i=1}^{I} x_{ki} - \sum_{i=1}^{I} (y_{ki} + m_{ki}) \right] \right\} \tag{2.2}$$

式（2.2）中，λ_i、θ_i、μ_i、ω_k 是相关变量的影子价格，从而将各变量的单位统一成影子价格，进而使各经济主体、各变量均可以比较分析。根据K－T定理，由拉格朗日式 $L_{2.1}$ 可知资源配置的帕累托最优的实现条件，见表2－2中的“帕累托最优实现条件方程组”。

（四）帕累托最优实现条件的经济分析

表2－2“帕累托最优实现条件方程组”这一列中，ω_k 为第k种产品的影子价格；λ_i 为第i个经济主体单位福利的影子价格；$\lambda_i \frac{\partial u_i}{\partial x_{ki}}$为每单位第k种产品给经济主体i带来的边际总福利的影子价值；若 $y_{ki}<0$，即第k种产品是经济主体i的投入，则 $\mu_i \frac{\partial f_i}{\partial y_{ki}}$为经济主体i投入每单位第k种产品的边际总成本的影子价值；若 $y_{ki}>0$，即第k种产品是经济主体i的产出，则 $\mu_i \frac{\partial f_i}{\partial y_{ki}}$为经济主体i生产每单位第k种产品的边际总收益的影子价值；若 $s_i>0$，即经济主体i补充公共外部性产品，$\mu_i \frac{\partial f_i}{\partial ss_i}$为经济主体i补充单位公共外部性产品的边际成本的影子价值，则 $\lambda_i \frac{\partial u_i}{\partial s_i} + \theta_i + \sum_{\bar{i}=1}^{I} \lambda_{\bar{i}} \frac{\partial u_{\bar{i}}}{\partial S}$ 为经济主体i补充的单位公共外部性产品给全部经济主体带来的边际社会收益的影子价值；若 $ss_i<0$，即经济主体i消耗削减公共外部性产品，$\mu_i \frac{\partial f_i}{\partial ss_i}$为经济主体i削减单位公共外部性产品的边际收益，则 $\lambda_i \frac{\partial u_i}{\partial s_i} + \theta_i + \sum_{\bar{i}=1}^{I} \lambda_{\bar{i}} \frac{\partial u_{\bar{i}}}{\partial s_{\bar{i}}}$ 为经济主体消耗削减的单位公共外部性产品导致全部经济主体损失的边际社会收益的影子价值。

表 2－2　帕累托最优实现条件与市场均衡条件比较

变量	帕累托最优实现条件方程组	市场均衡条件方程组	最优均衡价格条件
x_{ki}	$\lambda_i \frac{\partial u_i}{\partial x_{ki}} - \omega_k \leqslant 0, \omega_k \geqslant 0$ $x_{ki} \cdot \left(\lambda_i \frac{\partial u_i}{\partial x_{ki}} - \omega_k\right) = 0$　(2.3*)	$p_k - \alpha_i \frac{\partial u_i}{\partial x_{ki}} \geqslant 0,$ $x_{ki} \cdot \left(p_k - \alpha_i \frac{\partial u_i}{\partial x_{ki}}\right) = 0$　(2.3°)	$p_k = \omega_k,$ $\alpha_i = \lambda_i$　(2.3ᵉ)
y_{ki}	$\omega_k - \mu_i \frac{\partial f_i}{\partial y_{ki}} \leqslant 0,$ $y_{ki} \cdot \left(\omega_k - \mu_i \frac{\partial f_i}{\partial y_{ki}}\right) = 0$　(2.4*)[1]	$p_k - \beta_i \frac{\partial f_i}{\partial y_{ki}} \leqslant 0,$ $y_{ki} \cdot \left(p_k - \beta_i \frac{\partial f_i}{\partial y_{ki}}\right) = 0$　(2.4°)	$p_k = \omega_k,$ $\alpha_i = \lambda_i$　(2.4ᵉ)
ss_i	$\theta_i \cdot s_i = 0, \theta_i \geqslant 0,$ $\mu_i \frac{\partial f_i}{\partial ss_i} = \lambda_i \frac{\partial u_i}{\partial s_i} + \theta_i + \sum_{\bar{i}=1}^{I} \lambda_{\bar{i}} \frac{\partial u_{\bar{i}}}{\partial S}$　(2.5*)	$\phi_i \cdot s_i = 0, \phi_i \geqslant 0,$ $\beta_i \frac{\partial f_i}{\partial ss_i} = \alpha_i \frac{\partial u_i}{\partial s_i} + \phi_i + t_i + \alpha_i \frac{\partial u_i}{\partial S}$　(2.5°)	$\alpha_i = \lambda_i,$ $\mu_i = \beta_i,$ $t_i = \sum_{\bar{i} \neq i}^{I} \left(\lambda_{\bar{i}} \frac{\partial u_{\bar{i}}}{\partial S}\right)$　(2.5ᵉ)

［1］这里需要区分为三种情况：第一种情况，由于厂商往往不会制造负数的产品，因此，如果第 k 种产品是经济主体 i 的产出品，则恒有 $y_{ki} \geqslant 0$，表 2－2 中的式（2.4°）和式（2.4ᵉ）则是这种情况下的帕累托最优和市场均衡的 K—T 条件。第二种情况，由于经济主体无法生产自身的投入品，因此，如果第 k 种产品是经济主体 i 的投入品，则恒有 $y_{ki} \leqslant 0$，y_{ki}的帕累托最优和市场均衡的 K—T 条件应该分别为：$\omega_k - \mu_i \frac{\partial f_i}{\partial y_{ki}} \geqslant 0$ 和 $p_k - \beta_i \frac{\partial f_i}{\partial y_{ki}} \geqslant 0$。第三种情况，如果经济主体 i 也会生产自身投入品、经济主体 i 也会制造负的产品，即 $y_{ki} > 0$、$y_{ki} = 0$、$y_{ki} < 0$，表 2－2 中的（2.4°）和（2.4ᵉ）则分别变成：$\omega_k - \mu_i \frac{\partial f_i}{\partial y_{ki}} = 0$ 和 $p_k - \beta_i \frac{\partial f_i}{\partial y_{ki}} = 0$。不管是第二种情况还是第三种情况，模型分析方法、结果都将和后文的分析方法、结论一致。

根据表2-2中的式（2.3*），如果产品k被经济主体i消费，即$x_{ki}>0$，则有：

$$\omega_k = \lambda_i \frac{\partial u_i}{\partial x_{ki}} \tag{2.6}$$

根据表2-2中的式（2.4*），如果产品k被经济主体i使用或生产，则有：

$$\omega_k = \mu_i \frac{\partial f_i}{\partial y_{ki}} \tag{2.7}$$

根据表2-2中的式（2.5°），经济主体i有补充或削减公共外部性产品，则：如果$\hat{s}_i + s_i > 0$，即经济主体i最终拥有的公共外部性产品数量不小于0，若$\theta_i = 0$，从而有：

$$\mu_i \frac{\partial f_i}{\partial ss_i} = \lambda_i \frac{\partial u_i}{\partial s_i} + \sum_{\bar{i}=1}^{I} \lambda_{\bar{i}} \frac{\partial u_{\bar{i}}}{\partial s_{\bar{i}}} \tag{2.8}$$

如果$\hat{s}_i + s_i = 0 \Rightarrow s_i = -\hat{s}_i \leqslant 0$，即经济主体i不断消耗削减其拥有的公共外部性产品直至最终拥有的公共外部性产品数量等于0，则$\theta_i \geqslant 0$，从而有：

$$\mu_i \frac{\partial f_i}{\partial ss_i} \geqslant \lambda_i \frac{\partial u_i}{\partial s_i} + \sum_{\bar{i}=1}^{I} \lambda_{\bar{i}} \frac{\partial u_{\bar{i}}}{\partial s_{\bar{i}}} \tag{2.8a}$$

根据式（2.6）、式（2.7）、式（2.8）、式（2.8a）可以得出结论2.1。

结论2.1：要实现资源配置的帕累托最优，则：（1）必须使使用一单位任何一种产品的边际收益与生产一单位的该种产品的边际成本相等；（2）如果经济主体i消耗削减其拥有的任何一单位公共外部性产品的边际社会收益大于等于消耗削减该单位公共外部性产品给全部经济主体造成的边际社会损失，则经济主体i应消耗掉其拥有的全部公共外部性产品；否则，必须使补充或削减一单位公共外部性产品的行为的边际社会收益（边际社会成本）与该单位公共外部性产品所有经济主体带来的边际社会成本（边际社会收益）相等。

第三节　市场均衡分析

当前，大多数国家主要通过建立产权制度以及相应的市场机制来实现对资源的配置，并且市场机制往往不是纯粹的自由交易机制而是融入政府宏观调控机制的有管理的市场交易机制。为此，本节将建立有管理的产权市场交易模型，分析市场均衡结果能否实现上述帕累托最优状态，如果不能，该如何实施管理行为进而使市场均衡实现帕累托最优状态。有管理的市场交易机制中资源配置的均衡结果主要由经济主体的生产消费选择和管理者的管理行为共同决定。

一、市场交易模型

可以用式（2.9）描述市场中经济主体 i 自身福利最大化的最优选择模型：

$$
\begin{aligned}
&\min: \sum_{k}[p_k \cdot (x_{ki} - y_{ki} - m_{ki})] - t_i \cdot (ss_i - \bar{s}_i) \\
&s.t.: u_i(x_{1i}, \cdots, x_{Ki}, s_i, S) \geqslant \bar{u}_i, \\
&\qquad s_i \geqslant 0, \\
&\qquad f_i(y_{1i}, \cdots, y_{Ki}, ss_i) \leqslant 0
\end{aligned}
\tag{2.9}
$$

式（2.9）中，p_k 为第 k 种产品的价格，t_i 为对经济主体 i 征收的一单位公共外部性产品的价格，$\bar{s}_i$ 为经济主体 i 必须无偿补充的公共外部性产品数量，因此，总的必须无偿补充的公共外部性产品数量为 $\bar{S} = \sum_{i=1}^{I} \bar{s}_i$。由此可见，式（2.9）描述了经济主体 i 的自身福利最大化的最优选择：在福利保持不减少［用 $u_i(x_{1i}, \cdots, x_{Ki}, s_i, S) \geqslant \bar{u}_i$ 描述］、自身公共外部性产品数量约束（用 $\hat{s}_i + s_i \geqslant 0$ 描述）、生产可能性区域约束［用 $f_i(y_{1i}, \cdots, y_{Ki}, ss_i) \leqslant 0$ 描述］等前提下，进行最优选择，最终实现开销最小化。

作为社会整体利益的代表，管理者则要采取各种必要的管理行为，最终使市场的均衡结果实现帕累托最优状态。具体的管理行为包括：合理界定、保护各种产品和公共外部性产品的产权，并构建公平、公正的产权价格实现机制以实现产权的内在价值，进而影响经济主体的生产消费行为，最终使市场均衡结果实现帕累托最优。

式（2.9）的拉格朗日式为：

$$
\begin{aligned}
L_{2.2} = &\sum_{k=1}^{K}[p_k \cdot (x_{ki} - y_{ki} - m_{ki})] - t_i \cdot (ss_i - \bar{s}_i) - \phi_i \cdot s_i \\
&- \alpha_i \cdot [u_i(\bullet) - \bar{u}_i] + \beta_i \cdot f_i(\bullet)
\end{aligned}
\tag{2.10}
$$

式（2.10）中，ϕ_i、α_i、β_i 为相应变量的影子价格，从而将各变量的单位统一成影子价格，进而使得各经济主体、各变量均可以比较分析。根据 K－T 定理，由拉格朗日式 $L_{2.2}$ 得到经济主体的市场选择均衡结果，见表 2－2 中的“市场均衡条件方程组”。

二、使市场均衡实现帕累托最优的价格条件

把使市场均衡结果实现整个经济社会帕累托最优的价格条件称为最优均衡价格条件，可以证明结论2.2。

结论2.2：在本章假设成立的情况下，则有：（1）表2-2中“最优均衡价格条件”列中的3个式子［式（2.3^e）至式（2.5^e）］就是所要求解的最优均衡价格条件，并且，对于任何 $x_{ki}>0$、$y_{ki}>0$、$s_i \neq 0$，表2-2中这组最优均衡价格是使市场均衡结果实现整个经济社会帕累托最优的充分必要条件；（2）“最优均衡价格条件”列中的式（2.3^e）和式（2.4^e）可以由市场机制自动实现。

结论2.2的具体证明过程见附录2A。

尽管对于 $x_{ki}=0$、$y_{ki}=0$、$s_i=0$，最优均衡价格不是唯一的充分条件，但是对于没有消费、生产某种产品的行为以及没有拥有公共外部性产品的情况下，其他再多的管理政策选择也没有任何意义。事实上，在不知道 x_{ki}、y_{ki} 到底是大于0还是等于0，不知道 s_i 是否等于0的情况下，表2-2中这组最优均衡价格就是使市场均衡结果实现整个经济社会帕累托最优的充分必要条件。

此外，根据结论2.2，表2-2“最优均衡价格条件”列中的式（2.3^e）和式（2.4^e）可以由市场机制自动实现，即，对于具有竞争性和他性普通产品，只要管理者界定、保护好各种普通产品的产权，并构建公平、公正的自由市场机制，则市场可以自动实现普通产品的帕累托最优配置。不过，对于非竞争性或非排他性的公共外部性产品，则需要实施额外的公共外部性产品管理政策：对于每个经济主体补充（削减）一单位公共外部性产品的行为进行补贴，净补贴额等于该单位公共外部性产品给整个经济社会其他经济主体带来的边际外部收益，如果边际外部收益为正，则净补贴额为正，反之则净补贴额为负（即需要对该经济主体进行征税）。该管理政策的经济原理较为简单，根据式（2.5^o）可知，实现公共外部性产品补充（削减）的帕累托最优的条件为使得补充（削减）一单位公共外部性产品的经济行为给整个经济社会带来的边际总收益等于该行为对整个经济社会造成的边际总成本。如果没有对经济主体补充（削减）公共外部性产品的经济行为实施任何的政策约束，即 $t_i=0$，此时，根据式（2.5^c）可知，各个经济主体追求自身福利最大化下的公共外部性产品补充（削减）的行为选择是使得补充（削减）一单位公共外部性产品的经济行为给自身带来的边际私人收益等于该行为给自身造成的边际私人成本；因此，需要对各经济主体补充（削减）一单位公共外部性产品的经济行为施加

式（2.5^e）的最优均衡价格条件约束，从而使得各经济主体的公共外部性产品补充（削减）行为与整个经济社会帕累托最优的实现条件相一致。

第四节　使市场均衡实现资源最优配置的产权制度构建

一、产权作用的数学解释

从产权经济角度看，市场上的交易本质是产权的交易，各种产品给经济主体带来的收益或效用的满足均通过产权的设置予以保护，通过产权的交易予以实现，即产权是实现稀缺资源优化配置的社会管理工具。表 2－2 中的最优均衡价格是使市场均衡结果实现资源配置的帕累托最优状态的唯一价格条件，因此，根据式（2.3^e），为了保护和实现经济主体 i 消费第 k 种产品所导致的边际收支 p_k，可以对第 k 种产品针对有消费该产品的经济主体 i 设置一个产权；根据式（2.4^e），为了保护和实现经济主体 i 生产第 k 种产品所带来的边际收支 p_k，可以对第 i 种产品针对有生产该产品的经济主体 i 设置一个产权；为了保护和实现经济主体 i 补充或削减公共外部性产品的边际收支 t_i，对于制造或削减公共外部性，可以针对经济主体 i 设置一个产权。总而言之，针对任何一个 x_{ki}、任何一个 y_{ki}、任何一个 s_i 设置一个产权，即，理论上可以设置（2k + 1）· I 个产权，来保护和实现各种产品在各经济主体的经济行为（生产或消费）中给各经济主体带来收益或效用的满足，以及各经济主体在补充或削减外部性产品中获得的收益，从而在市场机制中实现表 2－2 中的最优均衡价格条件。

二、产权界定的数学条件

最优均衡价格就是使市场均衡结果实现帕累托最优的充分必要条件，因此，为了实现所要追求的资源最优配置目标，构建产权制度所实现的产权价格必须符合最优均衡价格条件。由此可以得出以下产权界定的四大规则。

1. 规则 1：产权界定的前提条件

只有具有可界性和排他性的财产才可以界定产权。有界性是指，任何财产都是一个特定的量，因而对特定财产的产权都可以计量，财产与财产之间必须有明确的界线，进而区分不同的产权。排他性是指，产品的潜在用户能够被有效排除，或者说，某个经济主体在购买并得到一种财产的消费权或使用权之后，就可以把其他经济主体排斥在获得该财产的利益之外，自己能够独自享有产权带来的完整收益。而非排他性则是指大家共同消费或使用一个财产，要将其中的任何人排除在对该财产的消费使用之外是技术不可能或经济无效率的。

之所以会有产权界定的规则1，是因为产权的外壳是财产以及依附在财产上的权利束，其实质是要保护财产给人们带来的收益或效用的满足。因此，一方面，只有具有有界性的财产，才能够在其上面设置相应的明晰的权利束，否则，将无法确定权利束到底是依附在哪个财产上，从而无法对产权进行清晰界定；另一方面，如果财产无法给其拥有者带来排他的收益，则在该财产上设置产权则无法帮助经济主体形成合理的预期，从而规范正确的经济行为。从数理角度分析，排他性保证了使用者可以完全获得财产给其带来的全部收益，即保证了经济主体 i 都能完整拥有消费第 k 种产品给其带来的边际收益值 p_k，经济主体 i 均能完整拥有使用或生产第 k 种产品给其带来的边际收益值 p_k，以及能完整拥有补充或削减外部性产品给其带来的收益值 t_i。

2. 规则2：产权是否设置规则

如果财产的最优均衡价格取值范围（不管是正的还是负的）不包括零，则必须对该财产设置产权；如果财产的最优均衡价格取值范围包括零，则可以对该财产设置产权也可以不设置产权，产权界定与否不影响管理目标的实现。这是因为，如果财产的最优均衡价格取值范围不包括零，而没有对该财产设置产权对财产的内在经济价值予以保护与实现，则该财产处于随便取用而无须任何约束的状态，该财产的市场价格为零，此时，没有达到最优均衡价格的取值要求，不对该财产设置产权的市场均衡是无法实现管理目标的。而如果财产的最优均衡价格取值范围包括零，尽管没有对财产设置产权而导致该财产的市场价格为零，但是，这也满足最优均衡价格的取值范围要求，即，不对该财产设置产权的市场均衡可以实现管理目标。

用 X_{ki} 表示式（2.3^e）中最优均衡价格 p_k 的取值范围集合，用 Y_{ki} 表示式（2.4^e）中最优均衡价格 p_k 的取值范围集合，用 T_i 表示式（2.5^e）中最优均衡价格 t_i 的取值范围集合，则规则2可以用以下数学公式描述：

如果 $0 \not\subset X_{ki}$，则必须对 x_{ki} 设置产权；如果 $0 \subset X_{ki}$，则可以对 x_{ki} 设置产权也可以不设置产权，产权界定与否不影响管理目标的实现。

如果 $0 \not\subset Y_{ki}$，则必须对 y_{ki} 设置产权；如果 $0 \subset Y_{ki}$，则可以对 y_{ki} 设置产权也可以不设置产权，产权界定与否不影响管理目标的实现。

如果 $0 \not\subset T_i$，则必须对 s_i 设置产权；如果 $0 \subset T_i$，则可以对 s_i 设置产权也

可以不设置产权，产权界定与否不影响管理目标的实现。

3. 规则3：产权种类设置规则（产权所有人范围界定规则）

同一产品对于不同经济主体是否可以设置同一产权，取决于该产品对于不同经济主体的最优均衡价格绝对值的取值范围集合的交集是否为空集，如果交集为非空集，则可以设置为同一产权；反之，如果交集为空集，则不可以设置成同一产权。同一产品设置的不同产权之间可以相互交易，但需要按照该产品给不同的经济主体带来的最优均衡价格之比进行交易。产权界定的规则3也可以看作是产权所有人范围界定的规则，即对某种产品设置一种产权，则允许拥有该种产权的经济主体必须满足条件：该种产品对于经济主体的最优均衡价格绝对值的取值范围集合的交集为非空集。

之所以会有规则3，是因为，市场机制中同一产权的价格是唯一的，如果某种产品对于不同经济主体的最优均衡价格绝对值的取值范围集合的交集为空集，那么对该种产品针对不同经济主体设置为同一产权，则该产权的市场均衡价格无法同时满足该种产品对于不同经济主体的所有最优均衡价格要求，进而无法实现期望的管理目标；反之，如果某种产品对于不同经济主体的最优均衡价格绝对值的取值范围集合的交集为非空集，则可以对该产品不同经济主体设置同一产权，并构建产权价格实现机制（市场交易机制或税费机制），使产权的价格包含在交集中，则可以满足该种产品对于不同经济主体的最优均衡价格要求，进而可以实现期望的管理目标。某些产品对于不同经济主体的最优均衡价格的绝对值相等，但最优均衡价格的正负符号可能相反，这种情况并不影响规则3结论，根据后文的产权界定规则4可知，最优均衡价格的绝对值相等但正负符号相反，意味着产权的归属不同而已。根据规则3可以得出以下结论：

由式（2.3^{e}）和式（2.4^{e}）得到：

$$p_k = \omega_k = p_k \tag{2.11}$$

因此，对于第i种产品，针对所有消费或生产该产品的所有经济主体，可以设置同一个产权即可。

根据式（2.5^{e}），如果补充或削减一单位公共外部性产品给自身带来的边际影响 $\lambda_i \frac{\partial u_i}{\partial S}$ 都一样，则对于所有补充或削减外部性产品的经济主体 i，$t_i = \sum_{\bar{i}=i,\bar{i}\neq i}^{I}\left(\lambda_{\bar{i}} \frac{\partial u_{\bar{i}}}{\partial S}\right)$ 都相等，因此，这种情况下可以对公共外部性产品针对所有经济主体设置同一产权；反之，如果补充或削减一单位公共外部性给自身带来的

边际影响 $\lambda_i \frac{\partial u_i}{\partial S}$ 不完全一样，则对于所有制造或削减外部性产品的经济主体 i，$t_i = \sum_{\bar{i}=i,\bar{i}\neq i}^{I}\left(\lambda_{\bar{i}} \frac{\partial u_{\bar{i}}}{\partial S}\right)$ 不完全相等，因此，不可以对公共外部性产品针对所有经济主体设置同一产权。例如，对于经济主体 1 和经济主体 2，$t_1 \neq t_2$，则同一公共外部性产品对于经济主体 1 和经济主体 2 应该分别设置两个产权。不过，这两个产权之间可以互相交易，且必须按照 $\alpha = \frac{t_1}{t_2}$ 的比例交易，即经济主体 1 可以用 α 个产权交换经济主体 2 的 1 个产权。

例如，在同一流域，上、中、下游厂商排放一吨污水所造成的外部损害不同，因此，虽然均为污水排放权，但是不同流域区位的厂商设置的污水排放权不能算是同一种，因此它们之间不能以统一价格在同一市场上进行交易，否则将无法实现对流域环境的最优管理。但不同区位的污染排放权之间可以按照各地区排放单位污水对外界造成的损害程度进行交易。

4. 规则 4：产权归属界定规则

将为使市场均衡结果符合管理目标而需要对经济行为施加的收支额称为经济行为的最优均衡收支额。经济主体 i 改变第 k 种产品消费，用 Δx_{ki} 表示改变量，则该经济行为的最优均衡收支额为 $-p_k \cdot \Delta x_{ki}$；经济主体 i 改变第 k 种产品的使用或生产，用 Δy_{ki} 表示改变量，该经济行为的最优均衡收支额为 $p_k \cdot \Delta y_{ki}$；经济主体 i 改变外部性的补充或削减，用 Δs_i 表示改变量，该经济行为的最优均衡收支额为 $t_i \cdot \Delta s_i$。

财产是让人们受益或人们凭以获得效用满足的一切东西，产权是受制度（法律、规则、习惯）保护的对财产的权利。因此，拥有产权意味着可以获得财产给人们带来的收益或效用满足，即使财产无法给人们带来收益或效用满足，该财产的产权所有人可以选择放弃使用该产权，此时产权所有人的收益为零。可见，产权给所有人带来的收益肯定不会小于零，而需要产权的经济主体为拥有产权而进行的支付也必须大于等于零。产权归属的界定，帮助经济主体形成合理的经济预期，保护规范经济主体的正确经济行为，最终实现资源的优化配置。因此，如果经济行为的最优均衡收支额为正，则可以将产权赋予该经济行为的经济主体，而如果经济行为的最优均衡收支额为负，应该要求该经济行为的经济主体购买相应产权。由此得出产权界定的规则 4：

在交易费用为零或很小的情况下，只有根据经济行为进行的产权归属界定才影响资源的配置结果，经济行为前的初始产权归属界定不影响资源的配置结果。经济行为的最优均衡收支额为正，则该经济行为的经济主体应该获得相应的产权——应该将相应产权赋予该经济行为的经济主体，或少要求该经济行为的经济主体购买相应产权；反之，经济行为的最优均衡收支额为负，则该经济行为的经济主体应该提供相应的产权——应该要求该经济行为的经济主体购买相应产权，或少赋予该经济行为的经济主体相应的产权。①

科斯第一定理强调的是产权的初始配置不影响市场均衡结果的效率，产权界定的规则4（产权归属界定规则）强调的是只有根据经济行为进行的产权归属界定才影响资源的配置结果，产权界定的规则4可以推出科斯第一定理，而科斯第一定理却无法必然推导出产权界定的规则4，因此，产权界定的规则4事实上也可以看作是对科斯第一定理更为精确的一种描述。

在公共外部性管制的例子中，将式（2.4^e）、式（2.5^e）进一步分析得到：

$$p_k = \omega_k = p_k \geq 0 \tag{2.12}$$

如果是负外部性，则：

$$t_i = \sum_{\bar{i}=i,\bar{i}\neq i}^{I} \left(\lambda_{\bar{i}} \frac{\partial u_{\bar{i}}}{\partial S}\right) \leq 0 \tag{2.13}$$

如果是正外部性，则：

$$t_i = \sum_{\bar{i}=i,\bar{i}\neq i}^{I} \left(\lambda_{\bar{i}} \frac{\partial u_{\bar{i}}}{\partial S}\right) \geq 0 \tag{2.14}$$

结合式（2.12）、式（2.13）、式（2.14），并根据规则4，可以得出一系列结论，见表2-3。

表2-3　产权归属原则

财产变量	经济行为	最优均衡收支额	产权归属
x_{ki}	经济主体i增加第k种产品消费，则 $\Delta x_{ki} \geq 0$	$-p_k \cdot \Delta x_{ki} \leq 0$	经济主体i需购买第k种产品产权
	经济主体i减少第k种产品消费，则 $\Delta x_{ki} \leq 0$	$-p_k \cdot \Delta x_{ki} \geq 0$	赋予经济主体i第k种产品产权

① 不管是将相应产权赋予该经济行为的经济主体，还是少要求该经济行为的经济主体购买相应产权，该经济行为的经济主体拥有的产权数量都相应增加，从这个角度理解，经济行为的最优均衡收支额为正，则该经济行为的经济主体应该获得相应的产权；反之，不管是要求该经济行为的经济主体购买相应产权，还是少赋予该经济行为的经济主体相应的产权，该经济行为的经济主体拥有的产权数量都相应减少，从这个角度理解，在经济行为的最优均衡收支额为负的情况下，该经济行为的经济主体应该提供相应的产权。

续表

财产变量	经济行为		最优均衡收支额	产权归属
y_{ki}	如果第 k 种产品为经济主体 i 的投入品	当经济主体 i 减少第 k 种产品使用，则 $\Delta y_{ki} \geqslant 0$	$p_k \cdot \Delta y_{ki} \geqslant 0$	赋予经济主体 i 第 k 种产品产权
		当经济主体 i 增加第 k 种产品使用，则 $\Delta y_{ki} \leqslant 0$	$p_k \cdot \Delta y_{ki} \leqslant 0$	经济主体 i 需购买第 k 种产品产权
	如果第 k 种产品为经济主体 i 的产出品	当经济主体 i 减少第 k 种产品生产，则 $\Delta y_{ki} \leqslant 0$	$p_k \cdot \Delta y_{ki} \leqslant 0$	经济主体 i 需购买第 k 种产品产权
		当经济主体 i 增加第 k 种产品生产，则 $\Delta y_{ki} \geqslant 0$	$p_k \cdot \Delta y_{ki} \geqslant 0$	赋予经济主体 i 第 k 种产品产权
ss_i	正外部性产品	经济主体 i 是增加补充正外部性产品时，$\Delta ss_i \geqslant 0$	$t_i \cdot \Delta ss_i \geqslant 0$	赋予经济主体 i 外部性产品产权
		经济主体 i 减少补充正外部性产品时，$\Delta ss_i \leqslant 0$	$t_i \cdot \Delta ss_i \leqslant 0$	经济主体 i 需购买外部性产品产权
		经济主体 i 是增加削减正外部性产品时，$\Delta ss_i \leqslant 0$	$t_i \cdot \Delta ss_i \leqslant 0$	经济主体 i 需购买外部性产品产权
		经济主体 i 是减少削减正外部性产品时，$\Delta ss_i \geqslant 0$	$t_i \cdot \Delta ss_i \geqslant 0$	赋予经济主体 i 外部性产品产权
	负外部性产品	经济主体 i 是增加制造负外部性产品时，$\Delta ss_i \geqslant 0$	$t_i \cdot \Delta ss_i \leqslant 0$	经济主体 i 需购买外部性产品产权
		经济主体 i 是减少制造负外部性产品时，$\Delta ss_i \leqslant 0$	$t_i \cdot \Delta ss_i \geqslant 0$	赋予经济主体 i 外部性产品产权
		经济主体 i 是增加削减负外部性产品时，$\Delta ss_i \leqslant 0$	$t_i \cdot \Delta ss_i \geqslant 0$	赋予经济主体 i 外部性产品产权
		经济主体 i 减少削减负外部性时，$\Delta ss_i \geqslant 0$	$t_i \cdot \Delta ss_i \leqslant 0$	经济主体 i 需购买外部性产品产权

资料来源：笔者整理。

三、产权价值的实现机制

在产权界定后，实现产权的最优均衡价格主要有两种机制。第一种为税费机制，即庇古税的运用。例如，管理者可以对经济主体制造或削减一单位外部性的行为进行征税（补贴），制造或削减一单位外部性的征税额（补贴额）应该等于该单位外部性给其他全部经济主体带来的边际总损害（边际总收益），这里的损害（收益）应该包括其他全部经济主体现在以及未来的损害（收益）。第二种为产权交易机制，例如，管理者对每单位外部性界定产权（例如污染排放权），规定外部性产权帕累托最优的数量，并建立外部性产权的交易市场，让厂商通过市场交易实现制造或削减外部性的行为的边际收益与边际成本相等。

第五节 小结

一、本章主要结论

实现资源配置的效率与公平是经济社会期望实现的资源配置目标。对于公平的标准，基于不同的价值观，则有不同的公平原则，需要具体问题具体分析。相对于公平标准的不统一，现有文献在资源配置的效率标准上有相对统一的共识，即资源配置应该达到帕累托最优状态、实现帕累托最优效率。通过数理模型分析，要实现资源配置的帕累托最优，则：（1）必须使使用一单位任何一种产品的边际收益与生产一单位的该种产品的边际成本相等；（2）如果经济主体 i 消耗削减其拥有的任何一单位公共外部性产品的边际社会收益大于消耗削减该单位公共外部性产品给全部经济主体造成的边际社会损失，则经济主体 i 应消耗掉其拥有的全部公共外部性产品；否则，必须使补充或削减一单位公共外部性产品的行为的边际社会收益与该单位公共外部性产品所有经济主体带来的边际社会成本相等。

当前大多数国家主要通过建立产权制度以及相应的市场管理机制来实现资源的优化配置。通过数理模型分析得到使市场均衡结果实现整个经济社会帕累托最优的价格条件称为最优均衡价格条件。解读该最优均衡价格条件可知：对于普通产品，只要管理者界定、保护好各种普通产品的产权，并构建公平、公正的自由市场机制，则市场均衡结果可以自动实现普通产品的帕累托最优配置。不过，对于公共外部性产品，则需要实施额外的公共外部性产品管理政策，对每个经济主体补充（削减）公共外部性产品的行为进行补贴，净补贴额等于该单位公共外部性产品给整个经济社会其他经济主体带来的边际外部收益，如果边际外部收益为正、则净补贴额为正，反之，则净补贴额为负（即征税）。

从产权经济角度，市场上的交易本质是产权的交易，各种产品给经济主体带来的收益或效用的满足均是通过产权的设置予以保护，通过产权的交易予以实现，即产权是实现稀缺资源优化配置的社会管理工具。因此，需要根据期望实现的资源配置目标构建产权制度，进而形成合理的收益预期，引起合理的经济诱因，导致合理的经济行为，最终实现的期望的资源配置效率和社会公平状况。

根据使市场均衡结果实现帕累托最优状态的价格条件，即最优均衡价格，本章归纳总结出构建产权制度使市场均衡结果实现帕累托最优状态的四大规则。

规则 1：只有具有可界性（有边界、可计量）和排他性的财产才可以界定产权。

规则 2：如果财产的最优均衡价格取值范围不包括零（不管是正值还是负值），则必须对该财产设置产权；如果财产的最优均衡价格取值范围包括零，则可以对该财产设置产权也可以不设置产权，产权界定与否不影响管理目标的实现。

规则 3：同一产品对于不同经济主体是否可以设置为同一产权，取决于该产品对于不同经济主体的最优均衡价格绝对值的取值范围集合的交集是否为空集，如果交集为非空集，则可以设置为同一产权；反之，如果交集为空集，则不可以设置成同一产权。同一产品设置的不同产权之间可以相互交易，但需要按照该产品给不同的经济主体带来的最优均衡价格之比进行交易。产权界定的规则 3 也可以看作产权所有人范围界定的规则，对某种产品设置一种产权，则允许拥有该种产权的经济主体必须满足条件：该种产品对于经济主体的最优均衡价格绝对值的取值范围集合的交集为非空集。

规则 4：只有根据经济行为进行的产权归属界定才影响资源的配置结果，经济行为前的初始产权归属界定不影响资源的配置结果。经济行为的最优均衡收支额为正，则该经济行为的经济主体应该获得相应的产权——应该将相应产权赋予该经济行为的经济主体，或少要求该经济行为的经济主体购买相应产权；反之，经济行为的最优均衡收支额为负，则该经济行为的经济主体应该提供相应的产权——应该要求该经济行为的经济主体购买相应产权，或少赋予该经济行为的经济主体相应的产权。其中，最优均衡收支额是指为了使市场均衡结果实现管理目标而需要对经济行为施加的收支额。

二、本章建模中的主要变量或函数的含义与说明

表 2-4　本章建模中的主要变量或函数的含义与说明

变量或函数	变量或函数的含义	说明
I	经济主体总数	—
i 和 $\bar{i}$	经济主体的索引	—
x_{ki}	经济主体 i 消费的第 k 种产品数量	x_{ki}的取值范围：$x_{ki} \geqslant 0$
y_{ki}	经济主体 i 生产（或投入）的第 k 种产品数量	y_{ki}为正表示产出，为负表示投入
m_{ki}	经济主体 i 拥有的第 k 种产品的初始量	—
$\hat{s}_i$	经济主体 i 拥有的初始公共外部性产品数量	—
ss_i	经济主体 i 补充（削减）的公共外部性产品的数量	ss_i 为正表示补充，为负表示削减
s_i	经济主体 i 最终拥有的公共外部性产品的数量	—
S	整个社会最终的公共外部性产品总存量	—
$u_i(\bullet)$	经济主体 i 的福利函数	—
$f_i(\bullet)$	经济主体 i 的生产函数	—
p_k	第 k 种产品的价格	—
t_i	对经济主体 i 征收的一单位公共外部性产品的价格	—
$\bar{s}_i$	经济主体 i 必须无偿补充的公共外部性产品数量	—
$\bar{S}$	整个社会总的必须无偿补充的公共外部性产品数量	—

注：本表只汇总了本章首次出现的变量或函数的名称与含义，以及与其他章节名称相同但含义略有不同的变量或函数的名称与含义；本表没有列出的本章其他变量或函数的含义与本书其他章节同一变量或函数含义一致。

资料来源：笔者整理。

附录2A 结论2.2的证明

首先，鲍莫尔和奥茨（1988）已经论证了，在本章假设成立下，资源配置的帕累托最优状态存在且唯一，市场均衡状态存在且唯一。①

其次，可以证明表2-2中的这组最优均衡价格条件是可以使市场均衡结果实现资源配置的帕累托最优的充分条件。将表2-2中的“最优均衡价格条件”列中的3组式子代入“市场均衡条件方程组”列，则“市场均衡条件方程组”将和“帕累托最优实现条件方程组”一致，二者自然拥有相同的解。用标有上标“*”的变量表示资源配置的帕累托最优解，即x_{ki}^*、y_{ki}^*、s_i^*表示最优解条件方程组的解，用标有上标“o”的变量表示市场均衡解，即x_{ki}^o、y_{ki}^o、s_i^o表示市场均衡条件方程组的解。$x_{ki}^* = x_{ki}^o$、$y_{ki}^* = y_{ki}^o$、$s_i^* = s_i^o$。

再次，可以证明在本章假设2-3成立的情况下，这组最优均衡价格条件是可以使市场均衡结果实现帕累托最优的必要条件。假设市场均衡和帕累托最优结果是一致的，即$x_{ki}^* = x_{ki}^o$、$y_{ki}^* = y_{ki}^o$、$s_i^* = s_i^o$。由于存在一组商品满足本章假设2-3，设该组商品共有$K_1(1 \leqslant K_1 \leqslant K)$种商品，为了后文分析便捷，设定该组商品的索引为$k = 1, 2, \cdots, K_1$；同时，该组商品均有交易市场和交易价格，设定该组商品的价格为$p_k = p_1, p_2, \cdots, p_{K_1}$。

根据本章假设2-3，商品$k=1$至少被两个经济主体消费或生产（使用），设其被经济主体$i = 1, 2, \cdots, \bar{I}$（$2 \leqslant \bar{I} \leqslant I$）的消费或生产（使用）。如果商品$k=1$被经济主体$i = 1, 2, \cdots, \bar{I}$消费，则表2-2中的式（$2.3^*$）和式（$2.3^o$）分别变为式（2.1A）和式（2.2A）：

$$\lambda_i \frac{\partial u_i}{\partial x_{1i}} = \omega_1 (i = 1, 2, \cdots, \bar{I}) \tag{2.1A}$$

$$\alpha_i \frac{\partial u_i}{\partial x_{1i}} = p_1 (i = 1, 2, \cdots, \bar{I}) \tag{2.2A}$$

如果商品$k=1$被经济主体$i = 1, 2, \cdots, \bar{I}$生产（使用），则式（$2.4^*$）、式（$2.4^o$）分别变为式（2.3A）和式（2.4A）：

---

① William J Baumol, Wallace E Oates. The theory of environmental policy (second edition) [M]. Cambridge: Cambridge University Press, 1988.

$$\mu_i \frac{\partial f_i}{\partial y_{1i}} = \omega_1 \tag{2.3A}$$

$$\beta_i \frac{\partial f_i}{\partial y_{1i}} = p_1 \tag{2.4A}$$

设定

$$\omega_1 = p_1 \text{①} \tag{2.5A}$$

则对于经济主体 $i=1,2,\cdots,\bar{I}$，如果商品 $k=1$ 被经济主体 $i=1,2,\cdots,\bar{I}$ 消费，则有式（2.6A）；如果商品 $k=1$ 被经济主体 $i=1,2,\cdots,\bar{I}$ 生产（使用），则有式（2.7A）：

$$\lambda_i = \frac{\omega_{\bar{k}}}{\frac{\partial u_i}{\partial x_{\bar{k}i}}} = \frac{p_{\bar{k}}}{\frac{\partial u_i}{\partial x_{\bar{k}i}}} = \alpha_i (i=1,2,\cdots,\bar{I}) \tag{2.6A}$$

$$\mu_i = \frac{\omega_{\bar{k}}}{\frac{\partial f_i}{\partial y_{\bar{k}i}}} = \frac{p_{\bar{k}}}{\frac{\partial f_i}{\partial y_{\bar{k}i}}} = \beta_i (i=1,2,\cdots,\bar{I}) \tag{2.7A}$$

由以上分析可知，通过商品 $k=1$ 产生直接或间接的经济关联的经济主体均有式（2.6A）和式（2.7A）成立。

其次，根据本章假设 2-3，消费或生产（使用）商品 $k=1$ 的经济主体，除了消费或生产（使用）商品 $k=1$ 以外，肯定还消费或生产（使用）该组合中的其他商品；否则，消费或生产（使用）商品 $k=1$ 的经济主体就无法与其他经济主体产生直接或间接的经济关联，从而不满足本章假设 2-3。假设商品 $k=2$ 也有部分被消费或生产（使用）商品 $k=1$ 的经济主体消费或生产（使用），设定经济主体 $i=\bar{I}$ 消费或生产（使用）商品 $k=2$。同时，商品 $k=2$ 除了被经济主体 $i=1,2,\cdots,\bar{I}$ 消费或生产（使用）外，也可能被其经济主体消费或生产（使用）。因此，设定经济主体 $i=\bar{I},\bar{I}+1,\bar{I}+2,\cdots,\bar{\bar{I}}(\bar{I}\leqslant\bar{\bar{I}}\leqslant I)$ 消费或生产（使用）商品 $k=2$，则对于经济主体 $i=\bar{I},\bar{I}+1,\cdots,\bar{\bar{I}}$，如果商品 $k=2$ 被经济主体 $i=\bar{I},\bar{I}+1,\cdots,\bar{\bar{I}}$ 消费，则表 2-2 中的式

① 如果设定 $\omega_1=\psi p_1$，则“最优均衡价格”的所有式子都乘以一个 ψ。

（2.4*）和式（2.5°）分别变为式（2.8A）和式（2.9A）：

$$\lambda_i \frac{\partial u_i}{\partial x_{2i}} = \omega_2 (i = \bar{I}, \bar{I}+1, \cdots, \bar{\bar{I}}) \tag{2.8A}$$

$$\alpha_i \frac{\partial u_i}{\partial x_{2i}} = p_2 (i = \bar{I}, \bar{I}+1, \cdots, \bar{\bar{I}}) \tag{2.9A}$$

如果商品 $k=2$ 被经济主体 $i=\bar{I}, \bar{I}+1, \cdots, \bar{\bar{I}}$ 生产（使用），则表 2－2 中的式（2.5°）、式（2.5ᵉ）分别变为式（2.10A）和式（2.11A）：

$$\mu_i \frac{\partial f_i}{\partial y_{2i}} = \omega_2 (i = \bar{I}, \bar{I}+1, \cdots, \bar{\bar{I}}) \tag{2.10A}$$

$$\beta_i \frac{\partial f_i}{\partial y_{2i}} = p_2 (i = \bar{I}, \bar{I}+1, \cdots, \bar{\bar{I}}) \tag{2.11A}$$

根据式（2.6A）、式（2.7A），有 $\lambda_{\bar{I}} = \alpha_{\bar{I}}$ 和 $\mu_{\bar{I}} = \beta_{\bar{I}}$，可以推知：

$$\omega_2 = \lambda_{\bar{I}} \frac{\partial u_{\bar{I}}}{\partial x_{2i}} = \alpha_{\bar{I}} \frac{\partial u_{\bar{I}}}{\partial x_{2i}} = p_2 \text{ 或 } \omega_2 = \mu_{\bar{I}} \frac{\partial f_{\bar{I}}}{\partial y_{2i}} = \beta_{\bar{I}} \frac{\partial f_{\bar{I}}}{\partial y_{2i}} = p_2 \tag{2.12A}$$

对于经济主体 $i=\bar{I}, \bar{I}+1, \bar{I}+2, \cdots, \bar{\bar{I}}$，如果商品 $k=2$ 被经济主体 $i=\bar{I}, \bar{I}+1, \bar{I}+2, \cdots, \bar{\bar{I}}$ 消费，则有式（2.13A）；如果商品 $k=2$ 被经济主体 $i=\bar{I}, \bar{I}+1, \bar{I}+2, \cdots, \bar{\bar{I}}$ 生产（使用），则有式（2.14A）：

$$\lambda_i = \frac{\omega_2}{\frac{\partial u_i}{\partial x_{2i}}} = \frac{p_2}{\frac{\partial u_i}{\partial x_{2i}}} = \alpha_i \tag{2.13A}$$

$$\mu_i = \frac{\omega_2}{\frac{\partial u_i}{\partial x_{2i}}} = \frac{p_2}{\frac{\partial u_i}{\partial x_{2i}}} = \beta_i \tag{2.14A}$$

从上述证明可以看出，通过商品 $k=1$、$k=2$ 产生直接或间接的经济关联的经济主体，$\lambda_i = \alpha_i$ 或 $\mu_i = \beta_i$ 均成立。根据本章假设 2－3，该商品 $k=1, 2, \cdots, K_1$ 使所有的经济主体都产生直接或间接的经济关联，因此，同理可以推知，只要本章假设 2－3 成立，则对于全部经济主体 $i=1, 2, \cdots, I$，均有：

$$\lambda_i = \alpha_i \tag{2.15A}$$

$$\mu_i = \beta_i \tag{2.16A}$$

由此可见，本章假设 2－3 中的这组把所有经济主体都直接或间接关联在一起的产品，本质上起到了价值衡量的作用，使所有经济主体的效用或福利可以进行比较。可以将这组产品中的任何一种产品设定为货币，例如，本节将产品1设定为货币，以式（2.5A）描述，从而使所有经济主体的福利统一成货币描述。

然后，根据式（2.4^*）、式（2.4^o）和式（2.15A），可以推知，对于产品k，如果它被经济主体i消费，即 $x_{ki}>0$，则有：

$$\omega_k=\lambda_i\frac{\partial u_i}{\partial x_{ki}}=\alpha_i\frac{\partial u_i}{\partial x_{ki}}=p_k \tag{2.17A}$$

然后，根据式（2.5^*）、式（2.5^o）和式（2.16A），可以推知，对于产品k，如果它被经济主体i生产或使用，即 $y_{ki}>0$，则有：

$$\omega_k=\mu_i\frac{\partial f_i}{\partial y_{ki}}=\beta_i\frac{\partial f_i}{\partial y_{ki}}=p_k \tag{2.18A}$$

综上，可知，在本章假设2-3成立的情况下，“最优均衡价格条件”列中的式（2.3^e）和式（2.4^e）可以由市场机制自动实现。

此外，根据式（2.5^*）和式（2.5^o），如果 $\hat{s}_i+s_i>0$，即，若经济主体i最终拥有的公共外部性产品数量不小于0，则 $\theta_i=0=\phi_i$，式（2.5^*）和式（2.5^o）分别变成：

$$\mu_i\frac{\partial f_i}{\partial ss_i}=\lambda_i\frac{\partial u_i}{\partial s_i}+\sum_{\bar{i}=1}^{I}\lambda_{\bar{i}}\frac{\partial u_{\bar{i}}}{\partial s_{\bar{i}}} \tag{2.19A}$$

$$\beta_i\frac{\partial f_i}{\partial ss_i}=\alpha_i\frac{\partial u_i}{\partial s_i}-t+\alpha_i\frac{\partial u_i}{\partial s_i} \tag{2.20A}$$

根据式（2.15A）、式（2.16A）、式（2.19A）和式（2.20A），如果 $\hat{s}_i+s_i>0$，则有：

$$t_i=\sum_{\bar{i}\neq i}\left(\lambda_{\bar{i}}\frac{\partial u_{\bar{i}}}{\partial s_i}\right) \tag{2.21A}$$

如果 $\hat{s}_i+s_i=0\Rightarrow s_i=-\hat{s}_i\leqslant 0$，即，经济主体i不断消耗削减其拥有的公共外部性产品直至最终拥有的公共外部性产品数量等于0，则有 $\theta_i\geqslant 0$ 和 $\phi_i\geqslant 0$，并有 $s_i^*=s_i^o$，根据式（2.5^*）和式（2.5^o），则有：

$$t_i=\sum_{\bar{i}=i,\bar{i}\neq i}\left(\lambda_{\bar{i}}\frac{\partial u_{\bar{i}}}{\partial s_i}\right)+\theta_i-\phi_i \tag{2.22A}$$

式（2.21A）是式（2.22A）一种情况，但不是式（2.22A）的所有情况。

至此证明得到，在本章假设2-3成立的情况下，表2-2中“最优均衡价格条件”列中的3个式子，即式（2.3^e）、式（2.4^e）、式（2.5^e）就是所要求解的最优均衡价格条件，并且，对于任何 $x_{ki}>0$、$y_{ki}>0$、$s_i\neq0$，表2-2中这组最优均衡价格是使市场均衡结果实现整个经济社会帕累托最优的充分必要条件。

证毕。

第三章 基于土地发展权的耕地最优利用与保护

本章是资源配置理论在耕地利用与保护上的具体运用，即从理论上回答为什么要保护耕地、该如何保护耕地等问题。耕地一旦被非农化，其农用的价值随之消失，而其他用途的土地一旦转为耕地，则创建了农用的价值。因此，认识耕地资源的价值构成是分析耕地利用与保护的前提条件。为此，本章第一节在比较现有五种主要的耕地价值构成理论的基础上，从耕地的价值产生特性和耕地价值的实现特性两个维度来认识耕地的价值构成。本章第二节根据耕地价值构成特性，基于第二章的数理模型和论证思路，构建耕地利用与保护的帕累托最优模型和市场均衡模型，论证在没有任何激励或约束措施时，耕地利用与保护无法实现帕累托最优效率，为了使市场均衡结果实现帕累托最优状态，需要针对耕地存在所产生的公共外部性实施额外的管理政策，进而明确耕地保护的本质与基本途径。第三节将财政收支平衡、耕地具有的不同质量等级、耕地存在的局部外部性和分区管理等情况纳入考虑，分析在这些额外约束情况下如何实现帕累托最优状态的耕地保护机制。最后，进一步探讨如何在实现耕地利用与保护帕累托最优效率的基础上兼顾公平。

第一节 耕地资源价值构成解析

耕地资源具有不同的功能效用，在不同的产业部门中有多种多样的应用，会给不同的经济主体带来各种福利，因而具有不同的价值。全面认识耕地资源的价值构成是实现耕地资源最优利用与保护的基础。不同的文献基于不同的理论视角探析、认识耕地资源的价值构成，形成了以下五种观点。

一、基于马克思主义经济学视角的耕地资源的价值和价格解析

马克思主义经济学认为，现实经济中，大部分的土地，既包含经过人工开

发的部分，也包括原生的作为自然资源的部分，这种既包含人工肥力又包含自然肥力的土地，称为经济土地。经济土地的总价格等于人工土地价格与原生土地价格之和，即：

$$土地的总价格 = 人工土地的价格 + 原生土地的价格 \quad (3.1)$$

式（3.1）中，人工土地价格是改良土地过程中投入在土地内并且固定在土地上，与土地合并的资本价值的货币表示，是资本价值转移到土地中形成的土地资本价值的价格，这部分的土地资本价值应该归于土地资本投入者，其价值回收补偿则采取折旧和利息方式，[①] 即，人工土地的价格 =（土地资本的折旧 + 利息）/资本的利息率。原生土地由于不是人类劳动的产物，因此其没有价值，其价格不是价值的体现，而是地租的购买价格，是地租的资本化，[②] 即原生土地的价格 =（土地的地租）/资本的利息率。地租是土地所有权在经济上的实现，[③] 其基本形式有两种：绝对地租和级差地租。其中，绝对地租是由土地私有权的垄断而产生的地租。[④]级差地租则是产生于优良的土地经营条件并归土地所有者的超额利润。根据不同的产生条件，级差地租表现为两种形态：级差地租Ⅰ和级差地租Ⅱ。级差地租Ⅰ是由于土地自然肥力、地理位置等因素不同而产生的，是投入等量资本的不同等级土地具有不同生产率所产生的超额利润而转化成的地租。[⑤]级差地租Ⅱ是由于资本投入的不同而产生的，是指在同一土地上投不同量资本而具有不同生产率所形成的超额利润转化成的地租。[⑥]

二、基于环境经济学视角的耕地资源价值构成解析

目前，基于环境经济学视角认识耕地资源价值构成的研究主要有三种观点。

（1）参考经济学家汤姆·泰坦伯格[⑦]的观点，耕地资源的价值构成可以描述为：

$$耕地资源的总价值 = 使用价值 + 远期价值 + 不使用价值 \quad (3.2)$$

---

① 陈征．土地价值论［J］．福建论坛（人文社会科学版），2005（2）：4－6.

② 马克思恩格斯全集（第25卷）［M］．北京：人民出版社，1974：714.

③④⑤⑥ 陈征，李建平，郭铁民．政治经济学［M］．北京：经济科学出版社，2001：129，131，132.

⑦ Tom Tietenberg. 环境与自然资源经济学［M］．严旭阳等，译．北京：经济科学出版社，2003：37，38.

式（3.2）中，使用价值反映的是耕地资源的直接使用所带来的收益，例如，从耕地种植中获得的稻米小麦等粮食。耕地资源的远期价值指的是人们在未来有能力使用耕地资源所带来的价值。[①] 如果说耕地资源的使用价值反映了从耕地资源的当前使用中获得的收益，那么远期价值则反映了人们希望保护耕地资源以便在未来时期能够继续被使用的意愿。对于远期价值的支付，实际上是对把耕地资源保留在未来时期使用的选择权的购买。耕地资源的不使用价值，是指人们愿意为改善和保护那些永不被改变用途的耕地所支付的价值，它不来自耕地资源的直接使用，也不产生于耕地资源的潜在使用，而是代表了耕地资源价值中的独特种类。

（2）参考经济学家 Scott J Callan 等[②]的观点，耕地资源的价值构成可以描述为：

$$\text{耕地资源的总价值} = \text{使用者价值} + \text{存在价值} \tag{3.3}$$

式（3.3）中，使用者价值指的是通过使用耕地资源而获得的收益，具体包括直接使用者价值和间接使用者价值，其中，直接使用者价值是指使用者直接消费耕地资源提供的产品或服务而获得的收益，例如，一个农民从耕地中获得粮食并出售而获得的收益。间接使用者价值则反映从耕地资源的间接消费中获得的收益。例如，一个人通过欣赏耕地种植稻谷所呈现的美丽景色而获得快乐，这样的快乐是从耕地获得的，与上面的种植粮食相比，这种“使用”活动具有间接性。存在价值是指人们从耕地资源存在中获得的收益。根据动机的不同，存在价值可以区分为代理消费价值和遗赠价值，其中，代理消费价值是指因为其他经济主体可以从耕地资源中获得收益而得到的效用（不管我们是否认识这些经济主体），遗赠动机价值产生于为后代保护生态环境的责任感。[③]

（3）参考经济学家罗杰·珀曼等[④]的观点，耕地资源的价值构成可以描述为：

$$\text{耕地资源的总价值} = \text{使用价值} + \text{存在价值} + \text{选择价值} + \text{准选择价值} \tag{3.4}$$

式（3.4）中，使用价值指经济主体实际或计划使用耕地资源而获得产品

① Tom Tietenberg. 环境与自然资源经济学［M］. 严旭阳等，译. 北京：经济科学出版社，2003：37，38.

②③ Scott J Callan，Janet M Thomas. 环境经济学与环境管理［M］. 北京：清华大学出版社，2006：146－149.

④ 罗杰·珀曼等. 自然资源与环境经济学［M］. 北京：中国经济出版社，2002：439－440.

或服务；存在价值指耕地资源服务存在或将继续存在的价值，不管其是现在还是将来被经济主体利用；耕地资源的选择价值涉及未来风险的因素，具体是指为保证耕地资源服务将来能被经济主体利用而愿意支付的价值；耕地资源的准选择价值则涉及未来不完全可知和不可逆转的因素，具体是指为避免现在对耕地资源进行不可逆转的开发活动而愿意支付的价值。

三、基于市场经济理论视角的耕地资源价值构成解析

皮尔斯等（Pearce et al.）①、李孟波等②、许恒周③、弗里曼（Freeman）④、美国农业部土地利用委员会⑤等学者或机构认为，可以根据耕地资源服务是直接通过市场体系，还是通过那些无法在市场中进行正常交易的物品和服务的价值的变化来显现它们的影响，把耕地资源价值区分为市场价值和非市场价值，即

$$\text{耕地资源的总价值} = \text{市场价值} + \text{非市场价值} \tag{3.5}$$

人们可以经营耕地资源而获得稻米、小麦等产品和服务，这些产品和服务的价值可以直接通过市场体系予以实现，则经营使用耕地资源获得的这些产品和服务的边际收益的资本化即为耕地资源的市场价值；不仅如此，耕地资源还提供开敞空间、维护生物多样性、保育环境等产品或服务，这些产品或服务无法直接通过市场体系予以实现，此即耕地资源的非市场价值。

四、基于功能效用视角的耕地资源价值构成解析

从功能角度看，耕地资源具有诸多效益和功能，除了经济生产功能外，还具有社会保障和安全功能、生态功能。首先，耕地资源可以作为一种最基本的生产资料，在一定的光、热、水等自然条件和技术条件下，生产出小麦、稻米

① Pearce D, Turner K. Economics of natural resources and the environment [M]. New York: Harvester Wheatsheaf, 1990.

② 李孟波，李春聚，姜乖妮．耕地资源价值研究综述［J］．价值工程，2007（6）：51－54.

③ 许恒周．市场失灵与农地非农化过度性损失研究［D］．南京：南京农业大学博士学位论文，2008：77－78.

④ Freeman A M．环境与资源价值评估——理论与方法［M］．曾贤刚，译．北京：中国人民大学出版社，2002.

⑤ 蔡银莺，李晓云，张安录．耕地资源非市场价值评估初探［J］．生态经济，2006（2）：10－14.

等各种农产品，并可通过市场交易实现其经济收益。其次，许多耕地资源是农民的衣食之源和生存之本，特别在中国等发展中国家，农村社会保障不够健全，耕地就成为农民实现基本生活保障、就业保障、养老保障和意外保障的可靠手段；不仅如此，耕地又是提供粮食生产的唯一自然资源，保护足量的耕地，是保障整个经济社会粮食安全的重要手段，由此可见，耕地资源还具有重要的社会保障和社会粮食安全等功能。最后，耕地资源往往还提供净化水源、保育土壤、维护生物多样性等诸多生态服务功能。因此，从功能效用角度看，耕地资源的价值可以表现为各种功能效用的价值形态之和，① 其构成如下：

$$耕地资源的总价值 = 经济价值 + 社会价值 + 生态价值 \tag{3.6}$$

式（3.6）中，耕地资源的经济价值是耕地资源生产经济产品边际产出的资本化。社会价值分为社会保障价值和社会粮食安全价值，其中社会保障价值是指耕地资源给人们间接带来的就业、养老等社会保障，粮食安全价值体现在人们对保护一定数量和质量的耕地资源从而维持粮食价格稳定、维护整个经济社会粮食安全的支付意愿。生态价值体现在人们对耕地资源提供的包括水源涵养、水质净化、土壤保护、维持生物多样性等生态服务的支付意愿。

五、基于产权经济视角的耕地资源价值构成解析

参考陈志刚等②的观点，从产权经济的角度看，耕地资源的价值构成可以描述为：

$$\begin{aligned}耕地资源的总价值 = {} & 耕地资源的生产收益权价值 + 耕地资源的农民生存\\ & 保障权价值 + 耕地资源的发展权价值 + 耕地资源的\\ & 粮食安全权价值 + 耕地资源的生态安全权价值\end{aligned} \tag{3.7}$$

第一，耕地资源的生产收益权价值是指耕地资源作为农业生产的最基本投入要素所具有获得正常收益的权利的价值。第二，由于部分地区耕地资源为农民提供了类似社会保障的功能，则这样的耕地资源具有农民生存保障权价值。第三，耕地资源发展权是指耕地资源可转为建设用地等不同用途的权利，耕地资源发展权价值等于正常市场条件下的耕地资源转为其他用地的土地价值与原

① 杨召欣．基于资源价值功能的农地价值评估研究［D］．南京：南京农业大学硕士学位论文，2008：27.

② 臧俊梅，王万茂，陈茵茵．农地发展权的价格涵义与价值分析［J］．经济体制改革，2009（5）：88－93.

农业用途的土地价值的差额。第四，耕地资源的粮食安全权价值产生于当前耕地资源非农化利用的不可逆性。考虑到耕地资源是粮食生产不可替代的最基本生产要素，因此，经济主体从整个社会的战略安全角度出发，对耕地资源非农化利用加以限制，这种经济主体强行限制耕地资源保留农用用途而获得收益的权利，则为耕地资源的粮食安全权，其价值量是经济主体为确保粮食战略安全而必须支付的费用。第五，耕地资源作为一个典型的生态环境系统，为人类提供各种生态环境功能服务，因此，经济主体从整个社会生存与可持续发展的角度，为确保生态平衡而需要对耕地资源实行生态安全性保护则为耕地资源的生态安全权，其价值量是经济主体为确生态安全而必须支付的费用。

六、耕地价值构成、产权设置、配置机制和耕地的最优利用与保护

上述5种关于耕地价值构成的观点并没有相互矛盾，它们是基于不同的理论从不同的角度对耕地资源的价值构成加以研究与认识。本书认为，耕地既可以用于农业生产，也可以转化为建设用地用于非农建设；耕地保留农用可以给人们带来各种收益或效用——即耕地保留农用的总价值，耕地非农化亦可给人们带来收益或效用——即耕地非农化的总价值。从经济效率角度看，一个地区耕地的最优利用与保护问题，就是要决定应该将多少耕地保留农用、将多少耕地非农化或者要补充多少耕地，以及应该将哪些区域的耕地保留农用、将哪些区域的耕地非农化、将哪些区域的其他用地转为耕地，从而最终实现耕地整体给人们带来的各种价值总和的最大化。土地价值的保护与实现是通过土地产权的设置与交易实现的。土地产权是一种可以行使的对土地有价值属性的排他性权利，土地产权的设置保护了土地产生的内在价值，而土地产权的配置所形成的土地价格则是土地价值的外在表现。现实的经济中，为了实现耕地的利用与保护的帕累托最优效率，则必须根据耕地的内在价值构成及各构成部分的价值产生与实现特性合理地设置耕地产权，并在此基础上构建合理的耕地产权配置机制。因此，本书认为，为了实现耕地的利用与保护的帕累托最优效率，应该从耕地价值的产生特性和耕地价值的实现特性两个维度来认识耕地的价值构成。

（一）从耕地价值的产生维度来认识耕地资源的价值构成

根据上述5种耕地价值产生与构成的观点可知，耕地资源主要通过两种方式产生价值：经营使用耕地资源产生各种价值收益和耕地资源存在本身就可以产生各种价值收益。因此，从耕地资源的价值产生特性维度看，耕地资源的价

值构成可以描述为：

$$\text{耕地资源的总价值} = \text{使用价值} + \text{存在价值} \tag{3.8}$$

耕地能为人类提供各种农产品、美丽景观等效用，耕地资源的使用价值体现在人类在使用耕地发挥耕地的这些功能中获得的收益，从数量看，耕地的使用价值等于经济主体使用耕地而获得的边际收益的资本化。此外，耕地是一种特殊的资源，只要耕地资源存在，就是不使用耕地，耕地也会为人类提供各种收益，这一部分的效用和收益则为耕地的存在价值。耕地的存在价值主要包括耕地存在的生态价值和粮食安全价值。耕地系统是一个典型的生态环境系统，能够为人类提供涵养水源功能、营养循环功能、土壤保持功能、维持生物多样性功能等生态环境服务，耕地系统的这些服务功能给人类带来的收益则为耕地存在的生态价值。由于当前耕地资源非农化利用的不可逆性，并且耕地资源是粮食生产不可替代的最基本生产要素，因此，经济主体从整个社会的战略安全角度出发，保持一定数量的耕地有利于维持稳定的粮食价格、提供社会必要的粮食数量，而社会为确保粮食战略安全而愿意给予的支付则形成了耕地资源的社会粮食安全价值。

（二）从耕地价值的实现特性角度来认识耕地资源的价值构成

本书第 2 章已经论证了资源产品的竞争性和排他性的价值可以通过自由竞争的市场予以实现，而对于资源产品的非竞争性或非排他性的价值，则需要实施额外的管理政策才能实现。因此，从耕地价值的实现特性角度，耕地资源的价值构成可以描述为：

$$\text{耕地资源的总价值} = \text{公共外部性价值} + \text{非公共外部性价值} \tag{3.9}$$

其中，耕地的公共外部性价值是指具有非竞争性或非排他性的价值。一方面，一个人对耕地的公共外部性价值的消费和享受并不会减少其他人对这些价值的消费机会与享受的数量，即耕地的公共外部性价值具有非竞争性；另一方面，公众共同享受耕地的公共外部性价值，要将其中的任何人排除在外要么是技术上的不可能要么是经济上的无效率，即耕地的公共外部性价值具有非排他性。从外延上看，耕地的公共外部性价值主要包括耕地的生态价值和社会粮食安全价值，即耕地的公共外部性价值基本等于耕地的存在价值。耕地的非公共外部性价值是指同时具有竞争性和排他性的价值。从外延上看，耕地的非公共外部性价值基本等于耕地的使用价值，即：

$$\text{耕地资源的公共外部性价值} \approx \text{耕地资源的存在价值} \tag{3.10}$$

$$耕地资源的非公共外部性价值 \approx 耕地资源的使用价值 \tag{3.11}$$

需要进一步说明的是，耕地资源的总价值也就是耕地资源给整个经济社会所有经济主体带来的收益或价值，因此，后文耕地资源的总价值也称为耕地的社会价值或耕地的社会收益，同样，耕地的社会收益可以等于耕地的私人收益与耕地的公共外部性收益之和。

第二节　实现帕累托最优的耕地保护机制

一、基本设定和基本假设

（一）基本设定

若某经济社会要解决耕地的最优利用与保护问题，假设在投入一定成本后，耕地可以转为建设用地，建设用地也可以转为耕地（有些建设用地可以以较低的成本转为耕地，有些建设用地因为技术上不可行或经济上不可行而无法转为耕地），未利用地可以转为建设用地或耕地，但一般情况下，不会将耕地或建设用地转为未利用地，同时，耕地保留农用的经营权和建设用地保留非农用的经营权均可以自由买卖。假设该经济社会共有 I 个经济主体，用 i 和 $\bar{i}$ 作为经济主体的索引。$\hat{s}_i$ 表示经济主体 i 拥有的初始耕地数量，$\hat{c}_i$ 表示经济主体 i 拥有的初始建设用地数量，$\hat{l}_i$ 表示经济主体 i 拥有的初始未利用地数量。fs_i 表示经济主体 i 经营的耕地数量，即经营耕地农用的数量，fc_i 表示经济主体 i 经营的建设用地数量，即经营建设用地非农建设利用数量。sc_i 表示经济主体 i 将耕地非农化数量，即耕地非农化数量，当 sc_i 为正时，表示经济主体 i 将耕地非农化，反之，当 sc_i 为负时，表示经济主体 i 将建设用地转为耕地的数量。ls_i 表示经济主体 i 将未利用地转为耕地的数量，lc_i 表示经济主体 i 将未利用地转为建设用地的数量。由此，$s_i = \hat{s}_i - sc_i + ls_i$ 表示经济主体 i 最终拥有的耕地数量，$c_i = \hat{c}_i + lc_i + sc_i$ 表示经济主体 i 最终拥有的建设用地数量，$\hat{l}_i - ls_i - lc_i$ 表示经济主体 i 最终拥有的未利用地数量。S 表示整个经济社会最终拥有的耕地总量，即 $S = \sum_{i=1}^{I}(\hat{s}_i - sc_i + ls_i)$，进而有 $\frac{\partial S}{\partial sc_i} = \frac{\partial S}{\partial ls_i} = 1$；C 表示整个经济社会最终拥有的建设用地总量，即 $C = \sum_{i=1}^{1}(\hat{c}_i + lc_i + sc_i)$，进而有 $\frac{\partial C}{\partial sc_i} = \frac{\partial C}{\partial lc_i} = 1$。$u_i(S, fs_i, fc_i)$ 表示经济主体 i 的收益函数，$f_i(sc_i, ls_i, lc_i)$ 表示经济主体 i 的成本函数。本章中福利和各种投入都是货币描述，因此，本质上，本章的 $u_i(\bullet)$ 含义与本书其他章节的 $u_i(\bullet)$ 含义一致，本章的 $f_i(\bullet)$含义与本书其他章节的 $f_i(\bullet)$ 含义一致（因为对生产函数中的各产品进行货币化，本质上转化为了成本函数）。w_i 表示经济主体 i 在耕地利用与保护中获得的净福利或净收益，$W = \sum_{i=1}^{1} w_i$ 表示整个社会在耕地利用与保护中获得的总净收益。同时，本文用带上标“＊”的变量表示耕地利用与保护的帕累托最优效率下的变量；用带上标“o”的变量表示市场均衡状态下的变量；用带上标“～”的变量表示额外公共外部性管理政策缺失情况下的市场均衡变量，本质上额外公共外部性管理政策缺失情况下的市场均衡也是市场均衡之一；用 s_i^{**} 公共管理者规定经济主体 i 最终耕地的最低保有量（即目标保有量），除了 s_i^{**} 之外，其他带上标“＊＊”的变量表示所有经济主体的最终耕地保有量都等于目标保有量下的变量值。为了便于阅读，用表 3－15 汇总本章的变量或函数的含义与说明。

（二）基本假设

耕地利用与保护的建模分析中的基本假设主要包括以下三个：

假设 3－1：每个经济主体都追求自身福利最大化。

假设 3－2：各经济主体的收益函数是严格递增和严格凹函数，各经济主体的成本函数是严格递增和严格凸函数，即 $u_i' > 0$、$u_i'' < 0$、$f_i' > 0$、$f_i'' > 0$。

假设 3－3：所有经济主体的福利可统一成货币描述。

假设 3－4：市场是竞争性市场，因此，任何经济主体都只能被动地接受市场价格。

本章四个假设与第二章的四个假设是一一对应、一致的。首先，本章的假设 3－1 与第二章的假设 2－1 本质上是一致的，同时由于各经济主体本质上是经济人，因此，其追求自身福利最大化的假设基本符合事实。其次，在本章假设 3－2 成立的条件下，后文的最大化问题的解是存在的并且是唯一的，[①] 同

① Chander P. Subgame-perfect cooperative agreements in a dynamic game of climate change [J]. Journal of Environmental Economics & Management, 2017 (84): 173－188.

时本章的假设3－2与第二章的假设2－2本质上是一致的。最后，附录2A论证了第二章的假设2－3最根本作用就是使所有经济主体的福利统一成货币描述并进行比较，因此，本章的假设3－3与第2章的假设2－3本质上是一致的。并且，现实经济中，几乎所有经济主体都通过货币在市场上买卖产品，即所有经济主体的福利都可以货币化。

二、耕地利用与保护的数理模型

（一）耕地利用与保护的帕累托最优模型

用（3.12）描述耕地利用与保护的帕累托最优效率模型：

$$
\begin{aligned}
\max: & \sum_{i=1}^{I}\left[u_i(S, fs_i, fc_i) - f_i(sc_i, ls_i, lc_i)\right] \\
\text{s.t.}: & \hat{s}_i - sc_i + ls_i \geqslant 0(\forall i) \\
& \sum_{i=1}^{I}(fs_i) = \sum_{i=1}^{I}(\hat{s}_i - sc_i + ls_i) \\
& \hat{c}_i + lc_i + sc_i \geqslant 0(\forall i) \\
& \sum_{i=1}^{I}(fc_i) = \sum_{i=1}^{I}(\hat{c}_i + lc_i + sc_i) \\
& \hat{l}_i - ls_i - lc_i \geqslant 0(\forall i)
\end{aligned}
\tag{3.12}
$$

式（3.12）描述了在各经济主体耕地数量不能少于0［用 $\hat{s}_i - sc_i + ls_i \geqslant 0(\forall i)$ 描述］、整个社会可经营的耕地总量等于整个社会的耕地总存量［用 $\sum_{\bar{i}=1}^{I}(fs_{\bar{i}}) = \sum_{\bar{i}=1}^{I}(\hat{s}_i - sc_i + ls_i)$ 描述］、各经济主体建设用地数量不能少于0［用 $\hat{c}_i + lc_i + sc_i \geqslant 0(\forall i)$ 描述］、整个社会可经营的建设用地总量等于整个社会的建设用地总存量［用 $\sum_{\bar{i}=1}^{I}(fc_{\bar{i}}) = \sum_{\bar{i}=1}^{I}(\hat{c}_{\bar{i}} + lc_{\bar{i}} + sc_{\bar{i}})$ 描述］、各经济主体未利用地数量不能少于0［用 $\hat{l}_i - ls_i - lc_i \geqslant 0(\forall i)$ 描述］等约束下，最大化整个社会的总收益。由于本章所有效用或福利都货币化，效用或福利是可计量的，因此，根据第二章第二节的阐述，整个社会所有经济主体的总收益最大化就是耕地利用与保护的帕累托最优状态。式（3.12）的拉格朗日式为：

$$L_{3.1} = \sum_{i=1}^{I}[u_i(\bullet) - f_i(\bullet)] + \sum_{i=1}^{I}[\delta_i \cdot (\hat{s}_i - sc_i + ls_i)] - \varepsilon \cdot \left[\sum_{\bar{i}=1}^{I}(fs_{\bar{i}}) - \sum_{\bar{i}=1}^{I}(\hat{s}_{\bar{i}} - sc_{\bar{i}} + ls_{\bar{i}})\right] + \sum_{i=1}^{I}[\pi_i \cdot (\hat{c}_i + lc_i + sc_i)] - \zeta \cdot \left[\sum_{\bar{i}=1}^{I}(fc_{\bar{i}}) - \sum_{\bar{i}=1}^{I}(\hat{c}_{\bar{i}} + lc_{\bar{i}} + sc_{\bar{i}})\right] + \sum_{i=1}^{I}[\sigma_i \cdot (\hat{l}_i - ls_i - lc_i)] \quad (3.13)$$

式（3.13）中，δ_i、ε、π_i、ζ、σ_i 为相应变量的影子价格，从而将各经济变量统一成货币价值。根据 K－T 定理，由拉格朗日式 $L_{3.1}$ 得到耕地利用与保护的帕累托最优的实现条件（见表 3－1 中的“帕累托最优实现条件方程组”列）。

根据表 3－1 的“帕累托最优实现条件方程组”列，采用与本书第二章第二节相类似的分析，可以得到结论 3.1。

结论 3.1：要实现耕地利用与保护的帕累托最优效率，则：

（1）必须使任何一个经济主体经营耕地农用的边际收益都相等。

（2）必须使任何一个经济主体经营建设用地非农建设利用的边际收益都相等。

（3）如果经济主体将其拥有的任一单位耕地非农化所带来的边际收益与耕地非农化的边际成本之差不小于保留农用的边际社会收益，则该经济主体应将其拥有的全部耕地非农化；如果经济主体将其拥有的任一单位耕地非农化所带来的边际收益与耕地非农化的边际成本之差均小于保留农用的边际社会收益，则该经济主体应保留其拥有的全部耕地；否则，可以对部分耕地进行非农化一直到使非农化一单位耕地的边际收益与耕地非农化的边际成本之差与该单位耕地保留农用给所有经济主体带来的边际社会收益相等。

（4）如果经济主体将其拥有的任一单位建设用地转为耕地所带来的边际社会收益与建设用地转为耕地的边际成本之差不小于该单位建设用地保留非农建设利用的边际收益，则该经济主体应将其拥有的全部建设用地转为耕地；如果经济主体将其拥有的任一单位建设用地转为耕地所带来的边际社会收益与建设用地转为耕地的边际成本之差均小于保留该单位建设用地保留非农建设利用的边际收益，则该经济主体应保留其拥有的全部建设用地；否则，可以将部分建设用地转为耕地一直到使转用一单位建设用地为耕地的边际社会收益与建设用地转为耕地的边际成本之差与该单位建设用地保留非农建设利用所带来的边际收益相等。

（5）如果经济主体将其拥有的任一单位未用地转为耕地所带来的边际社

会收益与未利用地转为耕地的成本之差大于未利用地的价格，则该经济主体应该将其拥有的全部未利用地转为耕地；如果经济主体将其拥有的任一单位未用地转为耕地所带来的边际社会收益与未利用地转为耕地的边际成本之差均小于未利用地的价格，则该经济主体应不将其拥有的任何一单位未利用地转为耕地；否则，可以将部分未利用地转为耕地一直到使转用一单位未利用地为耕地的边际社会收益与未利用地转为耕地的边际成本之差与未利用地的价格相等。

（6）如果经济主体将其拥有的任一单位未用地转为建设用地所带来的边际收益与未利用地转为建设用地的边际成本之差大于未利用地的价格，则该经济主体应该将其拥有的全部未利用地转为建设用地；如果经济主体将其拥有的任一单位未用地转为建设用地所带来的边际收益与未利用地转为建设用地的边际成本之差均小于等于未利用地的价格，则该经济主体应不将其拥有的任何一单位未利用地转为建设用地；否则，可以将部分未利用地转为建设用地一直到使转用一单位未利用地为建设用地的边际收益与未利用地转为建设用地的边际成本之差和未利用地的价格相等。

（7）应该使未利用地转为耕地的边际净收益（等于未利用地转为耕地的边际社会收益与未利用地转为耕地的边际成本差额）等于未利用地转为建设用地的边际净收益（等于未利用地转为建设用地的边际收益与未利用地转为建设用地的边际成本差额），也等于未利用地的价格，并且未利用地的价格均不小于0。

耕地保留农用的机会成本等于转化后的建设用地收益减去耕地非农化的成本。建设用地保留非农建设利用的机会成本等于转化后的耕地社会收益减去建设用地转为耕地的成本。未利用地转为耕地的收益等于转化后的耕地社会收益减去未利用地转为耕地的成本。未利用地转为建设用地的收益等于转化后的建设用地收益减去未利用地转为建设用地的成本。现实中，不同用途类型的土地之间完全不转用、完全转用等极端情况往往较少出现，因此，在忽略这些极端因素的情况下，结论3.1可以简化为以下表述。

要实现耕地利用与保护的帕累托最优效率，则：

（1）必须使任何一个经济主体经营耕地农用的边际收益都相等；（2）必须使任何一个经济主体经营建设用地非农建设利用的边际收益都相等；（3）对耕地进行非农化到使耕地保留农用的边际成本与该单位耕地保留农用的边际社会收益相等；（4）将建设用地转为耕地一直到使建设用地保留非农建设利用的边际成本与该单位建设用地保留非农建设利用所带来的边际收益相

等；（5）将未利用地转为耕地到使一单位未利用地转为耕地的边际收益与未利用地的价格相等；（6）将未利用地转为建设用地一直到使一单位未利用地为建设用地的边际收益与未利用地的价格相等；（7）应该要使得未利用地转为耕地的边际净收益（未利用地转为耕地的边际社会收益与未利用地转为耕地的边际成本差额）等于未利用地转为建设用地的边际净收益（未利用地转为建设用地的边际收益与未利用地转为建设用地的边际成本差额），也等于未利用地的价格，并且未利用地的价格均不小于0。

（二）耕地利用与保护的市场均衡模型

市场机制下，经济主体 i 追求自身福利最大化下的耕地利用与保护的最优选择模型可以用式（3.14）描述。

$$\max: u_i(S, fs_i, fc_i) - f_i(sc_i, ls_i, lc_i) + t\cdot(ls_i - sc_i - \bar{s}_i) - b_i\cdot\left[\sum_{\bar{i}=1}^{I}(ls_{\bar{i}} - sc_{\bar{i}}) - \sum_{\bar{i}=1}^{I}\bar{s}_{\bar{i}}\right] + ps\cdot(\hat{s}_i - sc_i + ls_i - fs_i) + pc\cdot(\hat{c}_i + lc_i + sc_i - c_i)$$

$$\begin{aligned} \text{s.t.}: & \hat{s}_i - sc_i + ls_i \geqslant 0 \\ & \hat{c}_i + lc_i + sc_i \geqslant 0 \\ & \hat{l}_i - ls_i - lc_i \geqslant 0 \end{aligned} \tag{3.14}$$

式（3.14）中，$\bar{s}_i$ 为经济主体 i 必须无偿补充的耕地数量；ps、pc、t 和 b_i 为价格约束变量，其中，ps 为经营一单位耕地的价格，pc 为经营一单位建设用地的价格，t 为补充一单位面积的耕地的补贴价格，b_i 为对经济主体 i 征收（给予）的超过整个社会总的无偿补充的耕地数量的一单位耕地存量的税额（补贴），$b_i>0$ 时为征税，$b_i<0$ 时为补贴。本质上，t 是对补充或削减耕地的经济行为施加的价格约束，即与耕地流量相关的价格约束；b_i 是对耕地“消费”的经济行为施加的价格约束，即与耕地存量相关的价格约束，二者共同组成了对与耕地有关的所有经济行为施加的全部政策约束。$t-b_i$ 表示对经济主体 i 在补充（削减）单位面积的耕地的经济行为而施加的净价格约束。

t 也可以看作保有一单位面积耕地的补贴价格，b_i 为对经济主体 i 征收（给予）的超过全社会总的无偿保有的耕地数量的一单位耕地存量的税额（补贴），$b_i>0$ 时为征税，$b_i<0$ 时为补贴。此时，t 是对耕地保有的经济行为施加的价格约束，b_i 是对耕地保有量“消费”的经济行为施加的价格

约束，$t-b_i$ 表示对经济主体 i 保有单位面积耕地的经济行为而施加的净价格约束。在这种情况下，经济主体 i 追求自身福利最大化下的耕地利用与保护的最优选择模型可以表述为式（3.14a）。事实上，当耕地保有数量确定时，耕地补充与削减数量也确定，反之亦然。因此，针对耕地保有施加的价格约束和针对耕地补充与削减的价格约束是一致的。在本章后续的论证分析中，在没有特别说明的地方，均以针对耕地补充与削减的价格约束为论证分析对象。事实上，通过类似的推导，可以得出针对耕地保有施加的价格约束的结论与针对耕地补充与削减的价格约束的结论是一致的。

$$\begin{aligned}\max: & u_i(S,fs_i,fc_i)-f_i(sc_i,ls_i,lc_i)+t\cdot(\hat{s}_i+ls_i-sc_i-\bar{s}_i)-b_i\cdot \\ & \left[\sum_{\bar{i}=1}^{I}(\hat{s}_{\bar{i}}+ls_{\bar{i}}-sc_{\bar{i}})-\sum_{\bar{i}=1}^{I}\bar{s}_{\bar{i}}\right]+ps\cdot(\hat{s}_i-sc_i+ls_i-fs_i)+ \\ & pc\cdot(\hat{c}_i+lc_i+sc_i-c_i) \\ \text{s.t.}: & \hat{s}_i-sc_i+ls_i\geqslant 0 \\ & \hat{c}_i+lc_i+sc_i\geqslant 0 \\ & \hat{l}_i-ls_i-lc_i\geqslant 0\end{aligned} \tag{3.14a}$$

式（3.14）描述了经济主体 i 追求自身收益最大化下的耕地利用与保护的最优选择：在自身拥有的耕地数量不能小于 0（用 $\hat{s}_i-sc_i+ls_i\geqslant 0$ 描述）、自身拥有的建设用地数量不能小于 0（用 $\hat{c}_i+lc_i+sc_i\geqslant 0$ 描述）、自身拥有的未利用地数量不能小于 0（用 $\hat{l}_i-ls_i-lc_i\geqslant 0$ 描述）等前提下，进行耕地利用与保护的最优选择，最终实现自身收益最大化。式（3.14）的拉格朗日式为：

$$\begin{aligned}L_{3.2.i}= & u_i(\bullet)-f_i(\bullet)+t\cdot(ls_i-sc_i-\bar{s}_i)-b_i\cdot\left[\sum_{\bar{i}=1}^{I}(ls_i-sc_i)-\sum_{\bar{i}=1}^{I}\bar{s}_{\bar{i}}\right] \\ & +ps\cdot(\hat{s}_i-sc_i+ls_i-fs_i)+pc\cdot(\hat{c}_i+lc_i+sc_i-fc_i) \\ & +\vartheta_i\cdot(\hat{s}_i-sc_i+ls_i)+\varphi_i\cdot(\hat{c}_i+lc_i+sc_i) \\ & +\eta_i\cdot(\hat{l}_i-ls_i-lc_i)\end{aligned} \tag{3.15}$$

式（3.15）中，ϑ_i、φ_i、η_i 为相应变量的影子价格，从而将各经济变量统一成货币价值。根据 K－T 定理，由拉格朗日式 $L_{3.2.i}$ 得到经济主体的市场选择均衡结果见表 3－1 中的“市场均衡条件方程组”。

表 3 - 1　耕地利用与保护的帕累托最优状态实现条件与市场均衡条件

变量	帕累托最优实现条件方程组	市场均衡条件方程组	最优均衡价格条件
sc_i	$\zeta - \sum_{\bar{i}=1}^{I}\left(\frac{\partial u_{\bar{i}}}{\partial S}\right) - \varepsilon - \frac{\partial f_i}{\partial sc_i} - \delta_i + \pi_i \geqslant 0$, $sc_i\left[\zeta - \sum_{\bar{i}=1}^{I}\left(\frac{\partial u_{\bar{i}}}{\partial S}\right) - \varepsilon - \frac{\partial f_i}{\partial sc_i} - \delta_i + \pi_i\right] = 0$ (3.16*)[1]	$pc - \frac{\partial u_i}{\partial S} - ps - \frac{\partial f_i}{\partial sc_i} - t + b_i - \vartheta_i + \varphi_i \geqslant 0$, $sc_i\left(pc - \frac{\partial u_i}{\partial S} - ps - \frac{\partial f_i}{\partial sc_i} - t + b_i - \vartheta_i + \varphi_i\right) = 0$ (3.16°)	$t - b_i = \sum_{\bar{i}\neq i}^{I}\left(\frac{\partial u_{\bar{i}}}{\partial S}\right)$ (3.16ᵉ)
ls_i	$\sum_{\bar{i}=1}^{I}\left(\frac{\partial u_{\bar{i}}}{\partial S}\right) + \varepsilon - \frac{\partial f_i}{\partial ls_i} + \delta_i - \sigma_i \geqslant 0$, $ls_i\left[\sum_{\bar{i}=1}^{I}\left(\frac{\partial u_{\bar{i}}}{\partial S}\right) + \varepsilon - \frac{\partial f_i}{\partial ls_i} + \delta_i - \sigma_i\right] = 0$ (3.17*)	$\frac{\partial u_i}{\partial S} + ps - \frac{\partial f_i}{\partial ls_i} + t - b_i + \vartheta_i - \eta_i \geqslant 0$, $ls_i\left(\frac{\partial u_i}{\partial S} + ps - \frac{\partial f_i}{\partial ls_i} + t - b_i + \vartheta_i - \eta_i\right) = 0$ (3.17°)	$t - b_i = \sum_{\bar{i}\neq i}^{I}\left(\frac{\partial u_{\bar{i}}}{\partial S}\right)$ (3.17ᵉ)
lc_i	$\zeta - \frac{\partial f_i}{\partial lc_i} + \pi_i - \sigma_i \geqslant 0$, $lc_i\left(\zeta - \frac{\partial f_i}{\partial lc_i} + \pi_i - \sigma_i\right) = 0$　(3.18*)	$pc - \frac{\partial f_i}{\partial lc_i} + \varphi_i - \eta_i \geqslant 0$, $lc_i\left(pc - \frac{\partial f_i}{\partial lc_i} + \varphi_i - \eta_i\right) = 0$　(3.18°)	$\zeta = pc$　(3.18ᵉ)
fs_i	$\frac{\partial u_i}{\partial fs_i} - \varepsilon = 0$　(3.19*)	$\frac{\partial u_i}{\partial fs_i} - ps = 0$　(3.19°)	$\varepsilon = ps$　(3.19ᵉ)
fc_i	$\frac{\partial u_i}{\partial fc_i} - \zeta = 0$　(3.20*)	$\frac{\partial u_i}{\partial fc_i} - pc = 0$　(3.20°)	$\zeta = pc$　(3.20ᵉ)
	$\delta_i(\hat{s}_i - sc_i + ls_i) = 0, \delta_i \geqslant 0$　(3.21*)	$\vartheta_i(\hat{s}_i - sc_i + ls_i) = 0, \vartheta_i \geqslant 0$　(3.21°)	—

续表

变量	帕累托最优实现条件方程组	市场均衡条件方程组	最优均衡价格条件
	$\pi_i(\hat{c}_i + lc_i + sc_i) = 0, \pi_i \geqslant 0$ (3.22*)	$\varphi_i(\hat{c}_i + lc_i + sc_i) = 0, \varphi_i \geqslant 0$ (3.22°)	—
	$\sigma_i(\hat{l}_i - ls_i - lc_i) = 0, \sigma_i \geqslant 0$ (3.23*)	$\eta_i(\hat{l}_i - ls_i - lc_i) = 0, \eta_i \geqslant 0$ (3.23°)	—

[1] 这里需要区分为两种情况，一块耕地保留农用的收益要么大于转为建设用地收益，要么小于转为建设用地的收益。第一种情况，当耕地保留农用的收益小于转为建设用地的收益时，经济主体只会考虑将耕地转为建设用地，表3－1的式（3.16°）和式（3.16^e）是这种情况下的帕累托最优和市场均衡的K－T条件。第二种情况，当耕地保留农用的收益大于转为建设用地后的收益时，经济主体只会考虑将建设用地转为耕地，此时帕累托最优和市场均衡的K－T条件分别为

$$\zeta - \sum_{\bar{i}=1}^{l}\left(\frac{\partial u_{\bar{i}}}{\partial S}\right) - \varepsilon - \frac{\partial f_i}{\partial sc_i} - \delta_i + \pi_i \leqslant 0, \quad sc_i\left[\zeta - \sum_{\bar{i}=1}^{l}\left(\frac{\partial u_{\bar{i}}}{\partial S}\right) - \varepsilon - \frac{\partial f_i}{\partial sc_i} - \delta_i + \pi_i\right] = 0$$

和

$$pc - \frac{\partial u_i}{\partial S} - ps - \frac{\partial f_i}{\partial sc_i} - t + b_i - \vartheta_i + \varphi_i \leqslant 0, \quad sc_i\left(pc - \frac{\partial u_i}{\partial S} - ps - \frac{\partial f_i}{\partial sc_i} - t + b_i - \vartheta_i + \varphi_i\right) = 0$$

。在第二种情况下，模型的分析方法与结果都和后文的分析方法、结论一致，因此，这里只呈现第一种情况。本章后文的模型中均有这种情况，不再特别说明。

资料来源：笔者整理。

（三）本章模型与第二章模型的关联

本章的耕地利用与保护数理模型基于第二章的资源配置的数理模型，是第二章资源配置数理模型在耕地利用与保护方面的具体应用，二者在原理上是一致的。二者有相同的经济社会基本情况设定，对经济主体的行为特征、经济社会环境的假设相同。此外，两个模型的变量设定保持一致。不过，本书第二章已经证明了普通产品的帕累托最优配置可以由市场机制自动实现，为了避免模型过度复杂，本章的耕地利用与保护数理模型只集中分析耕地资源的最优利用与保护问题。

三、使市场均衡实现耕地利用与保护的帕累托最优的最优均衡价格条件

把使市场均衡结果实现整个经济社会帕累托最优的价格条件称为最优均衡价格条件，可以得到引理3.1。

引理3.1：在本章假设成立的情况下，则有：（1）表3－1中“最优均衡价格条件”列中的5个式子，即式（3.16^e）至式（3.20^e），就是所要求解的最优均衡价格条件，并且，对于任何 $sc_i \neq 0$ 或 $ls_i \neq 0$、$\hat{s}_i - sc_i + ls_i \neq 0$、$\hat{c}_i + lc_i + sc_i \neq 0$，表3－1中这组最优均衡价格是使市场均衡结果实现耕地利用与保护的帕累托最优的唯一充分必要条件；（2）“最优均衡价格条件”中，式（3.19^e）和式（3.20^e）可以由市场机制自动实现。

引理3.1的具体证明过程见附录3A。

尽管对于 $sc_i = 0$ 或 $ls_i = 0$、$\hat{s}_i - sc_i + ls_i = 0$、$\hat{c}_i + lc_i + sc_i = 0$，最优均衡价格不是唯一的充分条件，但是对于没有将耕地非农化（或建设用地转为耕地或未利用土地转为耕地）、未拥有耕地、未拥有建设用地的经济主体，其他再多的管理政策选择也没有任何意义。事实上，在不知道 sc_i、ls_i、$\hat{s}_i - sc_i + ls_i$ 和 $\hat{c}_i + lc_i + sc_i$ 是否等于0的情况下，表3－1中这组最优均衡价格就是使市场均衡结果实现整个经济社会耕地利用与保护的帕累托最优的充分必要条件。该引理结论与本书第二章以及与鲍莫尔和奥茨（1988）论证得出的存在公共外部性的情景下使市场均衡结果实现帕累托最优的唯一价格约束条件是一致的。①

根据引理3.1可以得到结论3.2。

---

① William J Baumol, Wallace E Oates. The theory of environmental policy (second edition) [M]. Cambridge: Cambridge University Press, 1988.

结论3.2：对于耕地保持农用的经营收益，只要公共管理者界定、保护好相应的产权，并构建公平、公正的自由市场机制，则市场均衡结果可以自动实现其帕累托最优配置。不过，为了使市场均衡结果实现帕累托最优状态，对于耕地存在所产生的公共外部性，则需要实施额外的管理政策：对于每个经济主体补充一单位耕地的行为进行补贴，净补贴额等于该单位耕地给整个经济社会其他经济主体带来的边际外部收益；对于每个经济主体削减一单位耕地的行为进行征税，净税额等于该单位耕地给整个经济社会其他经济主体造成的边际外部成本。①

结论3.2的经济含义较为简单，由结论3.1可知，要实现耕地利用与保护的帕累托最优效率，则：对耕地进行非农化到使耕地保留农用的边际成本等于该单位耕地保留农用的边际社会收益；将建设用地转为耕地一直到使建设用地保留非农建设利用的边际成本等于该单位建设用地保留非农建设利用所带来的边际收益；将未利用地转为耕地到使一单位未利用地转为耕地的边际社会收益等于未利用地的价格。建设用地保留非农建设利用的机会成本等于转化后的耕地社会收益减去建设用地转为耕地的成本；未利用地转为耕地的收益等于转化后的耕地社会收益减去未利用地转为耕地的成本，即在分析耕地的非农化利用与保护时，都要考虑耕地带来的社会总收益。如果没有对经济主体针对耕地存在所产生的公共外部性施加任何额外的价格约束或激励政策，即 $t=0$ 和 $b_i=0$，结合表3-1中的"市场均衡条件方程组"可知，在没有对经济主体针对耕地存在所产生的公共外部性施加任何额外价格约束政策的情况下，各经济主体只会考虑耕地所带来的私人收益，而忽略耕地所带来的外部收益，因而无法实现耕地利用与保护的帕累托最优效率。事实上，下文将会论证，在没有对经济主体针对耕地存在所产生的公共外部性施加任何额外的价格约束政策情况下，耕地的保有总量往往低于帕累托最优的耕地保有量，而这也就是需要对耕地施加额外保护的根本原因，即需要对各经济主体施加结论3.2描述的额外的管理政策，从而使得耕地给各经济主体带来的收益等于社会总收益，这和耕地利用与保护帕累托最优的实现条件相一致。

考虑到一方面，现实经济社会中较少出现完全没有将建设用地转为耕地（或未利用土地转为耕地）、完全没有拥有耕地、完全没有拥有建设用地等极

① 结论3.2描述的是针对耕地补充与削减的价格约束，如果是针对耕地保有施加的价格约束，则可以描述为：为了使市场均衡结果实现帕累托最优状态，对于耕地存在所产生的公共外部性，则需要实施额外的管理政策：对于每个经济主体保有一单位耕地的行为进行补贴，净补贴额等于该单位耕地给整个经济社会其他经济主体带来的边际总收益；对于每个经济主体减少保有一单位耕地的行为进行征税，净税额等于该单位耕地给整个经济社会其他经济主体带来的边际总损害。

端情况；另一方面，未利用地往往分布在偏远山区，未利用地转为建设用地往往需要投入大量的成本用于基础设施建设；此外，即使 $sc_i=0$ 或 $ls_i=0$、$\hat{s}_i-sc_i+ls_i=0$、$\hat{c}_i+lc_i+sc_i=0$ 等情况存在，使用上文同样的分析方法，可以得到与上文类似的结论。因此，为了简化模型，本章第二节后续分析中，均假设 $sc_i\neq0$ 或 $ls_i\neq0$、$\hat{s}_i-sc_i+ls_i\neq0$、$\hat{c}_i+lc_i+sc_i\neq0$、$lc_i=0$，即，任何经济主体均有将耕地非农化或将建设用地转为耕地、任何经济主体均有将未利用地转为耕地、任何经济主体耕地存量均不为零、任何经济主体的建设用地均不为零。在简化模型下，“帕累托最优实现条件方程组”“市场均衡条件方程组”和“最优均衡价格条件”见表3－2，其结论和上文分析的一致。

表3－2　简化模型耕地利用与保护的帕累托最优状态实现条件与市场均衡条件

变量	帕累托最优实现条件方程组	市场均衡条件方程组	最优均衡价格条件
sc_i	$\zeta-\sum_{\bar{i}=1}^{I}\left(\frac{\partial u_{\bar{i}}}{\partial S}\right)-\varepsilon-\frac{\partial f_i}{\partial sc_i}=0$ （3.24*）	$pc-\frac{\partial u_i}{\partial S}-ps-\frac{\partial f_i}{\partial sc_i}-t+b_i=0$ （3.24°）	$t-b_i=\sum_{\bar{i}\neq i}^{I}\left(\frac{\partial u_{\bar{i}}}{\partial S}\right)$ （3.24^e）
ls_i	$\sum_{\bar{i}=1}^{I}\left(\frac{\partial u_{\bar{i}}}{\partial S}\right)+\varepsilon-\frac{\partial f_i}{\partial ls_i}-\sigma_i=0$ （3.25*）	$\frac{\partial u_i}{\partial S}+ps-\frac{\partial f_i}{\partial ls_i}+t-b_i-\eta_i=0$ （3.25°）	$t-b_i=\sum_{\bar{i}\neq i}^{I}\left(\frac{\partial u_{\bar{i}}}{\partial S}\right)$ （3.25^e）
lc_i	$\zeta-\frac{\partial f_i}{\partial lc_i}+\pi_i-\sigma_i=0$ （3.26*）	$pc-\frac{\partial f_i}{\partial lc_i}+\varphi_i-\eta_i=0$ （3.26°）	$\zeta=pc$ （3.26^e）
fs_i	$\frac{\partial u_i}{\partial fs_i}-\varepsilon=0$ （3.27*）	$\frac{\partial u_i}{\partial fs_i}-ps=0$ （3.27°）	$\varepsilon=ps$（3.27^e）
fc_i	$\frac{\partial u_i}{\partial fc_i}-\zeta=0$ （3.28*）	$\frac{\partial u_i}{\partial fc_i}-pc=0$ （3.28°）	$\zeta=pc$（3.28^e）
	$\sigma_i(\hat{l}_i-ls_i)=0,\sigma_i\geqslant0$ （3.29*）	$\eta_i(\hat{l}_i-ls_i)=0,\eta_i\geqslant0$ （3.29°）	—

资料来源：笔者整理。

整合式（3.24*）和式（3.25*），可以得到 $\zeta-\frac{\partial f_i}{\partial sc_i}=\frac{\partial f_i}{\partial ls_i}+\sigma_i$，该式左边的 $\zeta-\frac{\partial f_i}{\partial sc_i}$ 表示经济主体 i 对一单位耕地进行非农化的边际收益，该式右边的 $\frac{\partial f_i}{\partial ls_i}+\sigma_i$ 表示经济主体 i 补充一单位耕地的边际成本。由此可见，要实现耕地利用与保护的帕累托最优效率，就要使任何经济主体对一单位耕地进行非农化的边际净收益等于该经济主体补充一单位耕地的边际总成本。整合式（3.24°）

和式（3.25°），可以得到 $pc-\frac{\partial f_i}{\partial sc_i}=\frac{\partial f_i}{\partial ls_i}+\eta_i$，该式左边的 $pc-\frac{\partial f_i}{\partial sc_i}$ 表示在市场机制中，经济主体 i 对一单位耕地进行非农化的边际收益，该式右边的 $\frac{\partial f_i}{\partial ls_i}+\eta_i$ 表示在市场机制中，经济主体 i 补充一单位耕地的边际成本。由此可见，市场均衡时，任何经济主体对一单位耕地进行非农化的边际净收益等于该经济主体补充一单位耕地的边际总成本。

此外，还可以得到引理 3.2。

引理 3.2：经营一单位农用耕地的价格，随着最终耕地保有总量的增加而减小，即 $\frac{\partial ps}{\partial S}<0$；经营一单位建设用地的价格，随着最终建设用地总量的增加而减小，即 $\frac{\partial pc}{\partial C}<0$。

引理 3.2 的证明见附录 3B。

四、使市场均衡实现耕地利用与保护的帕累托最优的耕地发展权设置

由上文的分析可知，耕地保留农用的总价值区分为两个部分（见表 3-3）：耕地的存在价值和耕地的使用价值。耕地的存在价值同时兼具非竞争性和非排他性，是一种公共外部性；耕地能为人类提供各种农产品生产等功能，人类在使用耕地、发挥耕地的这些功能中获得的收益和效用即为耕地的使用价值，耕地的使用价值兼具竞争性和排他性。

表 3-3　　耕地资源的价值构成及其属性

耕地价值构成	耕地总价值	
	耕地的使用价值 $\left(\frac{\partial u_i}{\partial fs_i}\right)$	耕地的存在价值 $\left(\sum_{\bar{i}\neq i}^{I}\left(\frac{\partial u_{\bar{i}}}{\partial S}\right)\right)$
耕地价值的性质	竞争性和排他性	非竞争和非排他的公共外部性

资料来源：笔者整理。

由于耕地总价值的两个组成部分具有不同属性，因此，如果只设置一个完整的耕地财产权，则会导致耕地产权的交易价格只反映耕地的使用价值，作为一种公共外部性的耕地的存在价值则由于无法反映在耕地产权的交易价格中流失，导致耕地产权所有者保持耕地农用的收益减少而缺乏保护耕地的动力，致

使耕地被过度地非农化，无法实现耕地给社会带来最大化价值的有效配置目标。为了实现耕地的最优利用与保护，应该在一块耕地上设置两个独立的产权（见图3－1）：耕地使用权和耕地发展权。其中，耕地使用权设置是为了保护和实现耕地的使用价值，其权能将耕地相对地限定在农业使用范围内；耕地发展权是耕地农用用途变更之权，其设置则是保护和实现耕地的存在价值而对使用权的一种限制。耕地使用权和耕地发展权构成了耕地的完整产权，共同实现了耕地资源的总价值。耕地使用权与耕地发展权是可以分离的相互独立的权利，可以分别在各自的配置机制中实现最优的均衡数量与均衡价格，最终实现耕地保护数量、非农化数量与补充数量，实现耕地的最优利用与保护。

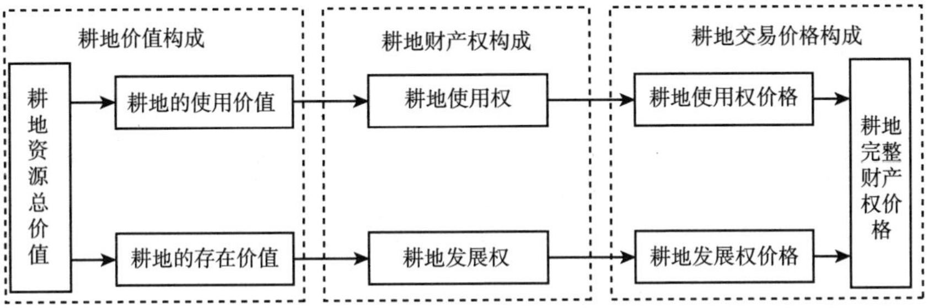

图3－1　耕地的价值—产权—价格关系

五、使市场均衡实现耕地利用与保护的帕累托最优的耕地发展权配置机制

（一）耕地发展权的配置机制的概述

通过设置耕地发展权可以保护耕地的数量，进而实现具有公共外部性的耕地的存在价值。而要有效地实现该目标，需决定哪些区域的耕地应该保护、哪些区域的耕地可以转为建设用地、哪些区域的其他用途土地可以转为耕地，即需要构建合理的耕地发展权配置机制。

目前，耕地发展权的配置机制主要有两类：计划命令的配置机制和经济措施的配置机制。在计划命令的配置机制下，公共管理部门首先根据调研和评估规划确定好应该要保有的耕地数量与具体空间分布，以及允许进行非农化的耕地数量与具体空间分布，然后根据经济发展、生态环境的总体状况和总体目标，以行政命令的形式，将允许进行非农化的耕地数量的耕地发展权，分时间按计划分配给相关经济主体（或地区），获得耕地发展权的经济主体则可以对符合规定的不超过耕地发展权数量的耕地进行非农化开发。计划命令的配置机制本质上就是总量控制但无市场交易机制，同时，各经济主体的耕地发展权不能交易。经济措施通过基于价格控制的经济措施、数量控制以及混合机制等基本方式来实现耕地发展权的内在价值进而保护耕地。①

基于价格控制的经济措施即庇古税与庇古补贴，在该机制下，公共管理部门根据调研和评估，制定好实现耕地最优利用与保护的每个耕地发展权的合理价格，并以税费的形式向耕地发展权的需求者征收，以补贴的形式向耕地发展权的所有者进行补偿。基于价格控制的经济措施本质上是庇古税与庇古补贴在耕地保护中的运用。

基于数量控制的经济措施主要是指总量控制下的市场交易机制。在总量控制下的市场交易机制中，公共管理部门首先根据调研和评估规划确定好实现耕地利用与保护的帕累托最优状态下允许进行非农化的耕地数量，然后将相应数量的耕地发展权进行合理的初始分配并建立相应的耕地发展权交易市场，让耕地发展权的需求者和供给者自由交易，产生合理的耕地发展权价格，进而协调耕地保护各经济主体的利益。由此可见，总量控制下的市场交易方式本质上是科斯定理在耕地保护中的运用。

混合机制，即结合了基于价格控制和基于数量控制的经济措施。混合机制可以有多种形式，比较典型的有两种。第一种，公共管理部门规定好每个耕地发展权的合理价格，同时界定好允许进行非农化的耕地数量的上限值和下限值，让各经济主体在此基础上自由选择，最终产生耕地保护、非农化和补充的均衡数量；第二种，公共管理部门向市场投放一定数量的耕地发展权，通过市场自由竞争决定耕地发展权的价格，同时，公共管理部门允许经济主体向政府购买投放市场以外的耕地发展权，不过要支付一个更高的价格，并且，公共管理部门可以以一个低于市场价格的价格回收投放到市场但没有使用的耕地发展权。②总体而言，相对于计划命令的配置机制，经济措施具有成本有效性而备受推介。③

对于基于价格控制和基于数量控制的经济措施孰优孰劣，现有文献从可信承诺与灵活性之间的权衡、实施成本、政治可行性④、灵活地补偿分配不均的

---

①② William J Baumol, Wallace E Oates. The theory of environmental policy (second edition) [M]. Cambridge : Cambridge University Press, 1988: 75 - 78.

③ Goulder L H, Schein A R. Carbon taxes versus cap and trade: A critical review [J]. Climate Change Economics, 2013, 4 (3): 1350010 - 1 - 1350010 - 28.

④ Hepburn C. Regulation by prices, quantities, or both: A review of instrument choice [J]. Oxford Review of Economic Policy, 2006, 22 (2): 226 - 247.

影响[2]、不完全竞争市场下的实施效果①、在不确定性条件下环境政策对企业技术选择的影响②、与其他政策的配合③、对于混合污染物的管制效果④、对于国际环境协议的影响⑤、不确定性下的效率⑥等方面展开比较分析，不过未取得统一共识。史蒂文斯（2008）、基欧汉（2009）青睐总量控制与交易等基于数量的控制措施，梅特卡夫（2009）、曼昆发起设立的“庇古俱乐部”更倾向于庇古税机制等基于价格控制措施。总体而言，总量控制与交易机制似乎更受政策制订者的关注。不过，近来，政策制订者对庇古税机制的兴趣在不断攀升，他们认为作为税收制度改革的一部分，庇古税的开设有利于增加政府财政收入、缓解政府财政赤字。⑦ 斯特伦德和索恩、鲍莫尔和奥茨（1988）等则认为混合机制兼具基于价格控制和基于数量控制的优点，在很多情况下优于纯价格控制和纯数量控制，尤其在考虑不确定性的情况下，混合机制具有明显的优势。⑧

（二）基于价格控制和基于数量控制的经济措施的图示分析

根据经济学理论知识可以得知，耕地保留农用的供给曲线就是耕地保留农用的边际成本曲线，耕地保留农用的机会成本等于转化后的建设用地收益减去耕地非农化的成本；耕地保留农用的需求曲线其实就是耕地保留农用的边际社会收益曲线。图 3-2 中的横轴 S 表示土地数量，OL 表示经济社会拥有的耕地总数（为了分析简便，假设经济社会只有耕地和建设用地），纵轴 p 表示耕地价格，D_s 表示耕地保留农用的需求曲线、与纵轴交于 A 点，Q_c 表示耕地保留农用的供给曲线、与纵轴交于 C 点。耕地保留农用的供给曲线与耕地保留农用的需求曲线的交点 E^* 则为耕地保留农用最优配置的均衡点，其相应的价格 p^*

---

① Mansur E T. Prices versus quantities: Environmental regulation and imperfect competition [J]. Journal of Regulatory Economics, 2013, 44 (1): 80-102.

② StorrØsten, Briseid H. Prices versus quantities: Technology choice, uncertainty and welfare [J]. Environmental and Resource Economics, 2014, 59 (2): 275-293.

③ Driesen D M. Emissions trading versus pollution taxes: Playing "nice" with other instruments [J]. Environmental Law, 2017, 48 (29): 31-80.

④ Stranlund J K, Son I. Prices versus quantities versus hybrids in the presence of co-pollutants [J]. Environmental and Resource Economics, 2018.

⑤ Ulrike K, Robert M. Prices vs quantities for international environmental agreements [J]. Oxford Economic Papers, 2018.

⑥⑧ William J Baumol, Wallace E Oates. The theory of environmental policy (second edition) [M]. Cambridge: Cambridge University Press. 1988: 57-78.

⑦ Marron D B, Toder E J. Carbon taxes and corporate tax reform [J]. Social Science Electronic Publishing, 2015: 141-158.

则为耕地的最优价格，耕地数量 S^* 则为最优的耕地保留数量，S^*L 为最优的建设用地数量。此时，耕地保留农用获得的社会收益为梯形 AE^*S^*O，建设用地获得的收益为梯形 BE^*S^*L，社会总收益为二者之和 $AE^*S^*O+BE^*S^*L$。

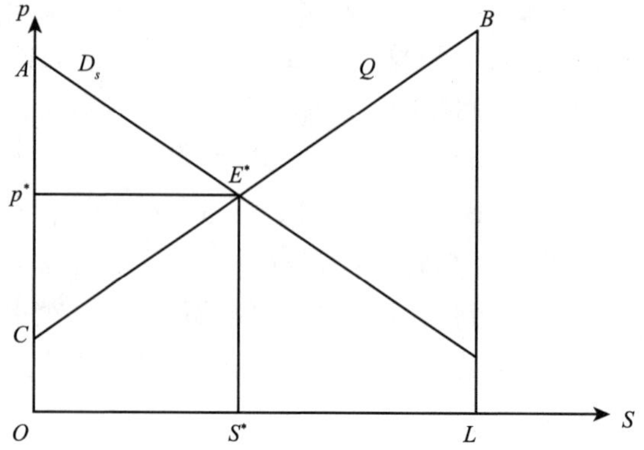

图 3－2 耕地保留农用供需均衡

将图形和前文的数理模型对应起来。根据表 3－1，耕地保留农用的需求曲线 D_s 即耕地保留农用的边际社会收益曲线 $\frac{\partial u_i}{\partial S}+ps+t-b_i$；耕地保留农用的供给曲线 Q_c 即耕地保留农用的边际成本曲线 $pc-\frac{\partial f_i}{\partial sc_i}$。基于价格控制的经济措施即公共管理者界定耕地外部性的补贴 $t^*-b_i^*=\sum_{\bar{i}\neq i}^{I}\left(\frac{\partial u_{\bar{i}}}{\partial S^*}\right)$，从而形成耕地的最优均衡价格 p^*，在此基础上，由经济主体自由竞争选择，最终实现最优的耕地保护数量 S^*；基于数量控制的经济措施，就是公共管理者向市场投放 S^*L 数量的耕地发展权，对每单位耕地进行非农化需要一单位耕地发展权，在此基础上，由经济主体自由竞争选择，最终形成耕地的最优均衡价格 p^* 和耕地外部性的补贴 $t^*-b_i^*=\sum_{\bar{i}\neq i}^{I}\left(\frac{\partial u_{\bar{i}}}{\partial S^*}\right)$。

（三）考虑不确定性风险下的各种经济措施效果的图示分析

不管是庇古税与庇古补贴等基于价格控制的经济措施，还是耕地发展权总量控制下的市场交易等基于数量控制的经济措施，都有一个重要前提条件：公共管理者要能准确评估耕地保留农用的边际社会收益曲线（耕地保留农用的需求曲线 D_s）和耕地保留农用的边际成本曲线（耕地保留农用的供给曲线

Q_c）。但是，现实经济中，公共管理者无法掌握所有信息，存在错误评估耕地保留农用的边际社会收益曲线或耕地保留农用的边际成本曲线等风险。鲍莫尔和奥茨（1988）分析了不确定性风险下各种经济措施的效果，得出以下结论。（1）在污染削减成本确定但收益不确定性的情景下，基于数量控制的经济措施和基于价格控制的经济措施两种政策效果是一样的。（2）在污染削减收益确定，但成本不确定性的情景下，如果边际成本曲线与边际收益曲线斜率绝对值相同，则基于数量控制的经济措施和基于价格控制的经济措施两种政策效果是一样的；如果边际成本曲线斜率绝对值大于边际收益曲线斜率绝对值，则基于价格控制的经济措施优于基于数量控制的经济措施；如果边际成本曲线斜率绝对值小于边际收益曲线斜率绝对值，则基于数量控制的经济措施优于基于价格控制的经济措施。

运用类似的分析，在耕地利用与保护中也可以得到类似的结论。（1）在耕地保留农用的机会成本确定但收益不确定性的情况下，基于数量控制的经济措施和基于价格控制的经济措施两种政策效果是一样的。（2）在耕地保留农用的收益确定但成本不确定性的情况下，如果边际成本曲线与边际收益曲线斜率绝对值相同，则基于数量控制的经济措施和基于价格控制的经济措施两种政策效果是一样的；如果边际成本曲线斜率绝对值大于边际收益曲线斜率绝对值，则基于价格控制的经济措施优于基于数量控制的经济措施；如果边际成本曲线斜率绝对值小于边际收益曲线斜率绝对值，则基于数量控制的经济措施优于基于价格控制的经济措施。

1. 耕地保留农用的机会成本确定但收益不确定性

假设公共管理者能够准确评估耕地保留农用的机会成本，但对于耕地保留农用的社会收益的评估存在不确定性，如图3－3所示，耕地保留农用的供给曲线 Q_c 确定，耕地保留农用的需求曲线存在不确定性。假设真实的耕地保留农用的需求曲线为 D_s，因此，耕地保留农用的供给曲线 Q_c 与真实的耕地保留农用的需求曲线 D_s 的交点 E^* 为耕地保留农用最优配置的均衡点，其相应的价格 p^* 则为最优耕地价格，耕地数量 S^* 则为最优的耕地保留数量，S^*L 为最优的建设用地数量，此时，耕地保留农用获得的社会收益为梯形 AE^*S^*O，建设用地获得的收益为梯形 BE^*S^*L，社会总收益为二者之和。

如果公共管理者低估了耕地保留农用的收益，例如，把耕地保留农用的需求曲线评估为虚线 D_s^1。此时，如果公共管理者采取基于数量控制的经济措施，则其向市场投放 S^1L 数量的耕地发展权，由于公共管理者向市场投放的耕地发展权数量一定会比没有任何政策措施下市场均衡时耕地非农化数量少，因此，最终，耕地数量为 S^1，建设用地数量为 S^1L，耕地保留农用获得的社会收益为梯形 AFS^1O，建设用地获得的收益为梯形 BE^1S^1L，社会总收益比耕地利用与保护的帕累托最优状态少了阴影三角形 FE^1E^*。如果公共管理者采取基于价格控制的经济措施，规定每单位耕地的价格为 p^1，由于公共管理者对耕地保护的外部收益进行补贴，因此，p^1 一定会比没有任何政策措施下市场均衡时耕地价格高，本质上耕地价格 p^1 就是此时耕地保留农用的边际收益，所以，耕地保留农用的边际收益曲线（p^1 的水平线）与耕地保留农用的边际成本曲线 Q_c 的交点 E^1 为均衡点，最终，耕地数量为 S^1，建设用地数量为 S^1L，此时，耕地保留农用获得的社会收益为梯形 AFS^1O，建设用地获得的收益为梯形 BE^1S^1L，社会总收益比耕地利用与保护的帕累托最优状态少了三角形 FE^1E^*。同样的分析也适用于公共管理者高估了耕地保留农用的收益的情景。综上所述，在耕地保留农用的机会成本确定但收益不确定的情景下，基于数量控制的经济措施和基于价格控制的经济措施两种政策效果是一样的。

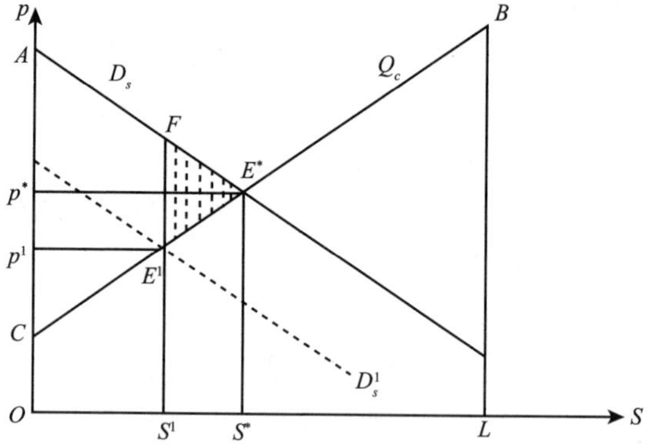

图 3－3　耕地保留农用成本确定、收益不确定下的经济政策比较

2. 耕地保留农用的收益确定但机会成本不确定性

假设公共管理者能够准确评估耕地保留农用的社会收益，但对于耕地保留农用的机会成本的评估存在不确定性，如图 3－4 所示，耕地保留农用的需求曲线 D_s 确定，耕地保留农用的供给曲线存在不确定性。假设真实的耕地保留农用的供给曲线为 Q_c，因此，耕地保留农用的需求曲线 D_s 与真实的耕地保留农用的供给曲线 Q_c 的交点 E^* 则为耕地保留农用最优配置的均衡点，相应的价格 p^* 为最优耕地价格，耕地数量 S^* 则为最优的耕地保留数量，S^*L 为最优的建设用地数量，此时，耕地保留农用获得的社会收益为梯形 AE^*S^*O，建设用地获得的收益为梯形 BE^*S^*L，社会总收益为二者之和。

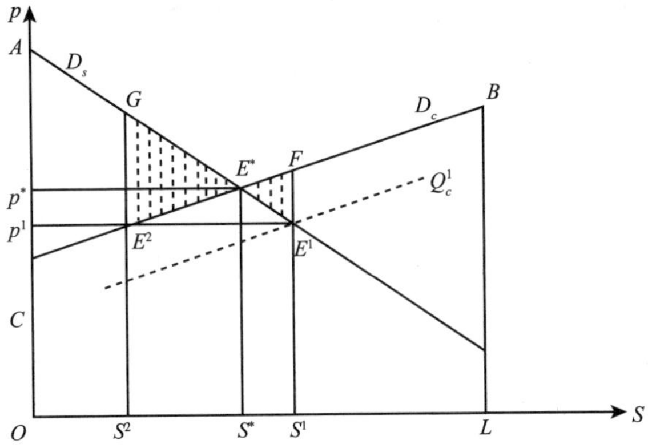

图3－4　耕地保留农用成本确定、收益不确定下的经济政策比较

如果公共管理者低估了耕地保留农用的成本，即，把耕地保留农用的供给曲线评估为虚线 Q_c^1。此时，如果公共管理者采取基于数量控制的经济措施，则其向市场投放 S^1L 数量的耕地发展权，由于公共管理者向市场投放的耕地发展权数量一定会比没有任何政策措施下市场均衡时耕地非农化数量少，因此，最终，耕地数量为 S^1，建设用地数量为 S^1L，此时，耕地保留农用获得的社会收益为梯形 AE^1S^1O，建设用地获得的收益为梯形 BFS^1L，社会总收益比耕地利用与保护的帕累托最优状态少了阴影三角形 FE^1E^*。如果公共管理者采取基于价格控制的经济措施，规定每单位耕地的价格为 p^1，由于公共管理者对耕地保护的外部收益进行补贴，因此，p^1 一定会比没有任何政策措施下市场均衡时耕地价格来的高，本质上耕地价格 p^1 就是此时耕地保留农用的边际收益，所以，耕地保留农用的边际收益曲线（p^1 的水平线）与耕地保留农用的边际成本曲线 Q_c 的交点 E^2 为均衡点，最终，耕地数量为 S^2，建设用地数量为 S^2L，此时，耕地保留农用获得的社会收益为梯形 AGS^2O，建设用地获得的收益为梯形 BE^2S^2L，社会总收益比耕地利用与保护的帕累托最优状态少了阴影三角形 GE^2E^*。

图3－4中，耕地保留农用的边际收益曲线的斜率的绝对值小于耕地保留农用的边际收益曲线的斜率的绝对值，从几何学的知识可知，阴影三角形 GE^2E^* 面积一定大于阴影三角形 FE^1E^*，由此可见，当耕地保留农用的边际成本曲线斜率的绝对值小于耕地保留农用的边际收益曲线斜率的绝对值时，基于数量控制的经济措施优于基于价格控制的经济措施。同样的分析可以获知，如果耕地保留农用的边际成本曲线斜率的绝对值等于耕地保留农用的边际收益曲线斜率的绝对值时，则基于数量控制的经济措施和基于价格控制的经济措施两

种政策效果是一样的；如果耕地保留农用的边际成本曲线斜率的绝对值大于耕地保留农用的边际收益曲线斜率的绝对值时，基于价格控制的经济措施优于基于数量控制的经济措施。

3. 混合机制与其他经济措施的比较

本节以第一种混合机制为例，分析在不确定性风险存在的情况下，混合机制将优于单纯的基于价格控制或单纯的基于数量控制的经济措施。同样假设公共管理者能够准确评估耕地保留农用的社会收益，但对于耕地保留农用的机会成本的评估存在不确定性，如图3－4中，耕地保留农用的需求曲线 D_s 确定，耕地保留农用的供给曲线存在不确定性，用图3－4阐述第一种混合机制的作用机理。假设公共管理者认为耕地保留农用的供给曲线为 Q_c，则公共管理部门规定好每个耕地发展权的合理价格，并最终使每单位耕地的价格为 p^1，同时，公共管理者还规定了允许进行非农化的耕地数量的上限值 S^2L 和下限值 S^3L，即，公共管理者还规定了耕地保有数量的下限值 S^2 和上限值 S^3。

在第一种混合机制下的均衡结果为：（1）如果真实耕地保留农用的边际成本曲线（供给曲线）不低于 Q_c^2，则最终，耕地保留农用的数量为 S^2，建设用地的数量为 S^2L；（2）如果真实耕地保留农用的边际成本曲线（供给曲线）不高于 Q_c^3，则最终，耕地保留农用的数量为 S^3，建设用地的数量为 S^3L；（3）如果真实耕地保留农用的边际成本曲线（供给曲线）高于 Q_c^3 但低于 Q_c^2，则最终，耕地保留农用的数量为（S^2，S^3）中的某个值，具体数值为耕地保留农用的边际收益曲线（p^1 的水平线）与真实耕地保留农用的边际成本曲线（供给曲线）的交点所对应的耕地数量，这种情况下第一种混合机制的实施效果和纯基于价格控制的经济政策的实施效果一样。

上述结论仅以（1）为例说明，其他同理可知。

如图3－5，假设真实耕地保留农用的边际成本曲线（供给曲线）为 Q_c^4，很明显 Q_c^4 不低于 Q_c^2，真实的耕地保持农用的成本被明显低估，耕地非农化具有巨大收益，在这种情况下，如果没有耕地保有数量的下限值 S^2 和上限值 S^3 的限制，则经济主体会将大量耕地非农化，只愿意保留 S^4 数量的耕地农用，不过，受到下限值 S^2 和上限值 S^3 的限制，所以经济主体只能将耕地保有量维持着公共管理者要求的下限值 S^2。此时，第一种混合机制的社会总收益比耕地利用与保护的帕累托最优状态下少了阴影三角形 GE^2E^*；而如果是纯基于价格控制的经济政策，则其社会总收益比耕地利用与保护的帕累托最优状态下少了三角形 HE^4E^*。由此可见，真实耕地保留农用的边际成本曲线（供给曲线）不低于 Q_c^2，即在真实的耕地保持农用的成本被明显低估的情景下，第一种混合机制的社会总收益比纯基于价格控制的经济政策的社会总收益多了梯形 HGE^2E^3，表明第一种混合机制优于纯基于价格控制的经济政策。同理可知，在真实耕地保留农用的边际成本曲线（供给曲线）不高于 Q_c^3，即真实的耕地保持农用的成本被明显高估的情景下，第一种混合机制优于纯基于价格控制的经济政策；在真实耕地保留农用的边际成本曲线（供给曲线）高于 Q_c^3 但低于 Q_c^2，即真实的耕地保持农用的成本在没有被明显高估也没有被明显低估的情景下，第一种混合机制与纯基于价格控制的经济政策等效。

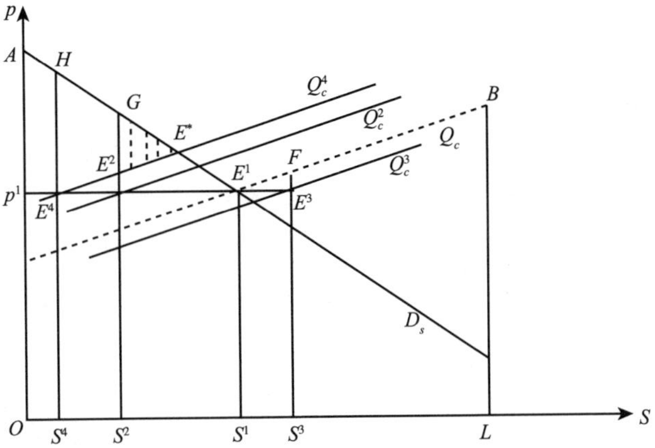

图 3－5　耕地保留农用成本确定、收益不确定下的经济政策比较

（四）各种耕地发展权机制政策效果的数理模型分析

根据结论 3.2，为了使市场均衡结果实现帕累托最优状态，对于耕地存在所产生的公共外部性，需要实施额外的管理政策，对每个经济主体补充一单位耕地的行为进行补贴，净补贴额等于该单位耕地给整个经济社会其他经济主体带来的边际总收益；对于每个经济主体削减一单位耕地的行为进行征税，净税额等于该单位耕地给整个经济社会其他经济主体带来的边际总损害。换言之，实施价格约束 $t - b_i = \sum_{\bar{i} \neq i}^{I}\left(\frac{\partial u_{\bar{i}}}{\partial S^*}\right)$ 后，可以使市场均衡结果实现帕累托最优状态。用 $t_i = t - b_i$ 描述对经济主体 i 在补充单位面积耕地的经济行为而施加的净价格约束。在帕累托最优的庇古税与庇古补贴机制中，只要将经济主体 i 补充一单位面积耕地的补贴（或削减一单位面积耕地的税额）设定为 $t_i = t - b_i = \sum_{\bar{i} \neq i}^{I}\left(\frac{\partial u_{\bar{i}}}{\partial S^*}\right)$，即可实现耕地利用与保护的帕累托最优状态；在帕累托最优的总量控制但无市场交易机制中，只要针对经济主体 i 界定并规定 $s_i^* - \hat{s}_{\bar{i}}$ 数量的耕地发展权，即将经济主体 i 耕地净非农化数量控制在 $s_i^* - \hat{s}_{\bar{i}}$ 以内，即可实现耕地利用与保护的帕累托最优状态；在帕累托最优的总量控制下的市场交易机制中，只要界定并规定总数为 $S^* - \sum_{\bar{i}=1}^{I} \hat{s}_{\bar{i}}$ 的耕地发展权，并建立耕地发展权交易市场，即可实现耕地利用与保护的帕累托最优状态。不过，现实经济中，公共管理者很难精确评估帕累托最优的庇古税与庇古补贴 $t_i = t - b_i = \sum_{\bar{i} \neq i}^{I} \left(\frac{\partial u_{\bar{i}}}{\partial S^*}\right)$、帕累托最优的耕地发展权数量 $s_i^* - \hat{s}_{\bar{i}}$。

为此，本节将分析公共管理者实施的庇古税与庇古补贴机制、总量控制但无市场交易机制、总量控制下的市场交易机制均不一定是帕累托最优状态下的政策效果，而是环境友好政策状态下的政策效果。环境友好的庇古税与庇古补贴机制描述：假设在庇古税与庇古补贴机制下，公共管理者也针对耕地的补充（削减）行为施加了额外的价格约束 t_i，不过 t_i 不一定设定在帕累托最优水平上，而是 $0 < t_i \leqslant \sum_{\bar{i} \neq i}^{I} \left(\frac{\partial u_{\bar{i}}}{\partial S^*}\right)$。环境友好的总量控制但无市场交易机制描述：公共管理者规定经济主体 i 最终耕地保有量不能少于某一目标数量 s_i^{**}，该目标数量不少于额外公共外部性管理政策缺失情况下经济主体 i 的耕地保有量，并且该目标不多于帕累托最优状态下经济主体 i 的耕地保有量，即 $s_i^{**} \leqslant s_i$，$s_i^{\sim} < s_i^{**} \leqslant s_i^*$，换言之，对经济主体 i 界定并规定 $\hat{s}_i - s_i^{**}$ 数量的耕地发展权，并且规定各经济主体间耕地发展权是不能交易的。环境友好的总量控制下的市场交易机制描述：公共管理者规定所有经济主体最终耕地保有总量不能少于某一目标数量 S^{**}，该目标数量不少于额外公共外部性管理政策缺失情况下所有经济主体的最终耕地保有总量，并且该目标不多于帕累托最优状态下所有经济主体的最终耕地保有总量，即 $S^{**} \leqslant S$，$S^{\sim} < S^{**} \leqslant S^*$，换言之，只要界定并规定 $S^{**} - \sum_{\bar{i}=1}^{I} \hat{s}_{\bar{i}}$ 数量的耕地发展权，并建立耕地发展权交易市场机制。

1. 环境友好的庇古税与庇古补贴机制的政策效果

基于价格控制的经济措施本质上是庇古税与庇古补贴在耕地保护中的运用。可以用式（3.16）进行描述：在环境友好的庇古税与庇古补贴机制下，经济主体 i 追求自身福利最大化下的耕地利用与保护的最优选择模型。

$$\max: u_i(S, fs_i, fc_i) - f_i(sc_i, ls_i, lc_i) + t_i \cdot (ls_i - sc_i - \bar{s}_i)$$

$$+ps\cdot(\hat{s}_i - sc_i + ls_i - fs_i) + pc\cdot(\hat{c}_i + lc_i + sc_i - c_i)$$

$$s.t.:\hat{l}_i - ls_i \geqslant 0 \tag{3.30}$$

式（3.16）是式（3.14a）的简化模型，其中，用 $t_i = t - b_i$ 描述对经济主体 i 补充单位面积耕地的经济行为而施加的净价格约束。式（3.30）的拉格朗日式为：

$$L_{3.3.i} = u_i(\bullet) - f_i(\bullet) + ps\cdot(\hat{s}_i - sc_i + ls_i - fs_i) + pc\cdot(\hat{c}_i + sc_i - fc_i)$$

$$+t_i\cdot(ls_i - sc_i - \bar{s}_i) + \eta_i\cdot(\hat{l}_i - ls_i) \tag{3.31}$$

式（3.31）中，η_i 为相应变量的影子价格，从而将各经济变量统一成货币价值，$L_{3.3.i}$ 描述了在环境友好的庇古税与庇古补贴机制下，实现均衡时，经济主体 i 的总收益。根据 K－T 定理，由拉格朗日式 $L_{3.3.i}$ 得到经济主体的市场选择均衡结果（见表 3－4 中的“环境友好的庇古税与庇古补贴机制下市场均衡条件方程组”列）。

表 3－4　耕地利用与保护的帕累托最优实现条件和环境友好的庇古税与庇古补贴机制下的市场均衡条件的比较

变量	帕累托最优实现条件方程组	环境友好的庇古税与庇古补贴机制下市场均衡条件方程组	政策缺失情况下市场均衡条件方程组
sc_i	$\zeta - \sum_{\bar{i}=1}^{I}\left(\frac{\partial u_{\bar{i}}}{\partial S}\right) - \varepsilon - \frac{\partial f_i}{\partial sc_i} = 0$ （3.32*）	$pc - \frac{\partial u_i}{\partial S} - ps - \frac{\partial f_i}{\partial sc_i} - t_i = 0$ （3.32°）	$pc - \frac{\partial u_i}{\partial S} - ps - \frac{\partial f_i}{\partial sc_i} = 0$ （3.32~）
ls_i	$\sum_{\bar{i}=1}^{I}\left(\frac{\partial u_{\bar{i}}}{\partial S}\right) + \varepsilon - \frac{\partial f_i}{\partial ls_i} - \sigma_i = 0$ （3.33*）	$\frac{\partial u_i}{\partial S} + ps - \frac{\partial f_i}{\partial ls_i} + t_i - \eta_i = 0$ （3.33°）	$\frac{\partial u_i}{\partial S} + ps - \frac{\partial f_i}{\partial ls_i} - \eta_i = 0$ （3.33~）
fs_i	$\frac{\partial u_i}{\partial fs_i} - \varepsilon = 0$ （3.34*）	$\frac{\partial u_i}{\partial fs_i} - ps = 0$ （3.34°）	$\frac{\partial u_i}{\partial fs_i} - ps = 0$ （3.34~）
fc_i	$\frac{\partial u_i}{\partial fc_i} - \zeta = 0$ （3.35*）	$\frac{\partial u_i}{\partial fc_i} - pc = 0$ （3.35°）	$\frac{\partial u_i}{\partial fc_i} - pc = 0$ （3.35~）
	$\sigma_i(\hat{l}_i - ls_i) = 0, \sigma_i \geqslant 0$ （3.36*）	$\eta_i(\hat{l}_i - ls_i) = 0, \eta_i \geqslant 0$ （3.36°）	$\eta_i(\hat{l}_i - ls_i) = 0, \eta_i \geqslant 0$ （3.36~）

资料来源：笔者整理。

当 $t_i = 0$ 时，意味着经济主体在进行耕地非农化利用和保护时没有受到任何额外的价格约束，即额外公共外部性管理政策缺失，将 $t_i = 0$ 代入表 3－4 中的“环境友好的庇古税与庇古补贴机制下市场均衡条件方程组”，从而得到表3-4“政策缺失情况下市场均衡条件方程组”；当 $t_i=\sum_{\bar{i}\neq i}^{I}\left(\frac{\partial u_{\bar{i}}}{\partial S}\right)$ 时，根据结论3.2，可以使市场均衡结果实现帕累托最优状态，将 $t_i=\sum_{\bar{i}\neq i}^{I}\left(\frac{\partial u_{\bar{i}}}{\partial S}\right)$ 代入表3-4“环境友好的庇古税与庇古补贴机制下市场均衡条件方程组”，从而得到表3-4“帕累托最优实现条件方程组”。比较表3-4中“政策缺失情况下市场均衡条件方程组”和“帕累托最优实现条件方程组”，可以得到额外公共外部性管理政策缺失情况下的配置结果与耕地利用与保护的帕累托最优状态的比较结论。与耕地利用与保护的帕累托最优状态相比，在额外公共外部性管理政策缺失情况下，有：(1) 所有经济主体的最终耕地保有总量将减少；(2) 如果帕累托最优状态时的耕地边际社会收益大于额外公共外部性管理政策缺失情况下均衡时的耕地边际私人收益，则所有经济主体的最终建设用地总量将减少，每个经济主体将未利用地转为耕地的数量将不增加，所有经济主体将耕地转为建设用地的总量将增加；(3) 如果帕累托最优状态时的耕地边际社会收益大于额外公共外部性管理政策缺失情况下均衡时的耕地边际私人收益，并且帕累托最优状态时的耕地边际社会收益与建设用地边际收益的差额大于额外公共外部性管理政策缺失情况下均衡时耕地的边际私人收益与建设用地边际收益的差额，则每个经济主体将耕地转为建设用地的数量将增加，每个经济主体最终耕地保有量将减少；(4) 如果耕地给各经济主体带来的边际外部收益均相等，则帕累托最优状态时的耕地边际社会收益大于额外公共外部性管理政策缺失情况下均衡时的耕地边际私人收益，并且帕累托最优状态时的耕地边际社会收益与建设用地边际收益的差额大于额外公共外部性管理政策缺失情况下均衡时的耕地边际私人收益与建设用地边际收益的差额，因此，每个经济主体的最终建设用地数量将减少，每个经济主体将未利用地转为耕地的数量将减少，每个经济主体将耕地转为建设用地的数量将增加，每个经济主体最终耕地保有量将减少。该结论的证明见附录3C。

可以通过与附录3C类似的论证，得出以下更为一般的结论3.3。

结论3.3：与实施更为严厉的价格约束 $t2_i$ 的均衡状态相比，实施更为宽松的价格约束 $t1_i\left[0\leqslant t1_i<t2_i\leqslant\sum_{\bar{i}\neq i}^{I}\left(\frac{\partial u_{\bar{i}}}{\partial S^*}\right)\right]$，均衡时，有：(1) 所有经济主体的最终耕地保有总量将减少；(2) 如果实施更为严厉的价格约束均衡时的耕地的边际社会收益大于实施相对更为宽松的价格约束均衡时的耕地的边际私

人收益，则所有经济主体的最终建设用地总量将减少，每个经济主体将未利用地转为耕地的数量将不增加，所有经济主体将耕地转为建设用地的总量将增加；（3）如果实施更为严厉的价格约束均衡时耕地的边际社会收益大于实施相对更为宽松的价格约束均衡时的耕地的边际私人收益，并且实施更为严厉的价格约束均衡时的耕地的边际社会收益与建设用地边际收益的差额大于额外公共外部性管理政策缺失情况下均衡时的耕地边际私人收益与建设用地边际收益的差额，则每个经济主体将耕地转为建设用地的数量将增加，每个经济主体最终耕地保有量将增加；（4）如果耕地给各经济主体带来的边际外部收益均相等，则实施更为严厉的价格约束均衡时的耕地边际社会收益大于实施更为宽松的价格约束均衡时的耕地边际私人收益，并且，实施更为严厉的价格约束均衡时的耕地边际社会收益与建设用地边际收益的差额大于实施更为宽松的价格约束均衡时的耕地边际私人收益与建设用地边际收益的差额则每个经济主体的最终建设用地数量将减少，因此，每个经济主体的最终建设用地数量将减少，每个经济主体将未利用地转为耕地的数量将减少，每个经济主体将耕地转为建设用地的总量将增加，每个经济主体最终耕地保有量将增加。

2. 环境友好的总量控制但无市场交易机制的政策效果（计划配置机制的政策效果）

可以用式（3.37）描述环境友好的总量控制但无市场交易机制下，经济主体 i 追求自身福利最大化下的耕地利用与保护的最优选择模型：

$$\begin{aligned} \max: & u_i(S, fs_i, fc_i) - f_i(sc_i, ls_i, lc_i) + ps \cdot (\hat{s}_i - sc_i + ls_i - fs_i) + \\ & pc \cdot (\hat{c}_i + lc_i + sc_i - c_i) \\ s.t.: & s_i^{**} \leqslant s_i = \hat{s}_i - sc_i + ls_i, \\ & \hat{l}_i - ls_i \geqslant 0 \end{aligned} \tag{3.37}$$

式（3.37）描述了经济主体 i 的自身收益最大化的最优耕地利用与保护选择：在耕地保有量不能少于公共管理者规定的目标数量（用 $s_i^{**} \leqslant s_i = \hat{s}_i - sc_i + ls_i$ 描述）、自身拥有的未利用地数量不能小于 0（用 $\hat{l}_i - ls_i \geqslant 0$ 描述）等前提下，进行耕地利用与保护的最优选择，最终实现自身收益最大化。式（3.37）的拉格朗日式为：

$$\begin{aligned} L_{3.4.i} = & u_i(\bullet) - f_i(\bullet) + ps \cdot (\hat{s}_i - sc_i + ls_i - fs_i) + pc \cdot (\hat{c}_i + sc_i - fc_i) \\ & + \upsilon_i \cdot (\hat{s}_i - sc_i + ls_i - s_i^{**}) + \eta_i \cdot (\hat{l}_i - ls_i) \end{aligned} \tag{3.38}$$

式（3.38）中，υ_i 为相应变量的影子价格，从而将各经济变量统一成货币价值，$L_{3.4.i}$描述了在总量控制但无市场交易机制下，经济主体 i 的总收益。事实上，在总量控制但无市场交易机制下，公共管理者规定经济主体 i 最终耕地保有量不能少于某一目标数量 s_i^{**}，这意味着公共管理者规定经济主体 i 必须无偿补充的耕地数量为 $\bar{s}_i = s_i^{**} - \hat{s}_i$。比较式（3.31）和式（3.38）可以发现，$L_{3.3.i}$与 $L_{3.4.i}$等价，由此可见，总量控制但无市场交易机制和庇古税与庇古补贴机制可以一一对应，即，任何一个总量控制但无市场交易机制都可以用一个相应的庇古税与庇古补贴机制予以实现，反之亦然。根据 K－T 定理，由拉格朗日式 $L_{3.4.i}$得到经济主体的市场选择均衡结果（见表 3－5 中的“总量控制但无市场交易情况下市场均衡条件方程组”列）。将式（3.37）的约束条件 $s_i^{**} \leqslant s_i = \hat{s}_i - sc_i + ls_i$ 改为 $s_i^{**} = s_i = \hat{s}_i - sc_i + ls_i$则意味着所有经济主体的最终耕地保有量都必须等于目标保有量，在这样的机制下，经济主体的市场选择均衡结果为表 3－5 中的“所有经济主体的最终耕地保有量都等于目标保有量下的均衡方程组”。

表 3－5　环境友好的总量控制但无市场交易情况下的市场均衡条件

变量	所有经济主体的最终耕地保有量都等于目标保有量下的均衡方程组	总量控制但无市场交易情况下市场均衡条件方程组
sc_i	$pc - \frac{\partial u_i}{\partial S} - ps - \frac{\partial f_i}{\partial sc_i} - \upsilon_i = 0$ （3.39 ** ）	$pc - \frac{\partial u_i}{\partial S} - ps - \frac{\partial f_i}{\partial sc_i} - \upsilon_i = 0$（3.39°）
ls_i	$\frac{\partial u_i}{\partial S} + ps - \frac{\partial f_i}{\partial ls_i} + \upsilon_i - \eta_i = 0$ （3.40 ** ）	$\frac{\partial u_i}{\partial S} + ps - \frac{\partial f_i}{\partial ls_i} + \upsilon_i - \eta_i = 0$（3.40°）
fs_i	$\frac{\partial u_i}{\partial fs_i} - ps = 0$ （3.41 ** ）	$\frac{\partial u_i}{\partial fs_i} - ps = 0$ （3.41°）
fc_i	$\frac{\partial u_i}{\partial fc_i} - pc = 0$ （3.42 ** ）	$\frac{\partial u_i}{\partial fc_i} - pc = 0$ （3.42°）
	$\eta_i(\hat{l}_i - ls_i) = 0, \eta_i \geqslant 0$ （3.43 ** ）	$\eta_i(\hat{l}_i - ls_i) = 0, \eta_i \geqslant 0$ （3.43°）
	$s_i - s_i^{**} = 0$ （3.44 ** ）	$\upsilon_i \cdot (s_i - s_i^{**}) = 0, \upsilon_i \geqslant 0$ （3.44°）

资料来源：笔者整理。

经过论证，可以得到结论 3.4。

结论 3.4：（1）总量控制但无市场交易情况下，所有经济主体的最终耕地保有量等于其目标保有量；（2）如果实施更为严厉的数量控制均衡时耕地的边际社会收益大于实施更为宽松的数量控制均衡时的耕地的边际私人收益，并且实施更为严厉的数量控制均衡时的耕地的边际社会收益与建设用地边际收益的差额大于实施更为宽松的数量控制束均衡时的耕地边际私人收益与建设用地边际收益的差额，则所有经济主体的总收益与任意一个经济主体的最终耕地目标保有量成正比；（3）如果耕地给各经济主体带来的边际外部收益均相等，则所有经济主体的总收益与任意一个经济主体的最终耕地目标保有量成正比。

结论 3.4 的证明见附录 3D。

3. 环境友好的总量控制下的市场交易机制的政策效果

可以用式（3.45）描述在环境友好的总量控制下的市场交易机制下，经济主体 i 追求自身福利最大化下的耕地利用与保护的最优选择模型。

$$\max: u_i(S, fs_i, fc_i) - f_i(sc_i, ls_i, lc_i) + ps \cdot (\hat{s}_i - sc_i + ls_i - fs_i) + pc \cdot (\hat{c}_i + sc_i - fc_i)$$

$$s.t.: \sum_{\bar{i}=1}^{I} (\hat{s}_{\bar{i}} - sc_{\bar{i}} + ls_{\bar{i}}) \geq \sum_{\bar{i}=1}^{I} s_{\bar{i}}^{**}, \hat{l}_i - ls_i \geq 0 \tag{3.45}$$

式（3.45）描述了经济主体 i 在自身收益最大化时的最优的耕地利用与保护选择：在所有经济主体耕地保有总量不能少于公共管理者规定的目标总量［用 $\sum_{\bar{i}=1}^{I} (\hat{s}_{\bar{i}} - sc_{\bar{i}} + ls_{\bar{i}}) \geq \sum_{\bar{i}=1}^{I} s_{\bar{i}}^{**}$ 描述］、自身拥有的未利用地数量不能小于 0（用 $\hat{l}_i - ls_i \geq 0$ 描述）等前提下，进行最优利用与保护选择，最终实现自身收益最大化。式（3.45）的拉格朗日式为：

$$L_{3.5.i} = u_i(\bullet) - f_i(\bullet) + ps \cdot (\hat{s}_i - sc_i + ls_i - fs_i) + pc \cdot (\hat{c}_i + sc_i - fc_i) + \upsilon \cdot \left[\sum_{i=1}^{I} (\hat{s}_{\bar{i}} - sc_{\bar{i}} + ls_{\bar{i}}) - \sum_{\bar{i}=1}^{I} s_{\bar{i}}^{**} \right] + \eta_i \cdot (\hat{l}_i - ls_i) \tag{3.46}$$

式（3.46）中，υ、η_i 为相应变量的影子价格，从而将各经济变量统一成货币价值，其中，υ 为耕地发展权的市场交易价格。根据 K－T 定理，由式（3.46）得到总量控制下的市场交易机制下的市场均衡条件（见表 3－6）。

表 3－6　环境友好的总量控制下的市场交易机制下的耕地利用与保护的市场均衡条件

变量	市场均衡条件方程组	公式序号
sc_i	$pc - \frac{\partial u_i}{\partial S} - ps - \frac{\partial f_i}{\partial sc_i} - \upsilon = 0$	(3.47°)
ls_i	$\frac{\partial u_i}{\partial S} + ps - \frac{\partial f_i}{\partial ls_i} + \upsilon - \eta_i = 0$	(3.48°)
fs_i	$\frac{\partial u_i}{\partial fs_i} - ps = 0$	(3.49°)

续表

变量	市场均衡条件方程组	公式序号
fc_i	$\frac{\partial u_i}{\partial fc_i} - pc = 0$	(3.50°)
	$\upsilon \cdot \left[\sum_{\bar{i}=1}^{I} (\hat{s}_{\bar{i}} - sc_{\bar{i}} + ls_{\bar{i}}) - \sum_{\bar{i}=1}^{I} s_{\bar{i}}^{**} \right] = 0, \upsilon \geqslant 0$	(3.51°)
	$\eta_i(\hat{l}_i - ls_i) = 0, \eta_i \geqslant 0$	(3.52°)

资料来源：笔者整理。

通过论证，可以得到结论 3.5。

结论 3.5：在总量控制下的市场交易机制中，所有经济主体的最终耕地保有总量等于所有经济主体的最终耕地目标保有总量；在相同的总量控制下，与无市场交易机制均衡时相比，有市场交易机制均衡时，各经济主体的收益总是不减少。

结论 3.5 的证明见附录 3E。

根据结论 3.5，则总量控制下的市场交易机制下的耕地利用与保护的市场均衡条件可以简化为式（3.47°）、式（3.48°）、式（3.49°）、式（3.50°）和式（3.51°）。将对各经济主体保有单位面积耕地的经济行为而施加的净价格约束设置为一致的价格，即 $t_i = t$，并将 $t_i = t$ 代入表 3－3 中的“环境友好的庇古税与庇古补贴机制下市场均衡条件方程组”，从而得到庇古税与庇古补贴机制下新的市场均衡条件。则庇古税与庇古补贴机制下新的市场均衡条件和总量控制下的市场均衡条件相同，二者具有相同的均衡解。由此可见，总量控制下的市场交易机制和对各经济主体保有单位面积耕地的经济行为而施加的净价格约束可以设置为相同的统一价格的庇古税与庇古补贴机制，即，任何一个总量控制下的市场交易机制都可以用一个相应的统一价格的庇古税与庇古补贴机制予以实现，反之亦然。

进一步分析可以发现，总量控制下的市场交易机制未必能够实现总量控制下的耕地利用与保护的帕累托最优状态。总量控制下的耕地利用与保护的帕累托最优状态的前提是耕地最终保有量不能少于管理者设定的耕地目标保有总量，因此总量控制下的耕地利用与保护的帕累托最优状态是有前提约束的；而将耕地目标保有总量设定在无前提约束的帕累托最优量下的有前提约束的帕累托最优状态本质上无前提约束。由此可见，无前提约束的帕累托最优状态是有前提约束的帕累托最优状态的一个特例。可以用式（3.53）描述总量控制下的耕地利用与保护的帕累托最优状态模型：

$$
\begin{aligned}
\max : & \sum_{i=1}^{I}\left[u_i(S, fs_i, fc_i) - f_i(sc_i, ls_i, lc_i)\right] \\
s.t. : & \sum_{\bar{i}=1}^{I}(\hat{s}_{\bar{i}} - sc_{\bar{i}} + ls_{\bar{i}}) \geqslant \sum_{\bar{i}=1}^{I} s_{\bar{i}}^{**}, \\
& \sum_{i=1}^{I}(fs_i) = \sum_{i=1}^{I}(\hat{s}_i - sc_i + ls_i), \\
& \sum_{i=1}^{I}(fc_i) = \sum_{i=1}^{I}(\hat{c}_i + lc_i + sc_i), \\
& \hat{l}_i - ls_i - lc_i \geqslant 0(\forall i)
\end{aligned}
\tag{3.53}
$$

式（3.53）描述了在所有经济主体的最终耕地保有量不少于公共管理者设定的耕地目标保有总量［用 $\sum_{\bar{i}=1}^{I}(\hat{s}_{\bar{i}} - sc_{\bar{i}} + ls_{\bar{i}}) \geqslant \sum_{\bar{i}=1}^{I} s_{\bar{i}}^{**}$ 描述］、各经济主体未利用地数量不能少于0［用 $\hat{l}_i - ls_i - lc_i \geqslant 0$（$\forall i$）描述］等约束下，最大化整个社会所有经济主体的总收益。式（3.53）的拉格朗日式为：

$$
\begin{aligned}
L_{3.6} = & \sum_{i=1}^{I}\left[u_i(\bullet) - f_i(\bullet)\right] - \varepsilon \cdot \left[\sum_{\bar{i}=1}^{I}(fs_{\bar{i}}) - \sum_{\bar{i}=1}^{I}(\hat{s}_{\bar{i}} - sc_{\bar{i}} + ls_{\bar{i}})\right] \\
& + \sum_{i=1}^{I}\left[\sigma_i \cdot (\hat{l}_i - ls_i - lc_i)\right] - \zeta \cdot \left[\sum_{\bar{i}=1}^{I}(fc_{\bar{i}}) - \sum_{\bar{i}=1}^{I}(\hat{c}_{\bar{i}} + lc_{\bar{i}} + sc_{\bar{i}})\right] \\
& + \varpi \cdot \left[\sum_{\bar{i}=1}^{I}(\hat{s}_{\bar{i}} - sc_{i} + ls_{\bar{i}}) - \sum_{\bar{i}=1}^{I} s_{\bar{i}}^{**}\right]
\end{aligned}
\tag{3.54}
$$

式（3.54）中，ϖ、σ_i 为相应变量的影子价格，从而将各经济变量统一成货币价值。根据 K－T 定理，由拉格朗日式 $L_{3.6}$ 得到总量控制下耕地利用与保护的帕累托最优实现条件（见表 3－7 中的“帕累托最优实现条件方程组”列）。根据表 3－7 中的式（3.55*）、式（3.56*）可知，要实现总量控制下耕地利用与保护的帕累托最优状态，必须使得各经济主体耕地非农化的边际净收益（＝转化后的建设用地边际收益与耕地非农化的边际成本之差－耕地保留农用的边际社会收益）均相等，即 $\zeta - \sum_{\bar{i}=1}^{I}\left(\frac{\partial u_{\bar{i}}}{\partial S}\right) - \varepsilon - \frac{\partial f_i}{\partial sc_i}$ 相等，这也等于各地区未利用地转为耕地的边际净收益（＝耕地保留农用的边际社会收益－未利用地转为耕地的边际成本与未利用地价格之和）的负值。比较表 3－7 中的总量控制下的市场交易机制下的“市场均衡条件方程组”和表 3－7 中的总量控制下的“帕累托最优实现条件方程组”，通过类似引理 3.1 的证明过程可以证明表 3 – 7 中的“最优均衡价格条件”列中的 4 个式子［式（3.55^e）至式（3.58^e）］就是使总量控制下的市场交易机制下的市场均衡实现总量控制下耕地利用与保护的帕累托最优状态的最优均衡价格条件。由于 $\upsilon = \sum_{\bar{i} \neq i}^{I}\left(\frac{\partial u_{\bar{i}}}{\partial S}\right) + \varpi = \sum_{\bar{i}}^{I}\left(\frac{\partial u_{\bar{i}}}{\partial S}\right) + \varpi - \frac{\partial u_i}{\partial S}$，因此只有当耕地给各经济主体带来的边际外部性 $\left(\frac{\partial u_i}{\partial S}\right)$ 均相等时，最优价格条件 $\upsilon = \sum_{\bar{i} \neq i}^{I}\left(\frac{\partial u_{\bar{i}}}{\partial S}\right) + \varpi = \sum_{\bar{i}}^{I}\left(\frac{\partial u_{\bar{i}}}{\partial S}\right) + \varpi - \frac{\partial u_i}{\partial S}$ 才能成立。由此得到结论 3.6。

结论 3.6：只有耕地给各经济主体带来的边际外部性 $\left(\frac{\partial u_i}{\partial S}\right)$ 均相等时，总量控制下的市场交易机制才能实现总量控制下的耕地利用与保护的帕累托最优状态。

需要强调的是，结论 3.6 的成立还基于一个隐含的前提：对于所有经济主体，耕地发展权为同一产权，即耕地发展权的权能对于所有经济主体都是一样的、不同经济主体间交易耕地发展权均按 1∶1 的比例交易。结论 3.6 本质上和第二章第四节的产权界定的规则 3 相统一，因为如果耕地给各经济主体带来的边际外部性 $\left(\frac{\partial u_i}{\partial S}\right)$ 不相等，则各经济主体的最优均衡价格 $\sum_{\bar{i} \neq i}^{I}\left(\frac{\partial u_{\bar{i}}}{\partial S}\right) + \varpi$ 将互不相同，按照第二章第四节的产权界定的规则 3，对于不同的经济主体，耕地发展权不能是同一产权，否则无法实现最优均衡价格，总量控制下的耕地利用与保护的帕累托最优状态自然也无法实现；只有耕地给各经济主体带来的边际外部性 $\left(\frac{\partial u_i}{\partial S}\right)$ 均相等时，对于不同的经济主体，耕地发展权才能设置成同一产权。

表 3 – 7　总量控制下耕地利用与保护的帕累托最优实现条件和总量控制下的市场交易机制的市场均衡条件

变量	帕累托最优实现条件方程组	市场均衡条件方程组	最优均衡价格条件
sc_i	$\zeta - \sum_{\bar{i}=1}^{I}\left(\frac{\partial u_{\bar{i}}}{\partial S}\right) - \varepsilon - \frac{\partial f_i}{\partial sc_i} - \varpi = 0$ （3.55*）	$pc - \frac{\partial u_i}{\partial S} - ps - \frac{\partial f_i}{\partial sc_i} - \upsilon = 0$ （3.55^o）	$\upsilon = \sum_{\bar{i} \neq i}^{I}\left(\frac{\partial u_{\bar{i}}}{\partial S}\right) + \varpi$ （3.55^e）

续表

变量	帕累托最优实现条件方程组	市场均衡条件方程组	最优均衡价格条件
ls_i	$\sum_{\bar{i}=1}^{I}\left(\frac{\partial u_{\bar{i}}}{\partial S}\right)+\varepsilon-\frac{\partial f_i}{\partial ls_i}+\varpi-\sigma_i=0$ （3.56*）	$\frac{\partial u_i}{\partial S}+ps-\frac{\partial f_i}{\partial ls_i}+\upsilon-\eta_i=0$ （3.56°）	$\upsilon=\sum_{\bar{i}\neq i}^{I}\left(\frac{\partial u_{\bar{i}}}{\partial S}\right)+\varpi$ （3.56ᵉ）
fs_i	$\frac{\partial u_i}{\partial fs_i}-\varepsilon=0$ （3.57*）	$\frac{\partial u_i}{\partial fs_i}-ps=0$ （3.57°）	$\varepsilon=ps$ （3.57ᵉ）
fc_i	$\frac{\partial u_i}{\partial fc_i}-\zeta=0$ （3.58*）	$\frac{\partial u_i}{\partial fc_i}-pc=0$ （3.58°）	$\zeta=pc$ （3.58ᵉ）
	$\sigma_i(\hat{l}_i-ls_i)=0,\sigma_i\geqslant0$ （3.59*）	$\eta_i(\hat{l}_i-ls_i)=0,\eta_i\geqslant0$ （3.59°）	—

资料来源：笔者整理。

4. 混合机制的政策效果

混合机制同时结合了基于价格控制和基于数量控制的经济措施。在混合机制中，公共管理部门可以针对经济主体 i 保有超过其必须无偿保有的耕地数量 $\bar{s}_i$ 的一单位面积的耕地的行为给予补贴 t_i，同时，公共管理部门还实施总量控制下的市场交易机制。可以用式（3.60）描述混合机制下经济主体 i 追求自身福利最大化下的耕地利用与保护的最优选择模型。

$$\begin{aligned}\max:&u_i(S,fs_i,fc_i)-f_i(sc_i,ls_i,lc_i)+t_i\cdot(\hat{s}_i+ls_i-sc_i-\bar{s}_i)\\&+ps\cdot(\hat{s}_i-sc_i+ls_i-fs_i)+pc\cdot(\hat{c}_i+sc_i-c_i)\\ s.t.:&\sum_{\bar{i}=1}^{I}(\hat{s}_{\bar{i}}-sc_{\bar{i}}+ls_{\bar{i}})\geqslant\sum_{\bar{i}=1}^{I}s_{\bar{i}}^{**},\\&\hat{l}_i-ls_i\geqslant0\end{aligned}\tag{3.60}$$

式（3.60）描述了经济主体 i 的自身收益最大化的最优的耕地利用与保护选择。在所有经济主体耕地保有总量不能少于公共管理者规定的目标总量[用 $\sum_{\bar{i}=1}^{I}(\hat{s}_{\bar{i}}-sc_{\bar{i}}+ls_{\bar{i}})\geqslant\sum_{\bar{i}=1}^{I}s_{\bar{i}}^{**}$ 描述]、自身拥有的未利用地数量不能小于0（用 $\hat{l}_i-ls_i\geqslant0$ 描述）等前提下，进行最优利用与保护选择，最终实现自身收益最大化。式（3.60）的拉格朗日式为：

$$L_{3.7.i}=u_i(\bullet)-f_i(\bullet)+ps\cdot(\hat{s}_i-sc_i+ls_i-fs_i)+pc\cdot(\hat{c}_i+sc_i-fc_i)$$

$$+ t_i \cdot (ls_i - sc_i - \bar{s}_i) + \upsilon \cdot \left[\sum_{\bar{i}=1}^{I} (\hat{s}_{\bar{i}} - sc_{\bar{i}} + ls_{\bar{i}}) - \sum_{\bar{i}=1}^{I} s_{\bar{i}}^{**} \right]$$

$$+ \eta_i \cdot (\hat{l}_i - ls_i) \tag{3.61}$$

式（3.61）中，υ、η_i 为相应变量的影子价格，从而将各经济变量统一成货币价值，其中，υ 为耕地发展权的市场交易价格。根据 K－T 定理，由拉格朗日式 $L_{3.7.i}$ 得到混合机制下的市场均衡条件见表 3－8 中的“市场均衡条件方程组”。

表 3－8　耕地利用与保护的帕累托最优状态实现条件与混合机制下市场均衡条件

变量	帕累托最优实现条件方程组	市场均衡条件方程组	最优均衡价格条件
sc_i	$\zeta - \sum_{\bar{i}=1}^{I}\left(\frac{\partial u_{\bar{i}}}{\partial S}\right) - \varepsilon - \frac{\partial f_i}{\partial sc_i} - \varpi = 0$ （3.62*）	$pc - \frac{\partial u_i}{\partial S} - ps - \frac{\partial f_i}{\partial sc_i} - t_i - \upsilon = 0$ （3.62°）	$\upsilon + t_i = \sum_{\bar{i} \neq i}^{I}\left(\frac{\partial u_{\bar{i}}}{\partial S}\right) + \varpi$ （3.62e）
ls_i	$\sum_{\bar{i}=1}^{I}\left(\frac{\partial u_{\bar{i}}}{\partial S}\right) + \varepsilon - \frac{\partial f_i}{\partial ls_i} + \varpi - \sigma_i = 0$ （3.63*）	$\frac{\partial u_i}{\partial S} + ps - \frac{\partial f_i}{\partial ls_i} + t_i + \upsilon - \eta_i = 0$ （3.63°）	$\upsilon + t_i = \sum_{\bar{i} \neq i}^{I}\left(\frac{\partial u_{\bar{i}}}{\partial S}\right) + \varpi$ （3.63e）
fs_i	$\frac{\partial u_i}{\partial fs_i} - \varepsilon = 0$ （3.64*）	$\frac{\partial u_i}{\partial fs_i} - ps = 0$ （3.64°）	$\varepsilon = ps$ （3.64e）
fc_i	$\frac{\partial u_i}{\partial fc_i} - \zeta = 0$ （3.65*）	$\frac{\partial u_i}{\partial fc_i} - pc = 0$ （3.65°）	$\zeta = pc$ （3.65e）
—	$\sigma_i(\hat{l}_i - ls_i) = 0$，$\sigma_i \geq 0$ （3.66*）	$\eta_i(\hat{l}_i - ls_i) = 0$，$\eta_i \geq 0$ （3.66°）	—

资料来源：笔者整理。

通过类似附录 3A 的证明，也可以得到引理 3.3。

引理 3.3：在本章假设成立的情况下，则有：（1）表 3－8 中“最优均衡价格条件”列中的 3 个式子［式（3.62e）至式（3.65e）］就是使混合机制下市场均衡结果实现总量控制下的耕地利用与保护的帕累托最优状态的最优均衡价格条件，并且，对于任何 $sc_i \neq 0$（或 $ls_i \neq 0$），表 3－8 中这组最优均衡价格是使混合机制下市场均衡结果实现总量控制下的耕地利用与保护的帕累托最优状态的充分必要条件；（2）“最优均衡价格条件”中的式（3.64e）和式（3.65e）可以由市场机制自动实现。

根据式（3.60e），设 $\tau = \varpi - \upsilon$，根据引理 3.3，可知 $t_i = \sum_{\bar{i} \neq i}^{I}\left(\frac{\partial u_{\bar{i}}}{\partial S}\right) + \tau$（$\tau$

为任意实数）是使混合机制下市场均衡结果实现总量控制下的耕地利用与保护的帕累托最优状态的最优均衡价格条件，并且，对于任何 $sc_i \neq 0$ 或 $ls_i \neq 0$，$t_i = \sum_{\bar{i} \neq i}^{I} \left(\frac{\partial u_{\bar{i}}}{\partial S}\right) + \tau$（$\tau$ 为任意实数）是使混合机制下市场均衡结果实现总量控制下的耕地利用与保护的帕累托最优状态的充分必要条件。

$$t_i = \sum_{\bar{i} \neq i}^{I} \left(\frac{\partial u_{\bar{i}}}{\partial S}\right) + \tau(\tau \text{ 为任意实数}) \tag{3.67}$$

由此可见，为了使混合机制的市场均衡实现总量控制下的帕累托最优状态，需要对于每个经济主体补充（削减）一单位耕地的行为施加式（3.67）描述的价格约束，在此基础上构建总量控制下的市场交易。

第三节　纳入其他约束考虑的帕累托最优的耕地保护机制

现实经济社会中，耕地保护还有诸多前文模型未考虑到的约束条件，包括公共管理者除了要实现帕累托最优状态外还要兼顾财政收支平衡、耕地具有不同的质量等级、耕地存在局部外部性和分区管理等情况。本节将对这些额外的约束条件一一纳入考虑，分析在这些额外约束情况下如何实现帕累托最优的耕地保护机制。

一、兼顾财政收支平衡和帕累托最优的耕地保护机制

作为非营利性的组织，公共管理部门在实施对外部性的管理政策过程中，要实现其自身的持续运作，往往还要考虑耕地保护中的财政收支平衡问题，因此，所有经济主体净补贴总额应该等于零，即各经济主体补充耕地而获得的补贴经费应全部来源于各经济主体，而各经济主体将耕地转为建设用地而缴纳的税费也应全部应用于各经济主体。事实上，有结论 3.7。

结论 3.7：在实施结论 3.2 中的最优均衡价格描述的政策规则、实现耕地利用与保护的帕累托最优状态过程中，如果公共管理部门还希望耕地配置的市场均衡结果的社会总福利和耕地利用与保护的帕累托最优状态时的总福利相等，则财政收支平衡是一个必须要实现的隐含约束条件。

结论 3.7 的具体证明见附录 3F。可以用式（3.68）描述财政收支平衡的

约束：

$$\sum_{i=1}^{I}\{t\cdot(ls_i - sc_i - \bar{s}_i) - b_i\cdot[\sum_{\bar{i}=1}^{I}(ls_{\bar{i}} - sc_{\bar{i}}) - \sum_{\bar{i}=1}^{I}\bar{s}_{\bar{i}}]\} = 0 \tag{3.68}$$

前文已经论证了，要实现耕地利用与保护的帕累托最优，还必须对耕地的外部性价值实施式（3.16^e）描述的额外管理政策。结合式（3.16^e）和式（3.68），可以求得 t 和 b_i 的解（推导过程见附录3G），t 和 b_i 的解可以分为两类：价格约束类型Ⅰ和价格约束类型Ⅱ，具体见表3－9。根据表3－9中的价格约束类型Ⅰ可知，为了兼顾帕累托最优和财政收支平衡，当所有经济主体必须无偿补充的耕地总量不等于所有经济主体最终耕地目标净补充总量时，需要对于每个经济主体补充一单位耕地的行为进行补贴，补贴额等于该单位耕地给整个经济社会所有经济主体带来的边际社会收益；需要对于每个经济主体削减一单位耕地的行为进行征税，征税额等于该单位耕地给整个经济社会所有经济主体带来的边际社会收益；需要对经济主体 i 征收超过整个社会总的无偿补充的耕地总量的耕地存量的庇古税，税额等于一单位耕地存量给经济主体 i 带来的边际收益。根据表3－9中的价格约束类型Ⅱ可知，为了兼顾帕累托最优和财政收支平衡，当所有经济主体必须无偿补充的耕地总量等于所有经济主体最终耕地目标净补充总量时，只需要对于每个经济主体补充一单位耕地的行为进行补贴，净补贴额等于该单位耕地给整个经济社会其他经济主体带来的边际外部收益；需要对于每个经济主体削减一单位耕地的行为进行征税，净税额等于该单位耕地给整个经济社会其他经济主体造成的边际外部成本。

表3－9　兼顾帕累托最优和财政收支平衡的 t 和 b_i 的解

价格约束类型	解的表达式
价格约束类型Ⅰ	$t = \sum_{\bar{i}=1}^{I}\left(\frac{\partial u_{\bar{i}}}{\partial S}\right)$　(3.69)
	$b_i = \frac{\partial u_i}{\partial S}$　(3.70)
	$\sum_{\bar{i}=1}^{I}(ls_{\bar{i}} - sc_{\bar{i}}) - \sum_{i=1}^{I}\bar{s}_i \neq 0$　(3.71)
价格约束类型Ⅱ	$t - b_i = \sum_{\bar{i}\neq i}^{I}\left(\frac{\partial u_{\bar{i}}}{\partial S}\right)$　(3.72)
	$\sum_{\bar{i}=1}^{I}(ls_{\bar{i}} - sc_{\bar{i}}) - \sum_{i=1}^{I}\bar{s}_i = 0$　(3.73)

资料来源：笔者整理。

通过类似的分析，可以得到混合机制下兼顾财政收支平衡和帕累托最优的 t 和 b_i 的解（推导过程见附录 3G），t 和 b_i 的解可以分为两类：价格约束类型Ⅰ和价格约束类型Ⅱ，具体见表 3－10。根据表 3－10 中的价格约束类型Ⅰ可知，为了兼顾帕累托最优和财政收支平衡，在混合机制下，当所有经济主体必须无偿补充的耕地总量不等于所有经济主体最终耕地目标净补充总量时，需要对于每个经济主体补充一单位耕地的行为补贴式（3.74）描述的补贴额；需要对于每个经济主体削减一单位耕地的行为征收式（3.74）描述的税额；需要向经济主体 i 对超过整个社会总的无偿补充的耕地总量的一单位耕地存量征收式（3.75）描述的税额。根据表 3－9 中的价格约束类型Ⅱ可知：为了兼顾帕累托最优和财政收支平衡，在混合机制下，当所有经济主体必须无偿补充的耕地总量等于所有经济主体最终耕地目标净补充总量时，需要对每个经济主体补充一单位耕地的行为补贴式（3.77）描述的补贴额；需要对每个经济主体削减一单位耕地的行为征收式（3.77）描述的净税额。

表 3－10　混合机制下的兼顾帕累托最优和财政收支平衡的 t 和 b_i 的解

价格约束类型	解的表达式
价格约束类型Ⅰ	$t = \sum_{\bar{i}=1}^{I}\left(\frac{\partial u_{\bar{i}}}{\partial S}\right) + \frac{\tau \cdot I}{I-1}$ (3.74) $b_i = \frac{\partial u_i}{\partial S} + \frac{\tau}{I-1}$ (3.75) $\sum_{\bar{i}=1}^{I}(ls_{\bar{i}} - sc_{\bar{i}}) - \sum_{i=1}^{I}\bar{s}_i \neq 0$ (3.76)
价格约束类型Ⅱ	$t - b_i = \sum_{\bar{i}\neq i}^{I}\left(\frac{\partial u_{\bar{i}}}{\partial S}\right) + \tau$ (3.77) $\sum_{\bar{i}=1}^{I}(ls_{\bar{i}} - sc_{\bar{i}}) - \sum_{i=1}^{I}\bar{s}_i = 0$ (3.78)

资料来源：笔者整理。

二、纳入耕地等级考虑的耕地保护机制

（一）基本说明

现实经济社会中，耕地具有不同的质量等级。例如，我国对于耕地质量等级划分方法有两种：第一种，《土地利用现状分类标准》（GBT21010－2007）和《耕地质量等级》（GB/T 33469－2016）将耕地划分为 10 个质量等级，其

中，1等耕地质量最好，10等耕地质量最差；第二种，国土资源部[①]则是根据多年积累的成果建立了15个耕地质量等别，其中，1等耕地质量最好，15等耕地质量最差，并且按照1~4等、5~8等、9~12等、13~15等划分为优等地、高等地、中等地和低等地。这两种方法中，第一种方法（耕地质量等级）考虑的是区域的农业生产最大潜力的挖掘，是基于区域资源条件制定的标准；第二种方法（耕地质量等别）国土资源部考虑周年产量，更多考虑了土壤改良方面的因素。两种方法目前都在实行。本节建立的数理模型分析将纳入耕地等级考虑的耕地保护机制。

假设建设用地和未利用地没有区分等级，而耕地一共可以区分为G个等级，用g表示耕地等级索引，$\hat{s}_{gi}$表示经济主体i拥有的第g等级耕地的初始数量，fs_{gi}表示经济主体i经营的第g等级耕地数量，sc_{gi}表示经济主体i将第g等级耕地转为建设用地数量。当sc_{gi}为正时，表示经济主体i将第g等级耕地转为建设用地，反之，当sc_{gi}为负时，表示经济主体i将建设用地转为第g等级耕地的数量。ls_{gi}表示经济主体i将未利用地转为第g等级耕地的数量。由此可见，$\hat{s}_{gi} - sc_{gi} + ls_{gi}$表示经济主体i最终拥有的第g等级耕地数量，$\hat{c}_i + lc_i + \sum_{g=1}^{G} sc_{gi}$表示经济主体i最终拥有的建设用地数量，$\hat{l}_i - \sum_{g=1}^{G} ls_{gi} - lc_i$表示经济主体i最终拥有的未利用地数量。$S_g$表示整个经济社会最终拥有的第g等级耕地总量，即$S_g = \sum_{i=1}^{I}(\hat{s}_{gi} - sc_{gi} + ls_{gi})$。$u_i(S_1,\cdots,S_G,fs_{1i},\cdots,fs_{Gi},fc_{1i})$表示经济主体i的收益函数，$f_i(sc_{1i},\cdots,sc_{Gi},ls_{1i},\cdots,ls_{Gi},lc_i)$表示经济主体i的成本函数。

（二）纳入耕地等级考虑的耕地利用与保护模型

1. 纳入耕地等级考虑的耕地利用与保护帕累托最优模型

可以用式（3.79）描述纳入耕地等级考虑的耕地利用与保护帕累托最优模型：

$$\max: \sum_{i=1}^{I}[u_i(S_1,\cdots,S_G,fs_{1i},\cdots,fs_{Gi},fc_i) - f_i(sc_{1i},\cdots,sc_{Gi},ls_{1i},\cdots,ls_{Gi},lc_i)]$$

$$s.t.: \hat{s}_{gi} - sc_{gi} + ls_{gi} \geqslant 0(\forall g \forall i),$$

① 第十三届全国人民代表大会第一次会议批准《国务院机构改革方案》，决定组建中华人民共和国自然资源部，不再保留国土资源部。2018年4月10日，自然资源部正式挂牌。不过，由于本书提到的部分法律法规是国土资源部在2018年4月10日之前制定并实施的、部分数据也是国土资源部在2018年4月10日之前发布的，因此，本书在论述这些法律法规、分析这些数据的时候，其发布者依然表述为国土资源部。

$$\sum_{i=1}^{I}(fs_{gi}) = \sum_{i=1}^{I}(\hat{s}_{gi} - sc_{gi} + ls_{gi})(\forall g),$$

$$\hat{c}_i + lc_i + \sum_{g=1}^{G} sc_{gi} \geq 0(\forall i),$$

$$\sum_{i=1}^{I}(fc_i) = \sum_{i=1}^{I}(\hat{c}_i + lc_i + \sum_{g=1}^{G} sc_{gi}),$$

$$\hat{l}_i - \sum_{g=1}^{G} ls_{gi} - lc_i \geq 0(\forall i) \tag{3.79}$$

式（3.79）描述了在各经济主体各种等级耕地数量不能少于0［用 $\hat{s}_{gi} - sc_{gi} + ls_{gi} \geqslant 0\ (\forall g \forall i)$ 描述］、整个社会可经营的各种等级耕地总量等于整个社会的各等级耕地总存量［用 $\sum_{i=1}^{I}(fs_{gi}) = \sum_{i=1}^{I}(\hat{s}_{gi} - sc_{gi} + ls_{gi})(\forall g)$ 描述］、各经济主体建设用地数量不能少于0［用 $\hat{c}_i + lc_i + \sum_{g=1}^{G} sc_{gi} \geq 0(\forall i)$ 描述］、整个社会可经营的建设用地总量等于整个社会的建设用地总存量［用 $\sum_{\bar{i}=1}^{I}(fc_{\bar{i}}) = \sum_{\bar{i}=1}^{I}(\hat{c}_{\bar{i}} + lc_{\bar{i}} - cs_{\bar{i}})$ 描述］、各经济主体未利用地数量不能少于0［用 $\hat{l}_i - \sum_{g=1}^{G} ls_{gi} - lc_i \geq 0(\forall i)$ 描述］等约束下，最大化整个社会所有经济主体的总收益。式（3.79）的拉格朗日式为：

$$\begin{aligned} L_{3.8} = & \sum_{i=1}^{I}[u_i(\bullet) - f_i(\bullet)] + \sum_{i=1}^{I}[\delta_{gi} \cdot (\hat{s}_{gi} - sc_{gi} + ls_{gi})] \\ & - \varepsilon_g \cdot \left[\sum_{\bar{i}=1}^{I}(fs_{g\bar{i}}) - \sum_{\bar{i}=1}^{I}(\hat{s}_{g\bar{i}} - sc_{g\bar{i}} + ls_{g\bar{i}})\right] \\ & + \sum_{i=1}^{I}\left[\pi_i \cdot (\hat{c}_i + lc_i + \sum_{g=1}^{G} sc_{gi})\right] \\ & - \zeta \cdot \left[\sum_{\bar{i}=1}^{I}(fc_{\bar{i}}) - \sum_{i=1}^{I}(\hat{c}_i + lc_i + \sum_{g=1}^{G} sc_{gi})\right] \\ & + \sum_{i=1}^{I}[\sigma_i \cdot (\hat{l}_i - ls_i - lc_i)] \end{aligned} \tag{3.80}$$

式（3.80）中，δ_{ig}、ε_g、π_i、ζ、σ_i 为相应变量的影子价格，从而将各经济变量统一成货币价格。根据 K－T 定理，帕累托最优的实现条件见表 3－11 的“帕累托最优实现条件方程组”。

2. 纳入耕地等级考虑的耕地利用与保护的市场均衡模型

可以用式（3.81）描述在市场机制下，经济主体 i 追求自身福利最大化下的耕地利用与保护的最优选择模型：

$$\begin{aligned}\max: & u_i(S_1,\cdots,S_G,fs_{1i},\cdots,fs_{Gi},fc_{1i})-f_i(sc_{1i},\cdots,sc_{Gi},ls_{1i},\cdots,ls_{Gi},lc_i)\\ & +\sum_{g=1}^{G}\left\{t_g\cdot(ls_{gi}-sc_{gi}-\bar{s}_{gi})-b_{gi}\cdot\left[\sum_{\bar{i}=1}^{I}(ls_{gi}-sc_{gi})-\sum_{\bar{i}=1}^{I}\bar{s}_{g\bar{i}}\right]\right\}\\ & +\sum_{g=1}^{G}\left[ps_g\cdot(\hat{s}_{gi}-sc_{gi}+ls_{gi}-fs_{gi})\right]+pc\cdot\left(\hat{c}_i+lc_i+\sum_{g=1}^{G}sc_{gi}-c_i\right)\\ \text{s. t. }: & \hat{s}_{gi}-sc_{gi}+ls_{gi}\geqslant 0(\forall g),\\ & \hat{c}_i+lc_i+\sum_{g=1}^{G}sc_{gi}\geqslant 0,\\ & \hat{l}_i-\sum_{g=1}^{G}ls_{gi}-lc_i\geqslant 0 \qquad (3.81)\end{aligned}$$

式（3.81）中，$\bar{s}_{gi}$为经济主体 i 必须无偿补充的第 g 等级耕地数量；ps_g、pc、t_g 和 b_{gi}为价格约束变量，其中，ps_g 为经营一单位第 g 等级耕地的价格，pc 为经营一单位建设用地的价格，t_g 为补充一单位面积的第 g 等级耕地的补贴价格，b_{gi}为对经济主体 i 征收（给予）的超过全社会总的无偿补充的第 g 等级耕地数量的一单位耕地存量的税额（补贴），$b_{gi}>0$ 时为征税，$b_{gi}<0$ 时为补贴。本质上，t_g 是对第 g 等级耕地补充或削减的经济行为施加的价格约束，即与耕地流量相关的价格约束；b_{gi}是对第 g 等级耕地“消费”的经济行为施加的价格约束，即与耕地存量相关的价格约束，二者共同组成了对与耕地有关的所有经济行为施加的全部政策约束。t_g-b_{gi}表示对经济主体 i 在补充（削减）单位面积的第 g 等级耕地的经济行为施加的净价格约束。

式（3.81）描述了经济主体 i 基于自身收益最大化的耕地利用与保护的最优选择：在自身拥有的各个等级耕地数量不能小于 0 [用 $\hat{s}_{gi}-sc_{gi}+ls_{gi}\geqslant 0(\forall g)$描述]、自身拥有的建设用地数量不能小于 0（用 $\hat{c}_i+lc_i+\sum_{g=1}^{G}sc_{gi}\geqslant 0$ 描述）、自身拥有的未利用地数量不能小于 0（用 $\hat{l}_i-\sum_{g=1}^{G}ls_{gi}-lc_i\geqslant 0$ 描述）等前提下，进行最优利用与保护选择，最终实现自身收益最大化。式（3.81）的拉格朗日式为：

$$L_{3.9.i}=u_i(\bullet)-f_i(\bullet)+\sum_{g=1}^{G}t_g\cdot(ls_{gi}-sc_{gi}-\bar{s}_{gi})-b_{ig}\cdot\left[\sum_{\bar{i}=1}^{I}(ls_{g\bar{i}}-sc_{g\bar{i}})\right.$$

$$- \sum_{\bar{i}=1}^{I} \bar{s}_{g\bar{i}}) \Big] + \sum_{g=1}^{G} [ps_g \cdot (\hat{s}_{gi} - sc_{gi} + ls_{gi} - fs_{gi})] + pc \cdot (\hat{c}_i + lc_i$$

$$+ \sum_{g=1}^{G} sc_{gi} - fc_i) + \sum_{\bar{i}=1}^{I} \vartheta_{g\bar{i}}(\hat{s}_{g\bar{i}} - sc_{g\bar{i}} + ls_{g\bar{i}}) + \varphi_i(\hat{c}_i + lc_i + \sum_{g=1}^{G} sc_{gi})$$

$$+ \eta_i(\hat{l}_i - \sum_{g=1}^{G} ls_{gi} - lc_i) \tag{3.82}$$

式（3.82）中，ϑ_i、φ_i、η_i 为相应变量的影子价格，从而将各经济变量统一成货币价格。根据 K－T 定理，由式（3.82）得到经济主体的市场选择均衡结果见表 3－11“市场均衡条件方程组”列。

3. 纳入耕地等级考虑的耕地利用与保护的帕累托最优状态的最优均衡价格条件

通过类似附录 3A 的证明，也可以证明得到引理 3.4。

引理 3.4：在本章假设成立的情况下，则有：（1）表 3－11 中“最优均衡价格条件”列中的 5 个式子［式（3.83^e）至式（3.87^e）］就是使市场均衡结果实现纳入耕地等级考虑的耕地利用与保护的帕累托最优的最优均衡价格条件，并且对于任何 $sc_{gi} \neq 0$ 或 $ls_{gi} \neq 0$、$\hat{s}_{gi} - sc_{gi} + ls_{gi} \neq 0$、$\hat{c}_i + lc_i + \sum_{g=1}^{G} sc_{gi} \neq 0$，表 3－11 中这组最优均衡价格是使市场均衡结果实现纳入耕地等级考虑的耕地利用与保护的帕累托最优的唯一充分必要条件；（2）“最优均衡价格条件”列中的式（3.86^e）和式（3.87^e）可以由市场机制自动实现。

根据引理 3.4 可知，将耕地等级纳入考虑的情况下，结论 3.1 同样成立。此外，根据表 3－11“最优均衡价格条件”列中的式（3.83^e），即 $t_g - b_{gi} = \sum_{\bar{i} \neq i}^{I} \left(\frac{\partial u_{\bar{i}}}{\partial S_g}\right)$ 可知，在纳入耕地等级考虑的情况下，为了使市场均衡结果实现帕累托最优状态，需要对不同等级耕地存在所产生的公共外部性实施额外的价格约束政策：对于每个经济主体补充一单位某个等级耕地的行为进行补贴，净补贴额等于该单位耕地给整个经济社会带来的边际总收益；对于每个经济主体削减一单位耕地的行为进行征税，净税额等于该单位耕地给整个经济社会带来的边际总损害。如果不同等级的耕地给整个经济社会其他经济主体带来的边际总收益不相同，则相应的征税、补贴标准也不一样。这种情况下，根据第二章第四节的产权界定规则 3（产权种类设置规则），要使市场均衡结果实现耕地利用与保护的帕累托最优状态，则必须针对不同经济主体不同等级的耕地外部性收益设置不同的耕地发展权。如果不同等级耕地产生的公共外部性收益均相同，

表 3－11　纳入耕地等级考虑的耕地利用与保护的帕累托最优状态实现条件与市场均衡条件

变量	帕累托最优实现条件方程组	市场均衡条件方程组	最优均衡价格条件
sc_{gi}	$\zeta-\sum_{\bar{i}=1}^{I}\left(\frac{\partial u_{\bar{i}}}{\partial S_g}\right)-\varepsilon_g-\frac{\partial f_i}{\partial sc_i}-\delta_{gi}+\pi_i\geqslant 0$, $sc_{gi}\left[\zeta-\sum_{\bar{i}=1}^{I}\left(\frac{\partial u_{\bar{i}}}{\partial S_g}\right)-\varepsilon_g-\frac{\partial f_i}{\partial sc_i}-\delta_{gi}+\pi_i\right]=0$ (3.83*)	$pc-\frac{\partial u_i}{\partial S_g}-ps_g-\frac{\partial f_i}{\partial sc_{gi}}-t_g+b_{gi}-\vartheta_{gi}+\varphi_i\geqslant 0$, $sc_{gi}\left(pc-\frac{\partial u_i}{\partial S_g}-ps_g-\frac{\partial f_i}{\partial sc_{gi}}-t_g+b_{gi}-\vartheta_{gi}+\varphi_i\right)=0$ (3.83°)	$t_g-b_{gi}=\sum_{\bar{i}\neq i}^{I}\left(\frac{\partial u_{\bar{i}}}{\partial S_g}\right)$ (3.83^e)
ls_{gi}	$\sum_{\bar{i}=1}^{I}\left(\frac{\partial u_{\bar{i}}}{\partial S_g}\right)+\varepsilon_g-\frac{\partial f_i}{\partial ls_i}+\delta_{gi}-\sigma_i\geqslant 0$, $ls_i\left[\sum_{\bar{i}=1}^{I}\left(\frac{\partial u_{\bar{i}}}{\partial S_g}\right)+\varepsilon_g-\frac{\partial f_i}{\partial ls_i}+\delta_{gi}-\sigma_i\right]=0$ (3.84*)	$\frac{\partial u_i}{\partial S_g}+ps_g-\frac{\partial f_i}{\partial ls_{gi}}+t_g-b_{gi}+\vartheta_{gi}-\eta_i\geqslant 0$, $ls_{gi}\left(\frac{\partial u_i}{\partial S_g}+ps_g-\frac{\partial f_i}{\partial ls_{gi}}+t_g-b_{gi}+\vartheta_{gi}-\eta_i\right)=0$ (3.84°)	$t_g-b_{gi}=\sum_{\bar{i}\neq i}^{I}\left(\frac{\partial u_{\bar{i}}}{\partial S_g}\right)$ (3.84^e)
lc_i	$\zeta-\frac{\partial f_i}{\partial lc_i}+\pi_i-\sigma_i\geqslant 0$, $lc_i\left(\zeta-\frac{\partial f_i}{\partial lc_i}+\pi_i-\sigma_i\right)=0$　(3.85*)	$pc-\frac{\partial f_i}{\partial lc_i}+\varphi_i-\eta_i\geqslant 0$, $lc_i\left(pc-\frac{\partial f_i}{\partial lc_i}+\varphi_i-\eta_i\right)=0$　(3.85°)	$\zeta=pc$　(3.85^e)
fs_{gi}	$\frac{\partial u_i}{\partial fs_{gi}}-\varepsilon_g=0$　(3.86*)	$\frac{\partial u_i}{\partial fs_{gi}}-ps_g=0$　(3.86°)	$\varepsilon_g=ps_g$　(3.86^e)
fc_i	$\frac{\partial u_i}{\partial fc_i}-\zeta=0$　(3.87*)	$\frac{\partial u_i}{\partial fc_i}-pc=0$　(3.87°)	$\zeta=pc$　(3.87^e)
	$\delta_{gi}\cdot(\hat{s}_{gi}-sc_{gi}+ls_{gi})=0,\ \delta_{gi}\geqslant 0$　(3.88*)	$\vartheta_{gi}(\hat{s}_{gi}-sc_{gi}+ls_{gi})=0,\ \vartheta_{gi}\geqslant 0$　(3.88°)	—
	$\pi_i\cdot\left(\hat{c}_i+lc_i+\sum_{g=1}^{G}sc_{gi}\right)=0,\pi_i\geqslant 0$(3.89*)	$\varphi_i(\hat{c}_i+lc_i+sc_i)=0,\ \varphi_i\geqslant 0$　(3.89°)	—
	$\sigma_i\left(\hat{l}_i-\sum_{g=1}^{G}ls_{gi}-lc_i\right)=0,\sigma_i\geqslant 0$　(3.90*)	$\eta_i\left(\hat{l}_i-\sum_{g=1}^{G}ls_{gi}-lc_i\right)=0,\eta_i\geqslant 0$(3.90°)	—

资料来源：笔者整理。

要使市场均衡结果实现耕地利用与保护的帕累托最优状态，可以针对不同等级耕地的公共外部性收益设置相同的耕地发展权；如果不同等级的耕地产生的公共外部性收益不相同，要使市场均衡结果实现耕地利用与保护的帕累托最优状态，则需要针对不同等级的耕地的公共外部性收益设置不同等级的耕地发展权。如果没有区分不同等级的耕地发展权，则将无法使市场均衡结果实现耕地利用与保护的帕累托最优状态。

同样，通过类似附录3G的证明也可以得到兼顾财政收支平衡和帕累托最优的考虑耕地等级的耕地保护价格约束政策，见表3－12。

表3－12　兼顾财政收支平衡和帕累托最优并考虑耕地等级的耕地保护价格约束政策 t_g 和 b_{gi} 的解

价格约束类型	解的表达式
价格约束类型Ⅰ	$t_g = \sum_{\bar{i}=1}^{I}\left(\frac{\partial u_{\bar{i}}}{\partial St_g}\right)$ (3.91)
	$b_{gi} = \frac{\partial u_i}{\partial S_g}$ (3.92)
	$\sum_{\bar{i}=1}^{I}(ls_{g\bar{i}} - sc_{g\bar{i}}) - \sum_{\bar{i}=1}^{I}\bar{s}_{g\bar{i}} \neq 0$ (3.93)
价格约束类型Ⅱ	$t_g - b_{gi} = \sum_{\bar{i}\neq i}^{I}\left(\frac{\partial u_{\bar{i}}}{\partial S_g}\right)$ (3.94)
	$\sum_{\bar{i}=1}^{I}(ls_{g\bar{i}} - sc_{g\bar{i}}) - \sum_{\bar{i}=1}^{I}\bar{s}_{g\bar{i}} = 0$ (3.95)

资料来源：笔者整理。

从以上分析可知，在纳入耕地等级考虑的情况下，只需要将每一个等级的耕地看作是一种独立的公共外部性来实施相应的管理政策，即可实现耕地利用与保护的帕累托最优效率。

三、考虑局部外部性和分区管理的耕地保护机制

（一）基本说明

在现实经济社会中，耕地资源产生的公共外部性价值，有些是全局公共外部性收益，对整个经济社会所有经济主体都造成影响，例如，耕地资源的社会粮食安全价值对整个经济社会所有经济主体都有影响；有些是局部公共外部性收益，只对经济社会中部分区域的经济主体造成影响，例如，耕地资源为耕地所在区域的所有经济主体提供涵养水源功能、营养循环功能、土壤保持功能等

生态环境服务，这些生态服务主要影响耕地所在地周边一定区域内的经济主体，而对区域外的经济主体则影响甚微。耕地资源产生的公共外部性价值的影响范围差异会对耕地保护的政策产生怎样的影响值？为此，本节将构建纳入局部外部性和分区管理考虑的耕地利用与保护模型。

假设 I 个经济主体分布在总共 J 个区域（例如行政区域），用 j（$\bar{j}$）作为区域的索引，用 I_j 表示区域 j 内的经济主体总数，用 i_j（$\bar{i}_j$）作为区域 j 的经济主体索引，则有 $\sum_{j=1}^{J} I_j = I$。$\hat{S}_j$ 表示区域 j 内的所有经济主体拥有的初始耕地数量，则有 $\hat{S}_j = \sum_{i_j=1}^{I_j} \hat{s}_{i_j}$。$\hat{C}_j$ 表示区域 j 内的所有经济主体拥有的初始建设用地数量，则有 $\hat{C}_j = \sum_{i_j=1}^{I_j} \hat{c}_{i_j}$。$\hat{L}_j$ 表示区域 j 内的所有经济主体拥有的初始未利用地数量，则有 $\hat{L}_j = \sum_{i_j=1}^{I_j} \hat{l}_{i_j}$。$FS_j$ 表示区域 j 内的所有经济主体经营耕地农用的总数，则有 $FS_j = \sum_{i_j=1}^{I_j} fs_{i_j}$。$FS_j$ 表示区域 j 内的所有经济主体经营耕地农用的总数，则有 $FS_j = \sum_{i_j=1}^{I_j} fs_{i_j}$。$LS_j$ 表示区域 j 内的所有经济主体将未利用地转为耕地的总数，则有 $LS_j = \sum_{i_j=1}^{I_j} ls_{i_j}$。$LC_j$ 表示区域 j 内的所有经济主体将未利用地转为建设用地的总数，则有 $LC_j = \sum_{i_j=1}^{I_j} lc_{i_j}$。用 S_j 表示区域 j 的最终耕地总量，则有 $S_j = \sum_{i_j=1}^{I_j} s_{i_j}$；用 $\bar{S}_j$ 表示区域 j 必须无偿补充的耕地数量，则有 $\bar{S}_j = \sum_{i_j=1}^{I_j} \bar{s}_{i_j}$。用 $u_{i_j}(S, S_j, fs_{i_j}, fc_{i_j})$ 表示区域 j 内的经济主体 i_j 的收益函数。和不考虑经济分区以及局部外部性的情景相比，考虑经济分区以及局部外部性的情景中，耕地除了给所有经济主体带来全局公共外部性收益之外，还会给本区域内的其他经济主体带来局部公共外部性收益。用 $U_j(S, S_j, FS_j, FC_j)$ 区域 j 内的所有经济主体的总收益函数，则有 $U_j(S,S_j,FS_j,FC_j) = \sum_{i_j=1}^{I_j} u_{i_j}(S,S_j,fs_{i_j},c_{i_j})$。用 $F_j(LS_j, SC_j, LC_j)$ 表示区域 j 内的所有经济主体的总成本函数，则有 $F_j(LS_j,SC_j,LC_j) = \sum_{i_j=1}^{I_j} f_{i_j}(ls_{i_j},fs_{i_j},lc_{i_j})$。

（二）考虑局部外部性和分区管理的耕地利用与保护帕累托最优模型

以下用式（3.96）描述考虑局部外部性和分区管理的耕地利用与保护帕累托最优模型。

$$
\begin{aligned}
&\max: \sum_{\bar{j}=1}^{J}\sum_{\bar{i}_{\bar{j}}=1}^{I_{\bar{j}}}\left[u_{\bar{i}_{\bar{j}}}(S,S_{\bar{j}},fs_{\bar{i}_{\bar{j}}},fc_{\bar{i}_{\bar{j}}})-f_{\bar{i}_{\bar{j}}}(ls_{\bar{i}_{\bar{j}}},fs_{\bar{i}_{\bar{j}}},lc_{\bar{i}_{\bar{j}}})\right]\\
&\text{s. t. }: \hat{s}_{i_j}-sc_{i_j}+ls_{i_j}\geqslant 0(\forall i_j\forall j),\\
&\sum_{\bar{j}=1}^{J}\sum_{\bar{i}_{\bar{j}}=1}^{I_{\bar{j}}}(fs_{\bar{i}_{\bar{j}}})=\sum_{\bar{j}=1}^{J}\sum_{\bar{i}_{\bar{j}}=1}^{I_{\bar{j}}}(\hat{s}_{\bar{i}_{\bar{j}}}-sc_{\bar{i}_{\bar{j}}}+ls_{\bar{i}_{\bar{j}}}),\\
&\hat{c}_{i_j}+lc_{i_j}+sc_{i_j}\geqslant 0(\forall i_j\forall j),\\
&\sum_{\bar{j}=1}^{J}\sum_{\bar{i}_{\bar{j}}=1}^{I_{\bar{j}}}(fc_{\bar{i}_{\bar{j}}})=\sum_{\bar{j}=1}^{J}\sum_{\bar{i}_{\bar{j}}=1}^{I_{\bar{j}}}(\hat{c}_{\bar{i}_{\bar{j}}}-lc_{\bar{i}_{\bar{j}}}+lc_{\bar{i}_{\bar{j}}}),\\
&\hat{l}_{i_j}-ls_{i_j}-lc_{i_j}\geqslant 0(\forall i_j\forall j)
\end{aligned}
\tag{3.96}
$$

式（3.96）描述了在各区域经济主体耕地数量不能少于0［用 $\hat{s}_{i_j}-sc_{i_j}+ls_{i_j}\geqslant 0(\forall i_j\forall j)$ 描述］、整个社会可经营的各种等级耕地总量等于整个社会的各种等级耕地总存量［用 $\sum_{\bar{j}=1}^{J}\sum_{\bar{i}_{\bar{j}}=1}^{I_{\bar{j}}}(fs_{\bar{i}_{\bar{j}}})=\sum_{\bar{j}=1}^{J}\sum_{\bar{i}_{\bar{j}}=1}^{I_{\bar{j}}}(\hat{s}_{\bar{i}_{\bar{j}}}-sc_{\bar{i}_{\bar{j}}}+ls_{\bar{i}_{\bar{j}}})$ 描述］、各区域经济主体建设用地数量不能少于0［用 $\hat{c}_{i_j}+lc_{i_j}+sc_{i_j}\geqslant 0(\forall i_j\forall j)$ 描述］、整个社会可经营的建设用地总量等于整个社会的建设用地总存量［用 $\sum_{\bar{j}=1}^{J}\sum_{\bar{i}_{\bar{j}}=1}^{I_{\bar{j}}}(fc_{\bar{i}_{\bar{j}}})=\sum_{\bar{j}=1}^{J}\sum_{\bar{i}_{\bar{j}}=1}^{I_{\bar{j}}}(\hat{c}_{\bar{i}_{\bar{j}}}-lc_{\bar{i}_{\bar{j}}}+lc_{\bar{i}_{\bar{j}}})$ 描述］、各区域经济主体未利用地数量不能少于0［用 $\hat{l}_{i_j}-ls_{i_j}-lc_{i_j}\geqslant 0(\forall i_j\forall j)$ 描述］等约束下，最大化整个社会所有经济主体的总收益。式（3.96）的拉格朗日式为：

$$
\begin{aligned}
L_{3.5}=&\sum_{j=1}^{J}\sum_{i_j=1}^{I_j}\left[u_{i_j}(\bullet)-f_{i_j}(\bullet)\right]+\sum_{j=1}^{J}\sum_{i_j=1}^{I_j}\left[\delta_{i_j}\cdot(\hat{s}_{i_j}-sc_{i_j}+ls_{i_j})\right]+\\
&\sum_{j=1}^{J}\sum_{i_j=1}^{I_j}\left[\sigma_{i_j}\cdot(\hat{l}_{i_j}-ls_{i_j}-lc_{i_j})\right]-\varepsilon\cdot\left[\sum_{j=1}^{J}\sum_{i_j=1}^{i_j}(fs_{i_j})-\right.\\
&\left.\sum_{j=1}^{J}\sum_{i_j=1}^{i_j}(\hat{s}_{i_j}-sc_{i_j}+ls_{i_j})\right]+\sum_{j=1}^{J}\sum_{i_j=1}^{I_j}\left[\pi_{i_j}\cdot(\hat{c}_{i_j}+lc_{i_j}+sc_{i_j})\right]-\\
&\zeta\cdot\left[\sum_{j=1}^{J}\sum_{i_j=1}^{I_j}(fc_{i_j})-\sum_{j=1}^{J}\sum_{i_j=1}^{I_j}(\hat{c}_{i_j}+lc_{i_j}+sc_{i_j})\right]
\end{aligned}
\tag{3.97}
$$

式（3.97）中，δ_{i_j}、ε、π_{i_j}、ζ、σ_{i_j}为相应变量的影子价格，从而将各经济变量统一成货币价格。根据 K－T 定理，帕累托最优的实现条件见表 3－10“帕累托最优实现条件方程组”列。

（三）考虑局部外部性和分区管理的耕地利用与保护的市场均衡模型

可以用式（3.98）描述在市场机制下，区域 j 内的经济主体 i_j 追求自身福利最大化下的耕地利用与保护的最优选择模型：

$$
\begin{aligned}
\max: & u_{i_j}(S, S_j, fs_{i_j}, fc_{i_j}) - f_{i_j}(ls_{i_j}, fs_{i_j}, lc_{i_j}) + t \cdot (ls_{i_j} - sc_{i_j} - \bar{s}_{i_j}) - \\
& b_{i_j} \cdot \left[\sum_{\bar{j}=1}^{J} \sum_{i_{\bar{j}}=1}^{I_{\bar{j}}} (ls_{i_{\bar{j}}} - sc_{i_{\bar{j}}} - \bar{s}_{i_{\bar{j}}})\right] + ps \cdot (\hat{s}_{i_j} - sc_{i_j} + ls_{i_j} - fs_{i_j}) + \\
& pc \cdot (\hat{c}_{i_j} + lc_{i_j} + sc_{i_j} - fc_{i_j}) \\
\text{s.t.}: & \hat{s}_{i_j} - sc_{i_j} + ls_{i_j} \geq 0, \\
& \hat{c}_{i_j} + lc_{i_j} + sc_{i_j} \geq 0, \\
& \hat{l}_{i_j} - ls_{i_j} - lc_{i_j} \geq 0
\end{aligned} \tag{3.98}
$$

式（3.98）描述了区域 j 内的经济主体 i 的自身收益最大化的最优耕地利用与保护选择：在自身拥有的耕地数量不能小于 0（用 $\hat{s}_{i_j} - sc_{i_j} + ls_{i_j} \geq 0$ 描述）、自身拥有的建设用地数量不能小于 0（用 $\hat{c}_{i_j} + lc_{i_j} + sc_{i_j} \geq 0$ 描述）、自身拥有的未利用地数量不能小于 0（用 $\hat{l}_{i_j} - ls_{i_j} - lc_{i_j} \geq 0$ 描述）等前提下，进行最优利用与保护选择，最终实现自身收益最大化。式（3.98）的拉格朗日式为：

$$
\begin{aligned}
L_{3.6.i_j} = & u_{i_j}(\bullet) - f_{i_j}(\bullet) + t \cdot (ls_{i_j} - sc_{i_j} - \bar{s}_{i_j}) - b_{i_j} \cdot \left[\sum_{\bar{j}=1}^{J} \sum_{i_{\bar{j}}=1}^{I_{\bar{j}}} (ls_{i_{\bar{j}}} - \right. \\
& \left. sc_{i_{\bar{j}}} - \bar{s}_{i_{\bar{j}}})\right] + ps \cdot (\hat{s}_{i_j} - sc_{i_j} + ls_{i_j} - fs_{i_j}) + pc \cdot (\hat{c}_{i_j} + lc_{i_j} + \\
& sc_{i_j} - fc_{i_j}) + \vartheta_{i_j} \cdot (\hat{s}_{i_j} - sc_{i_j} + ls_{i_j}) + \varphi_{i_j} \cdot (\hat{c}_{i_j} + lc_{i_j} + sc_{i_j}) + \\
& \eta_{i_j} \cdot (\hat{l}_{i_j} - ls_{i_j} - lc_{i_j})
\end{aligned} \tag{3.99}
$$

式（3.99）中，ϑ_{i_j}、φ_{i_j}、η_{i_j}为相应变量的影子价格，从而将各经济变量统一成货币价格。根据 K－T 定理，由拉格朗日式 $L_{3.6.i_j}$得到经济主体的市场选择均衡结果见表 3－13“市场均衡条件方程组”列。

表 3－13　　考虑局部外部性和分区管理的耕地利用与保护的帕累托最优状态实现条件与市场均衡条件

变量	帕累托最优实现条件方程组	市场均衡条件方程组	最优均衡价格条件
sc_{i_j}	$\zeta-\sum_{\bar j=1}^{J}\sum_{\bar i_{\bar j}=1}^{I_{\bar j}}\left(\frac{\partial u_{\bar i_{\bar j}}}{\partial S}\right)-\sum_{\bar i_j=1}^{I_j}\left(\frac{\partial u_{\bar i_j}}{\partial S_j}\right)-\varepsilon-\frac{\partial f_{i_j}}{\partial sc_{i_j}}-\delta_{i_j}+\pi_{i_j}\geqslant 0,$ $sc_{i_j}\cdot\left[\zeta-\sum_{\bar j=1}^{J}\sum_{\bar i_{\bar j}=1}^{I_{\bar j}}\left(\frac{\partial u_{\bar i_{\bar j}}}{\partial S}\right)-\sum_{\bar i_j=1}^{I_j}\left(\frac{\partial u_{\bar i_j}}{\partial S_j}\right)-\varepsilon-\frac{\partial f_{i_j}}{\partial sc_{i_j}}-\delta_{i_j}+\pi_{i_j}\right]=0$　(3.100*)	$pc-\frac{\partial u_{i_j}}{\partial S}-\frac{\partial u_{i_j}}{\partial S_j}-ps-\frac{\partial f_{i_j}}{\partial sc_{i_j}}-t+b_{i_j}-\vartheta_{i_j}+\varphi_{i_j}\geqslant 0,$ $sc_{i_j}\cdot\left(pc-\frac{\partial u_{i_j}}{\partial S}-\frac{\partial u_{i_j}}{\partial S_j}-ps-\frac{\partial f_{i_j}}{\partial sc_{i_j}}-t+b_{i_j}-\vartheta_{i_j}+\varphi_{i_j}\right)=0$　(3.100°)	$t-b_{i_j}=\sum_{\bar j=1}^{J}\sum_{\bar i_{\bar j}\neq i_j}^{I_{\bar j}}\left(\frac{\partial u_{\bar i_{\bar j}}}{\partial S}\right)+\sum_{\bar i_j\neq i_j}^{I_j}\left(\frac{\partial u_{\bar i_j}}{\partial S_j}\right)$　(3.100^e)
ls_{i_j}	$\sum_{\bar j=1}^{J}\sum_{\bar i_{\bar j}=1}^{I_{\bar j}}\left(\frac{\partial u_{\bar i_{\bar j}}}{\partial S}\right)+\sum_{\bar i_j=1}^{I_j}\left(\frac{\partial u_{\bar i_j}}{\partial S_j}\right)+\varepsilon-\frac{\partial f_{i_j}}{\partial ls_{i_j}}+\delta_{i_j}-\sigma_{i_j}\geqslant 0,$ $ls_{i_j}\cdot\left[\sum_{\bar j=1}^{J}\sum_{\bar i_{\bar j}=1}^{I_{\bar j}}\left(\frac{\partial u_{\bar i_{\bar j}}}{\partial S}\right)+\sum_{\bar i_j=1}^{I_j}\left(\frac{\partial u_{\bar i_j}}{\partial S_j}\right)+\varepsilon-\frac{\partial f_{i_j}}{\partial ls_{i_j}}+\delta_{i_j}-\sigma_{i_j}\right]=0$　(3.101*)	$\frac{\partial u_{i_j}}{\partial S}+\frac{\partial u_{i_j}}{\partial S_j}+ps-\frac{\partial f_{i_j}}{\partial ls_{i_j}}+t-b_{i_j}+\vartheta_{i_j}-\eta_{i_j}\geqslant 0,$ $ls_{i_j}\left(\frac{\partial u_{i_j}}{\partial S}+\frac{\partial u_{i_j}}{\partial S_j}+ps-\frac{\partial f_{i_j}}{\partial ls_{i_j}}+t-b_{i_j}+\vartheta_{i_j}-\eta_{i_j}\right)=0$　(3.101°)	$t-b_{i_j}=\sum_{\bar j=1}^{J}\sum_{\bar i_{\bar j}\neq i_j}^{I_{\bar j}}\left(\frac{\partial u_{\bar i_{\bar j}}}{\partial S}\right)+\sum_{\bar i_j\neq i_j}^{I_j}\left(\frac{\partial u_{\bar i_j}}{\partial S_j}\right)$　(3.101^e)
lc_{i_j}	$\zeta-\frac{\partial f_{i_j}}{\partial lc_{i_j}}+\pi_{i_j}-\sigma_{i_j}\geqslant 0,$ $lc_{i_j}\cdot\left(\zeta-\frac{\partial f_{i_j}}{\partial lc_{i_j}}+\pi_{i_j}-\sigma_{i_j}\right)=0$　(3.102*)	$pc-\frac{\partial f_{i_j}}{\partial lc_{i_j}}+\varphi_{i_j}-\eta_{i_j}\geqslant 0,$ $lc_{i_j}\left(pc-\frac{\partial f_{i_j}}{\partial lc_{i_j}}+\varphi_{i_j}-\eta_{i_j}\right)=0$　(3.102°)	$\zeta=pc$　(3.102^e)
fs_{i_j}	$\frac{\partial u_{i_j}}{\partial fs_{i_j}}-\varepsilon=0$　(3.103*)	$\frac{\partial u_{i_j}}{\partial fs_{i_j}}-ps=0$　(3.103°)	$\varepsilon=ps$　(3.103^e)

续表

变量	帕累托最优实现条件方程组	市场均衡条件方程组	最优均衡价格条件
fc_{i_j}	$\frac{\partial u_{i_j}}{\partial fc_{i_j}} - \zeta = 0$ (3.104*)	$\frac{\partial u_{i_j}}{\partial fc_{i_j}} - pc = 0$ (3.104°)	$\zeta = pc$ (3.104^e)
	δ_{i_j} $(\hat{s}_{i_j} - sc_{i_j} + ls_{i_j})$ $=0$，$\delta_i \geqslant 0$ (3.105*)	ϑ_{i_j} $(\hat{s}_{i_j} - sc_{i_j} + ls_{i_j})$ $=0$，$\vartheta_{i_j} \geqslant 0$ (3.105°)	—
	π_{i_j} $(\hat{c}_{i_j} + lc_{i_j} + sc_{i_j})$ $=0$，$\pi_{i_j} \geqslant 0$ (3.106*)	φ_{i_j} $(\hat{c}_{i_j} + lc_{i_j} + sc_{i_j})$ $=0$，$\varphi_{i_j} \geqslant 0$ (3.106°)	—
	σ_{i_j} $(\hat{l}_{i_j} - ls_{i_j} - lc_{i_j})$ $=0$，$\sigma_{i_j} \geqslant 0$ (3.107*)	η_{i_j} $(\hat{l}_{i_j} - ls_{i_j} - lc_{i_j})$ $=0$，$\eta_{i_j} \geqslant 0$ (3.107°)	—

资料来源：笔者整理。

（四）考虑局部外部性和分区管理的耕地利用与保护的帕累托最优的最优均衡价格

通过类似附录3A的证明，也可以得到引理3.5。

引理3.5：在本章假设成立的情况下，则有：（1）表3-13中“最优均衡价格条件”列中的5个式子［式（3.100^e）至式（3.104^e）］就是使市场均衡结果实现纳入耕地等级考虑的耕地利用与保护的帕累托最优的最优均衡价格条件，并且对于任何 $sc_{i_j} \neq 0$ 或 $ls_{i_j} \neq 0$、$\hat{s}_{i_j} - sc_{i_j} + ls_{i_j} \neq 0$、$\hat{c}_{i_j} + lc_{i_j} + sc_{i_j} \neq 0$，表3-13中这组最优均衡价格是使市场均衡结果实现纳入耕地等级考虑的耕地利用与保护的帕累托最优的唯一充分必要条件；（2）“最优均衡价格条件”列中的式（3.103^e）和式（3.104^e）可以由市场机制自动实现。

根据引理3.5可知，在考虑局部外部性和分区管理的情况下，结论3.1同样成立。根据结论3.1，为了实现耕地利用与保护的帕累托最优，对于耕地存在所产生的公共外部性，需要实施额外的管理政策：对每个经济主体补充一单位耕地的行为进行补贴，净补贴额等于该单位耕地给整个经济社会其他经济主体带来的边际总收益；对每个经济主体削减一单位耕地的行为进行征税，净税额等于该单位耕地给整个经济社会其他经济主体带来的边际总损害。根据式（3.100^e），在考虑局部外部性和分区管理的情况下，一单位耕地给整个经济社会其他经济主体带来的边际总收益为 $\sum_{\bar{j}=1}^{J}\sum_{\bar{i}_{\bar{j}} \neq i_j}^{I_{\bar{j}}}\left(\frac{\partial u_{\bar{i}_{\bar{j}}}}{\partial S}\right) + \sum_{\bar{i}_j \neq i_j}^{I_j}\left(\frac{\partial u_{\bar{i}_j}}{\partial S_j}\right)$，该边际总收益包括两个部分，一部分是耕地创造的全局公共外部性收益，这一部分的公共外部性收益对整个经济社会所有经济主体都造成影响，其边际总收益为 $\sum_{\bar{j}=1}^{J}\sum_{\bar{i}_{\bar{j}} \neq i_j}^{I_{\bar{j}}}\left(\frac{\partial u_{\bar{i}_{\bar{j}}}}{\partial S}\right)$；另一部分是耕地创造的局部公共外部性收益，这一部分的公共外部性价值只给耕地所在区域的其他所有经济主体带来收益，其边际总收益为 $\sum_{\bar{i}_j \neq i_j}^{I_j}\left(\frac{\partial u_{\bar{i}_j}}{\partial S_j}\right)$。由此，在考虑局部外部性和分区管理的情况下，可以针对区域间的全局外部收益和区域内的局部外部收益两个部分分别实施价格约束政策来使耕地保护的外部收益内化。

对于区域间的全局外部收益，设定 t1 为补充一单位面积的耕地的补贴价格，$b1_{i_j}$ 为对区域 j 内的经济主体 i_j 征收（给予）的超过全社会总的无偿补充的耕地数量的一单位耕地存量的税额（补贴）。通过和上文类似的建模与推导，可以得到 $t1-b1_{i_j}=\sum_{\bar{j}=1}^{J}\sum_{\bar{i}_{\bar{j}}\neq i_j}^{I_{\bar{j}}}\left(\frac{\partial u_{\bar{i}_{\bar{j}}}}{\partial S}\right)$。同样，通过类似附录3B 的证明，也可以证明得到兼顾财政收支平衡和帕累托最优的针对区域间的全局外部收益的耕地保护价格约束政策，见表 3－14。

表 3－14　兼顾财政收支平衡和帕累托最优的针对区域间的全局外部收益的 t1 和 $b1_i$ 的解

价格约束类型	解的表达式
价格约束类型 I	$t1=\sum_{\bar{j}=1}^{J}\sum_{\bar{i}_{\bar{j}}=1}^{I_{\bar{j}}}\left(\frac{\partial u_{\bar{i}_{\bar{j}}}}{\partial S}\right)$ (3.108) $b1_{i_j}=\frac{\partial u_{i_j}}{\partial S}$ (3.109) $\sum_{\bar{j}=1}^{J}\sum_{\bar{i}_{\bar{j}}=1}^{I_{\bar{j}}}(ls_{\bar{i}_{\bar{j}}}-sc_{\bar{i}_{\bar{j}}}-\bar{s}_{\bar{i}_{\bar{j}}})\neq 0$ (3.110)
价格约束类型 II	$t1-b1_{i_j}=\sum_{\bar{j}=1}^{J}\sum_{\bar{i}_{\bar{j}}\neq i_j}^{I_{\bar{j}}}\left(\frac{\partial u_{\bar{i}_{\bar{j}}}}{\partial S}\right)$ (3.111) $\sum_{\bar{j}=1}^{J}\sum_{\bar{i}_{\bar{j}}=1}^{I_{\bar{j}}}(ls_{\bar{i}_{\bar{j}}}-sc_{\bar{i}_{\bar{j}}}-\bar{s}_{\bar{i}_{\bar{j}}})=0$ (3.112)

资料来源：笔者整理。

对于区域内的局部外部收益，设定 t2 为补充一单位面积耕地的补贴价格，$b2_{i_j}$为对区域 j 内经济主体 i_j 征收（给予）的超过整个区域 j 总的无偿补充的耕地数量的一单位耕地存量的税额（补贴）。通过和上文类似的建模与推导，可以得到 $t2-b2_{i_j}=\sum_{\bar{i}_j\neq i_j}^{I_j}\frac{\partial u_{\bar{i}_j}}{\partial S_j}$。同样，通过类似附录3B 的证明也可以证明得到兼顾财政收支平衡和帕累托最优的针对区域内的局部外部收益的耕地保护价格约束政策，见表 3－15。

表 3－15　兼顾财政收支平衡和帕累托最优的针对区域内的局部外部收益的 t2 和 $b2_i$ 的解

价格约束类型	解的表达式
价格约束类型 I	$t2=\sum_{\bar{i}_j=1}^{I_j}\frac{\partial u_{\bar{i}_j}}{\partial S_j}$ (3.113) $b2_{i_j}=\frac{\partial u_{i_j}}{\partial S_j}$ (3.114)

续表

价格约束类型	解的表达式
	$$\sum_{\bar{i}_j=1}^{I_{\bar{j}}}(ls_{\bar{i}_j}-sc_{\bar{i}_j}-\bar{s}_{\bar{i}_j})\neq 0 \quad (3.115)$$
价格约束类型 II	$$t2-b2_{i_j}=\sum_{\bar{i}_j\neq i_j}^{I_j}\frac{\partial u_{\bar{i}_j}}{\partial S_j} \quad (3.116)$$ $$\sum_{\bar{i}_j=1}^{I_{\bar{j}}}(ls_{\bar{i}_j}-sc_{\bar{i}_j}-\bar{s}_{\bar{i}_j})=0 \quad (3.117)$$

资料来源：笔者整理。

第四节　兼顾效率与公平的耕地保护机制

一、对公平的概述

经济发展不能只讲经济效益，还要兼顾公平。本章前面几节通过数理模型已经分析论证了通过界定耕地发展权并构建相应的市场机制可以实现耕地利用与保护的帕累托最优效率。本节将进一步探讨如何在实现耕地利用与保护的帕累托最优效率的基础上兼顾公平。

公平具有丰富的内涵，不同学科有不同的理解。经济学中的公平是指经济成果在社会成员中分配的相对平等，即要求社会成员之间的收入分配差距不能过分悬殊，保证社会成员的基本生活需要。

对于公平的外延，现有文献的观点大同小异，将公平区分为起点公平、过程公平和结果公平。其中，起点公平即权利公平和机会公平，是指社会成员在参与经济活动时依法享有平等的权利，享有平等的参与、发展与共享的机会。[①] 过程公平，即规则公平或程序公平，是指所有社会成员参与经济社会活动的规则、过程必须公平。部分文献认为依法享有平等的权利和享有平等的参与、发展与共享机会是密不可分的，所以，权利公平和机会公平本质上就是相对广义的机会公平。经济学认为规则公平本身就是机会公平不可或缺的，因

① 孙敬水，吴娉娉．初次分配公平满意度研究——基于起点公平、过程公平、结果公平的微观证据［J］．浙江大学学报（人文社会科学版），2019，49（4）：88－103．

此，从经济学视角看，公平可以分为机会公平和结果公平。结果公平是指经济成果在社会成员分配上的均等，即收入差距合理，[①] 具体包括罗尔斯主义（社会福利水平应该由最不利者的效用水平决定，因此增加最低效用水平者的效益能增加社会福利）、平均主义（只有收入分配或效用分配实现了完全的平等，才是分配的公平）、合作博弈的公平观点（经济主体相互博弈、达成合作共识，并形成相应的合作利益分配方案，则这样的利益分配是所有经济主义都愿意接受的公平分配，具体包括纳什议价解分配、沙普利值分配）等。

不同学者基于不同价值观或不同学科，对于公平的内涵与外延的理解不一样，因而提出的公平标准也存在差异。不过，相对于公平标准的不统一，现有文献在资源配置的效率标准上，则有相对统一的共识，即资源配置应该达到帕累托最优状态、实现帕累托最优效率。因此，本书认为，从经济学视角看，实现资源配置的效率与公平，应该更强调在实现资源配置的帕累托最优效率基础上尽可能兼顾公平。

二、耕地利用与保护的效率与公平的实现

（一）耕地利用与保护的效率与机会公平

上文已经指出，机会公平意味着所有经济主体都享有平等的参与、发展与共享的机会，在竞争规则面前人人平等、无差别，都能按其能力和贡献得其应得。由此可见，机会公平充分尊重经济主体的个人努力与抉择，奉行按能力、按贡献分配的原则，从而最大限度地激发经济主体的活力，促进资源的优化配置。从经济学视角看，市场机制通过机会公平所带来的激励作用来优化资源配置、实现资源配置的最优效率。因此，机会公平是发挥市场配置资源的基础性作用、提高耕地利用与保护的配置效率、实现耕地利用与保护给整个社会带来最大化收益的首要条件。本书前文也已经论证了通过界定耕地发展权并构建相应的市场机制可以实现耕地利用与保护的帕累托最优效率。因此，界定耕地发展权并构建相应的市场机制与机会公平实质上是统一的。

（二）耕地利用与保护的效率与结果公平

1. 必须无偿补充的耕地数量分配与结果公平的相互关系

首先，可以得到结论 3.8：耕地利用与保护在帕累托最优状态时的福利总

---

① 权衡．收入分配经济学［M］．上海：上海人民出版社，2007：38.

额不变。耕地利用与保护最优状态的福利总额在各经济主体的任何一种分配方案，都可以通过在某一无偿补充的耕地数量分配方案的基础上实施价格约束类型Ⅰ予以实现，并且各经济主体的福利与其拥有的无偿补充的耕地数量成反比、与其他经济主体拥有的无偿补充的耕地数量成正比。

结论3.8的证明见附录3H。根据结论3.8，耕地利用与保护帕累托最优时的福利总额分配方案也包括了实施价格约束类型Ⅱ下的福利分配，即实施价格约束类型Ⅱ下的福利分配都可以通过在某一无偿补充的耕地数量分配方案的基础上实施价格约束类型Ⅰ予以实现，因此，在分析无偿补充的耕地数量 $\bar{s}_i$ 分配博弈时，可以将 t 和 b_i 归为价格约束类型Ⅰ。根据结论3.7，耕地利用与保护最优状态的福利总额在各经济主体的任何一种分配方案，都可以通过在某一无偿补充的耕地数量分配方案的基础上实施价格约束类型Ⅰ予以实现。由此可见，在构建耕地发展权机制时，只要通过设定恰当的无偿补充的耕地数量分配方案即可实现期望的结果公平。

2. 必须无偿补充的耕地数量分配与结果公平的实现——基于合作博弈的分析

该如何合理分配各经济主体必须无偿补充的耕地数量以实现期望的结果公平，这需要区分为两种情景。第一种情景，存在一个所有经济主体都服从的权威管理者，则权威管理者按照其所认可的结果公平标准合理分配各经济主体必须无偿补充的耕地数量。第二种情景，不存在一个所有经济主体都服从的权威管理者，各经济主体均平等，相互间进行协商博弈，最终达成合作共识而形成所有经济主义都愿意接受的各经济主体必须无偿补充的耕地数量的分配方案。对于第一种情景，需要根据权威管理者的价值取向，具体问题具体分析。第二种情景本质上是合作博弈的均衡解问题，即合作博弈均衡解下的利益分配是各经济主体都愿意接受的公平的利益分配。迄今为止，已有文献顺着两个论证思路，提出了三个主要的合作博弈均衡解概念，① 两个论证思路分别为：（1）协商谈判模型方法（negotiation process），在该分析思路中，合作博弈被简化为非合作博弈，经济主体相互对抗协商，最终形成解方案，这样的解方案具有非合作博弈基础，从而可以更加清楚地知道各经济主体是如何在对抗协商中形成合作，最终得到均衡福利分配；（2）公理方法（axiomatic method），该分析思路将几个看起来很自然的性质作为解方案必须要满足的公理，然后论证寻找满足这些公理的解方案。纳什（Nash，1953）认为这两种论证方法是互补的，

① Serrano R. Fifty years of the Nash program, 1953 - 2003 [J]. Investigaciones Economicas, 2005 (29): 219 - 258.

每一种都有助于解释和阐明另一种。[①] 三个重要的合作博弈解的概念分别为：纳什议价解（Nash bargaining solution）、沙普利值（Shapley value）和核（core），其中，纳什议价解和沙普利值是单值解，core 是集合解。[②]

纳什在 1950 年和 1953 年分别运用公理方法和协商谈判模型方法证明了双人合作博弈存在一个满足标度不变性（scale invariance）、有效性（efficiency）、对称性（symmetry）、无关替代的独立性（independence of irrelevant alternatives）4 个条件的唯一解——纳什议价解，即均衡的合作收益增量分配要使得两个博弈参与人分配到的收益增量的乘积实现最大化。[③④⑤] 冈田（Okada, 2010）在拓展鲁宾斯坦（Rubinstein, 1982）的模型的基础上，基于协商谈判模型方法，将纳什议价解从双人合作博弈拓展至 n 人合作博弈。[⑥⑦] 沙普利（Shapley, 1953）证明了在联盟的收益函数是超加性集函数（superadditive set function）的假设下，n 人效用可转移博弈（Transferable Utility Game, TU Game）存在唯一一个同时满足有效性（efficiency）、对称性（symmetry）、可加性（additivity）、虚拟性（dummy）4 个条件的合作均衡解——沙普利值，即每个博弈参与者对每个联盟的边际贡献的平均值。[⑧] 哈特等（Hart et al., 1996）对沙普利值进行了拓展分析。合作博弈的 core 是福利分配方案的集合，任何联盟都不可能在 core 的福利分配基础上实现自我改进。core 从定义上就已经表明其为稳定的均衡解，因此成为合作博弈的首要均衡解的概念。[⑨] 不过，core 可能是空集，也可能是多个值的非空集合。在对联盟对于联盟之外的其他经济主体对于联盟偏离合作的反应行为的不同假设下，现有文献进一步提出α-core、β-core、r-core、Nash-core、γ-core 等"core"的概念。奥曼（Aumann, 1959）在假设联盟认为联盟外的经济主体会选择策略以最小化联盟收益的基础

---

①④ Nash J F. Two person cooperative games [J]. Econometrica, 1953 (21): 128 - 140.

② Serrano R. Fifty years of the Nash program, 1953 - 2003 [J]. Investigaciones Economicas, 2005 (29): 219 - 258.

③ Nash J F. The Bargaining Problem [J]. Econometrica, 1950 (18): 155 - 162.

⑤ Trejo K K, Clempner J B, Poznyak A S. Computing the Nash Bargaining Solution for multiple players in discrete time markov chains games [J]. Cybernetics and Systems, 2019 (2): 1 - 26.

⑥ Okada A. The Nash bargaining solution in general n-person cooperative games [J]. Journal of Economic Theory, 2010, 145 (6): 2356 - 2379.

⑦ Rubinstein A. Perfect equilibrium in a bargaining model [J]. Econometrica, 1982, 50 (1): 97 - 109.

⑧ Shapley L S. A value for n-persons games [J]. Annals of Mathematics Studies, 1953 (28): 307 - 318.

⑨ Abe T. Consistency and the core in games with externalities [J]. International Journal of Game Theory, 2018, 47 (1): 133 - 154.

上，提出了α-core 和β-core。很明显，联盟外的经济主体不选择最大化自身收益的策略而采取最小化别人收益的策略是不可行的。[①] 在假设联盟认为联盟外的经济主体在选择联盟结构时会表现出一致性的基础上，黄和舍斯特罗姆（Huang and Sjostrom，2003）提出了 r-core，[②] 冈田（2010）提出了 Nash-core。钱德尔（Chander，2007，2010，2017）假设每个正要脱离大联盟的子联盟在它脱离联盟后，其他经济主体将都保持不结盟的“单身”状态，并同时进行策略选择以最大化各自自身福利。在此基础上，钱德尔（2007，2010，2017）提出了 γ-core，并证明了在 γ-core 福利分配非空的情况下，各经济主体一定会采取合作形成大联盟以共同应对公共外部性问题，并且联盟的 γ-core 福利分配会大于其α-core 福利分配和β-core 福利分配，因此，在分析具有公共外部性的问题时，γ-core 是一个更具吸引力的概念。[③④⑤]

第五节　小结

一、本章主要结论

为了实现耕地利用与保护的帕累托最优效率，则必须根据耕地的内在价值构成及各构成部分的价值产生特性与价值实现特性，合理地设置耕地产权，并在此基础上构建合理的耕地产权配置机制。从耕地资源的价值产生特性角度看，耕地资源的总价值可以区分为使用价值和存在价值；从耕地价值的实现特性角度看，耕地资源的总价值可以区分为公共外部性价值和非公共外部性价值；从外延上看，耕地的公共外部性价值基本等于耕地的存在价值，耕地的非公共外部性价值基本等于耕地的使用价值。

---

① Aumarm R J. Acceptable points in general cooperative n-person games [J]. Contributions to the Theory of Games (AM - 40), 1959 (4): 287 - 324.

② Huang C Y, Sjostrom T. Consistent solutions for cooperative games with externalities [J]. Games and Economic Behavior, 2003 (43): 196 - 213.

③ Chander P. The gamma-core and coalition formation [J]. International Journal of Game Theory, 2007, 35 (4): 539 - 556.

④ Chander P. Cores of games with positive externalities [J]. Core Discussion Papers, 2010, 30 (1): 78 - 98.

⑤ Chander P. Subgame-perfect cooperative agreements in a dynamic game of climate change [J]. Journal of Environmental Economics & Management, 2017 (84): 173 - 188.

通过比较耕地利用与保护的帕累托最优实现条件和市场均衡条件可知，在没有对经济主体针对耕地存在所产生的公共外部性收益施加任何额外价格约束政策的情况下，各经济主体只会考虑耕地所带来的私人收益，而忽略耕地所带来的外部收益，因而无法实现耕地利用与保护的帕累托最优效率，而这也就是需要对耕地施加额外保护的根本原因，即耕地保护的核心问题是如何保护并内化耕地的公共外部性收益，以实现耕地收益的最大化。为此，需要对于耕地存在所产生的公共外部性收益实施额外的管理政策：对于每个经济主体补充一单位耕地的行为进行补贴，净补贴额等于该单位耕地给整个经济社会其他经济主体带来的边际外部收益；对于每个经济主体削减一单位耕地的行为进行征税，净税额等于该单位耕地给整个经济社会其他经济主体造成的边际外部成本，从而将耕地的公共外部性收益内化到经济主体的耕地利用与保护的决策当中。耕地发展权是耕地农用用途变更之权，其设置则是为了保护和实现耕地的存在价值（公共外部性收益）而对使用权的一种限制。通过设置耕地发展权并构建合理的耕地发展权配置机制是实现耕地利用与保护的根本途径。

目前，耕地发展权的配置机制主要有两类：计划命令的配置机制和经济措施的配置机制，其中，经济措施通过基于价格控制（庇古税与庇古补贴）、基于数量控制（总量控制下的市场交易）以及混合机制（综合了基于价格和基于数量的控制）等方式来实现耕地发展权的内在价值进而保护耕地。总体而言，相对于计划命令的配置机制，经济措施因具有成本有效性而备受推介。庇古税与庇古补贴、总量控制下的市场交易和混合机制各有优缺点，其中，混合机制兼得了基于价格控制和基于数量控制的优点，在很多情况下优于纯价格控制和纯数量控制，尤其在考虑不确定性的情况下，混合机制具有明显的优势。

现实经济社会中，有些时候公共管理者除了要实现帕累托最优状态外还要将兼顾财政收支平衡、耕地具有不同的质量等级、耕地存在局部外部性和分区管理等情况纳入考虑。其中，可以通过实施价格约束类型Ⅰ和价格约束类型Ⅱ等两类价格约束政策中的任何一种来实现耕地利用与保护的帕累托最优和财政收支平衡；在纳入耕地等级考虑的情况中，只需要将每一个等级的耕地看作一种独立的公共外部性来实施相应的管理政策，即可实现耕地利用与保护的帕累托最优效率；在考虑局部外部性和分区管理的情况下，可以针对区域间的全局外部收益和区域内的局部外部收益两个层次分别实施价格约束政策来使耕地保护的全部外部收益内化。

经济发展不能仅仅只讲经济效益，还要兼顾公平。从经济学视角看，公平可以分为机会公平和结果公平。相对于公平标准的不统一，现有文献在资源配置的效率标准上有相对统一的共识，即，资源配置应该达到帕累托最优状态、实现帕累托最优效率。因此，实现资源配置的效率与公平，应该强调在实现资源配置的帕累托最优效率基础上尽可能兼顾公平。从经济学视角看，机会公平是发挥市场配置资源的基础性作用、提高耕地利用与保护的配置效率、实现耕地利用与保护给整个社会带来最大化收益的首要条件；而通过界定耕地发展权并构建相应的市场机制可以实现耕地利用与保护的帕累托最优效率。因此，界定耕地发展权并构建相应的市场机制与机会公平实质上是统一的。耕地利用与保护最优状态的福利总额在各经济主体的任何一种分配方案，都可以通过某一无偿补充的耕地数量分配方案予以实现。由此可见，在构建耕地发展权机制时，只要通过设定恰当的无偿补充的耕地数量分配方案即可实现期望的结果公平。关于如何合理分配各经济主体必须无偿补充的耕地数量以实现期望的结果公平，需要区分为两种情景。第一种情景，存在一个所有经济主体都服从的权威管理者，则权威管理者按照其所认可的结果公平标准合理分配各经济主体必须无偿补充的耕地数量。第二种情景，不存在一个所有经济主体都服从的权威管理者，各经济主体均平等，相互间进行协商博弈，最终达成合作共识而形成所有经济主义都愿意接受的各经济主体必须无偿补充的耕地数量的分配方案。对于第一种情景，需要根据权威管理者的价值取向，具体问题具体分析。第二种情景本质上是合作博弈的均衡解问题，即合作博弈均衡解下的利益分配是各经济主体都愿意接受的公平的利益分配。

二、本章主要变量或函数的含义与说明

表 3-16　　本章主要变量或函数的含义与说明

变量或函数	变量或函数的含义	说明
$\hat{s}_i$	经济主体 i 拥有的初始耕地数量	耕地是一种公共外部性产品，因此，本章的 $\hat{s}_i$ 含义与本书其他章节的 $\hat{s}_i$ 含义一致
$\hat{c}_i$	经济主体 i 拥有的初始建设用地数量	—
c_i	经济主体 i 最终拥有的建设用地数量	—
$\hat{l}_i$	经济主体 i 拥有的初始未利用地数量	—
fs_i	经济主体 i 经营的耕地数量	fs_i 的取值范围：$fs_i \geq 0$

续表

变量或函数	变量或函数的含义	说明
fc_i	经济主体 i 经营的建设用地数量	fc_i 的取值范围：$fc_i \geqslant 0$
sc_i	经济主体 i 将耕地非农化的数量	$sc_i > 0$ 时，表示经济主体 i 将耕地非农化；$sc_i < 0$ 时，表示经济主体 i 将建设用地转为耕地
ls_i	经济主体 i 将未利用地转为耕地的数量	ls_i 的取值范围：$ls_i \geqslant 0$
lc_i	经济主体 i 将未利用地转为建设用地的数量	lc_i 的取值范围：$lc_i \geqslant 0$
S	整个经济社会最终拥有的耕地总量	耕地是一种公共外部性产品，因此，本章的 S 含义与本书其他章节的 S 含义一致
$\bar{s}_i$	经济主体 i 必须无偿补充的耕地数量	耕地是一种公共外部性产品，因此，本章的 $\bar{s}_i$ 含义与本书其他章节的 $\bar{s}_i$ 含义一致
$\bar{S}$	整个经济社会必须无偿补充的耕地数总量	耕地是一种公共外部性产品，因此，本章的 $\bar{S}$ 含义与本书其他章节的 $\bar{S}$ 含义一致
ps	经营一单位耕地的价格	—
pc	经营一单位建设用地的价格	—
t	补充一单位面积的耕地的补贴价格	—
t_i	对经济主体 i 在补充单位面积的耕地的经济行为而施加的净价格约束	$t_i = t - b_i$
b_i	对经济主体 i 征收（给予）的超过全社会总的无偿补充的耕地数量的一单位耕地存量的税额（补贴）	$b_i > 0$ 为征税，$b_i < 0$ 为补贴
$u_i(\bullet)$	经济主体 i 的收益函数	当效用或福利都货币化时，效用或福利函数转为收益函数，因此，本质上，本章的 $u_i(\bullet)$ 含义与本书其他章节的 $u_i(\bullet)$ 含义一致
$f_i(\bullet)$	经济主体 i 的成本函数	当所有投入都货币化时，生产函数则转为成本函数，因此，本质上，本章的 $f_i(\bullet)$ 含义与本书其他章节的 $f_i(\bullet)$ 含义一致
w_i	经济主体 i 在耕地利用与保护中获得的净福利或净收益	—
W	整个社会在耕地利用与保护中获得的总净福利或总净收益	—
n	无偿补充的耕地数量分配方案的索引	—
s_i^{**}	公共管理者规定的经济主体 i 的最低耕地目标保有量	—

续表

变量或函数	变量或函数的含义	说明
τ	任意实数	—
g	耕地等级索引	—
G	耕地等级总数	—
$\hat{s}_{gi}$	经济主体 i 拥有的第 g 等级耕地的初始数量	—
fs_{gi}	表示经济主体 i 经营的第 g 等级耕地数量	—
sc_{gi}	经济主体 i 将第 g 等级耕地转为建设用地数量	当 sc_{gi} 为正时，表示经济主体 i 将第 g 等级耕地转为建设用地，反之，当 sc_{gi} 为负时，表示经济主体 i 将建设用地转为第 g 等级耕地的数量
ls_{gi}	经济主体 i 将未利用地转为第 g 等级耕地的数量	—
t_g	补充一单位面积的第 g 等级耕地的补贴价格	—
b_{gi}	对经济主体 i 征收（给予）的超过全社会总的无偿补充的第 g 等级耕地数量的一单位耕地存量的税额（补贴）	$b_{gi}>0$ 为征税，$b_{gi}<0$ 为补贴
J	区域总数	—
$j(\bar{j})$	区域的索引	—
I_j	区域 j 的经济主体总数	—
$i_j(\bar{i}_j)$	区域 j 的经济主体索引	—
$\hat{S}_j$	区域 j 内的所有经济主体拥有的初始耕地数量	—
$\hat{C}_j$	区域 j 内的所有经济主体拥有的初始建设用地数量	—
$\hat{L}_j$	区域 j 内的所有经济主体拥有的初始未利用地数量	—
FS_j	区域 j 内的所有经济主体经营耕地农用的总数	—
LS_j	区域 j 内的所有经济主体将未利用地转为耕地的总数	—
LC_j	区域 j 内的所有经济主体将未利用地转为建设用地的总数	—

续表

变量或函数	变量或函数的含义	说明
S_j	区域 j 的最终耕地总量	—
$\overline{S}_j$	区域 j 必须无偿补充的耕地数量	—
$U_j(\bullet)$	区域 j 内的所有经济主体的总收益函数	—
$F_j(\bullet)$	区域 j 内的所有经济主体的总成本函数	—

注：本表只汇总了本章首次出现的变量或函数的名称与含义，或与其他章节名称相同但含义略有不同的变量或函数的名称与含义；本表没有列出的本章其他变量或函数的含义与本书其他章节同一变量或函数含义一致。

资料来源：笔者整理。

附录3A　引理3.1的证明

引理3.1：在本章假设成立的情况下，则有：（1）表3－1中“最优均衡价格条件”列中的5个式子［式（3.16^e）至式（3.20^e）］就是所要求解的最优均衡价格条件，并且对于任何 $sc_i \neq 0$ 或 $ls_i \neq 0$、$\hat{s}_i - sc_i + ls_i \neq 0$、$\hat{c}_i + lc_i + sc_i \neq 0$，表3－1中的这组最优均衡价格是使市场均衡结果实现耕地利用与保护的帕累托最优的唯一充分必要条件；（2）“最优均衡价格条件”列中的式（3.19^e）和式（3.20^e）可以由市场机制自动实现。

证明：

首先，根据钱德尔（2017）的论证，在本章假设成立下，表3－1中的“帕累托最优实现条件方程组”和“市场均衡条件方程组”均具有唯一解，即，耕地利用与保护的帕累托最优状态存在且具有唯一性，耕地的市场均衡状态存在且具有唯一性。①

其次，可以证明表3－1中的这组最优均衡价格条件是可以使市场均衡结果实现耕地利用与保护的帕累托最优状态的充分条件。将表3－1中“最优均衡价格条件”列中的所有式子代入“市场均衡条件方程组”，则“市场均衡条件方程组”和“帕累托最优实现条件方程组”将一模一样，同时，耕地利用与保护的帕累托最优状态和耕地的市场均衡状态均存在且具有唯一性，因此，二者拥有相同的解。用标有上标“＊”的变量 sc_i^*、ls_i^*、lc_i^*、fs_i^*、fc_i^* 表示耕地利用与保护的帕累托最优解，即“帕累托最优实现条件方程组”的解，用标有上标“o”的变量 sc_i^o、ls_i^o、lc_i^o、fs_i^o、fc_i^o 表示市场均衡解，即“市场均衡条件方程组”的解，则有 $sc_i^* = sc_i^o$、$ls_i^* = ls_i^o$、$lc_i^* = lc_i^o$、$fs_i^* = fs_i^o$、$fc_i^* = fc_i^o$。

再次，可以证明这组最优均衡价格条件是可以使市场均衡结果实现帕累托最优的必要条件。假设市场均衡和帕累托最优结果是一致的，则有：

$$sc_i^* = sc_i^o,\ ls_i^* = ls_i^o,\ lc_i^* = lc_i^o,\ fs_i^* = fs_i^o,\ fc_i^* = fc_i^o \tag{3.1A}$$

根据式（3.19*）、式（3.19^o）和式（3.1A），则有：

$$\varepsilon = \frac{\partial u_i}{\partial fs_i^*} = \frac{\partial u_i}{\partial fs_i^o} = ps \tag{3.2A}$$

① Chander P. Subgame-perfect cooperative agreements in a dynamic game of climate change [J]. Journal of Environmental Economics & Management, 2017 (84): 173－188.

根据式（3.20*）、式（3.20°）和式（3.1A），则有：

$$\zeta = \frac{\partial u_i}{\partial fc_i^*} = \frac{\partial u_i}{\partial fc_i^o} = pc \tag{3.3A}$$

由此可见，表 3－1 的“最优均衡价格条件”列中的式（3.19e）和式（3.20e）可以由市场机制自动实现。

根据式（3.21*）和式（3.21°），当 $\hat{s}_i - sc_i + ls_i \neq 0$ 时，则有：

$$\delta_i = 0 = \vartheta_i \tag{3.4A}$$

根据式（3.22*）和式（3.22°），当 $\hat{c}_i + lc_i + sc_i \neq 0$ 时，则有：

$$\pi_i = 0 = \varphi_i \tag{3.5A}$$

根据式（3.23*）和式（3.23°），当 $\hat{l}_i - ls_i - lc_i \neq 0$ 时，则有：

$$\sigma_i = 0 = \eta_i \tag{3.6A}$$

结合式（3.4A）、式（3.5A），当 $sc_i \neq 0$、$\hat{s}_i - sc_i + ls_i \neq 0$、$\hat{c}_i + lc_i + sc_i \neq 0$ 时，式（3.16°）变为：

$$\zeta - \sum_{\bar{i}=1}^{I}\left(\frac{\partial u_{\bar{i}}}{\partial S}\right) - \varepsilon - \frac{\partial f_i}{\partial sc_i} = 0 \tag{3.7A}$$

结合式（3.4A）、式（3.5A），当 $sc_i \neq 0$、$\hat{s}_i - sc_i + ls_i \neq 0$、$\hat{c}_i + lc_i + sc_i \neq 0$ 时，式（3.16c）变为：

$$pc - \frac{\partial u_i}{\partial S} - ps - \frac{\partial f_i}{\partial sc_i} - t + b_i = 0 \tag{3.8A}$$

结合式（3.1A）、式（3.2A）、式（3.3A）、式（3.4A）、式（3.7A）和式（3.8A），当 $sc_i \neq 0$、$\hat{s}_i - sc_i + ls_i \neq 0$、$\hat{c}_i + lc_i + sc_i \neq 0$ 时，则有：

$$t - b_i = \sum_{\bar{i} \neq i}^{I}\left(\frac{\partial u_{\bar{i}}}{\partial S}\right) \tag{3.9A}$$

同理可知，当 $ls_i \neq 0$、$\hat{s}_i - sc_i + ls_i \neq 0$、$\hat{c}_i + lc_i + sc_i \neq 0$ 时，也有式（3.9A）。

至此，证明得到，在本章假设成立的情况下，有：（1）表 3－1 中“最优均衡价格条件”列中的 5 个式子［式（3.16e）至式（3.20e）］就是所要求解的最优均衡价格条件，并且对于任何 $sc_i \neq 0$ 或 $ls_i \neq 0$、$\hat{s}_i - sc_i + ls_i \neq 0$、$\hat{c}_i + lc_i + sc_i \neq 0$，表 3－1 中这组最优均衡价格是使市场均衡结果实现耕地利用与保护的帕累托最优的充分必要条件。

证毕。

附录3B 引理3.2的证明

引理3.2：经营一单位耕地农用的价格，随着最终耕地保有总量的增加而减小，即$\frac{\partial ps}{\partial S}<0$；经营一单位建设用地的价格，随着最终建设用地总量的增加而减小，即$\frac{\partial pc}{\partial C}<0$。

证明：

首先，可以用反证法证明对于所有经济主体i，均有$\frac{\partial fs_i}{\partial S}>0$。假设至少存在某一经济主体，将该经济主体假设为1，其$\frac{\partial fs_1}{\partial S}\leqslant 0$。由于$\sum_{\bar{i}=1}^{I} fs_{\bar{i}} = S$，因此有：

$$\sum_{\bar{i}=1}^{I} \frac{\partial fs_{\bar{i}}}{\partial S} = \frac{\sum_{\bar{i}=1}^{I} \partial fs_{\bar{i}}}{\partial S} = 1 \tag{3.1B}$$

因为$\frac{\partial fs_1}{\partial S}\leqslant 0$，结合式（3.1B），则一定存在某一经济主体$\bar{i}\neq 1$，其$\frac{\partial fs_{\bar{i}}}{\partial S}>0$。根据式（3.27°）、$u''_1<0$和$\frac{\partial fs_1}{\partial S}\leqslant 0$，则有式（3.2B）；根据式（3.27°）、$u''_{\bar{i}}<0$和$\frac{\partial fs_{\bar{i}}}{\partial S}>0$，则有式（3.3B）；

$$\frac{\partial ps}{\partial S} = \frac{\partial u_1}{\partial fs_1 \partial fs_1} \cdot \frac{\partial fs_1}{\partial S} \leqslant 0 \tag{3.2B}$$

$$\frac{\partial ps}{\partial S} = \frac{\partial u_{\bar{i}}}{\partial fs_{\bar{i}} fs_{\bar{i}}} \cdot \frac{\partial fs_{\bar{i}}}{\partial S} > 0 \tag{3.3B}$$

式（3.2B）和式（3.3B）相互矛盾，因此，不可能存在某一经济主体1，其$\frac{\partial fs_1}{\partial S}\leqslant 0$，即，对于所有经济主体i，均有：

$$\frac{\partial fs_i}{\partial S} > 0 \tag{3.4B}$$

根据式（3.27°）、$u''_i<0$ 和式（3.4B），则有：

$$\frac{\partial \frac{\partial u_i}{\partial fs_i}}{\partial S}=\frac{\partial ps}{\partial S}=\frac{\partial u_i}{\partial fs_i \partial fs_i}\frac{\partial fs_i}{\partial S}<0 \tag{3.5B}$$

根据式（3.5B），则有经营一单位耕地农用的价格，随着最终耕地保有总量的增加而减小。采用同样的推导方法，可以得出：

$$\frac{\partial \frac{\partial u_i}{\partial fc_i}}{\partial C}=\frac{\partial pc}{\partial C}=\frac{\partial u_i}{\partial fc_i \partial fc_i}\frac{\partial c_i}{\partial C}<0 \tag{3.6B}$$

即，经营一单位建设用地的价格，随着最终建设用地总量的增加而减小。

证毕。

附录3C　额外公共外部性管理政策缺失情况下的配置结果与耕地利用与保护的帕累托最优状态的比较结论的证明

与耕地利用与保护的帕累托最优状态相比，在额外公共外部性管理政策缺失情况下，有：（1）所有经济主体的最终耕地保有总量将减少；（2）如果帕累托最优状态时的耕地边际社会收益大于额外公共外部性管理政策缺失情况下均衡时的耕地边际私人收益，则所有经济主体的最终建设用地总量将减少，每个经济主体将未利用地转为耕地的数量将不增加，所有经济主体将耕地转为建设用地的总量将增加；（3）如果帕累托最优状态时的耕地边际社会收益大于额外公共外部性管理政策缺失情况下均衡时的耕地边际私人收益，并且在帕累托最优状态时的耕地边际社会收益与建设用地边际收益的差额大于额外公共外部性管理政策缺失情况下均衡时耕地的边际私人收益与建设用地边际收益的差额，则每个经济主体将耕地转为建设用地的数量将增加，每个经济主体最终的耕地保有量将减少；（4）如果耕地给各经济主体带来的边际外部收益均相等，则帕累托最优状态下的耕地边际社会收益大于额外公共外部性管理政策缺失情况下均衡时的耕地边际私人收益，并且，帕累托最优状态下的耕地边际社会收益与建设用地边际收益的差额大于额外公共外部性管理政策缺失情况下均衡时的耕地边际私人收益与建设用地边际收益的差额，因此，每个经济主体的最终建设用地数量将减少，每个经济主体将未利用地转为耕地的数量将减少，每个经济主体将耕地转为建设用地的数量将增加，每个经济主体最终耕地保有量将减少。

证明：

用带上标“*”的变量表示耕地利用与保护的帕累托最优状态下的变量值，用带上标“~”的变量表示额外公共外部性管理政策缺失情况下耕地利用与保护的市场均衡变量值。

可以用反证法证明 $S^* > S^\sim$。

假设 $S^* > S^\sim$ 不成立，则只可能 $S^* \leqslant S^\sim$。

根据引理3.2、式（3.34*）、式（3.32*）和式（3.32~），有：

$$pc^\sim - \frac{\partial f_i^\sim}{\partial sc_i^\sim} = \frac{\partial u_i}{\partial S^\sim} + ps^\sim < \sum_{\bar{i}=1}^{I}\left(\frac{\partial u_{\bar{i}}}{\partial S^*}\right) + \frac{\partial u_i}{\partial fs_i^*} = \zeta^* - \frac{\partial f_i^*}{\partial sc_i^*} = \frac{\partial u_i}{\partial fc_i^*} - \frac{\partial f_i^*}{\partial sc_i^*} \tag{3.1C}$$

如果有 $C^* \geqslant C^\sim$，由于 $C = \sum_{i=1}^{I}(\hat{c}_i + sc_i)$，因此，一定有某一个经济主体，设定为经济主体 1，其 $sc_1^* \geqslant sc_1^\sim$。则有：

$$pc^\sim - \frac{\partial f_1^\sim}{\partial sc_1^\sim} = \frac{\partial u_1}{\partial S^\sim} + ps^\sim \geqslant \zeta^* - \frac{\partial f_1^*}{\partial sc_1^*} = \frac{\partial u_1}{\partial fc_1^*} - \frac{\partial f_1^*}{\partial sc_1^*} \quad (3.2C)$$

式（3.1C）与式（3.2C）相互矛盾，因此，一定有：

$$C^* < C^\sim \quad (3.3C)$$

σ_i 和 η_i 的关系只有 4 种：

$$\sigma_i = 0、\eta_i > 0 \quad (3.4C)$$

$$\sigma_i > 0、\eta_i > 0 \quad (3.5C)$$

$$\sigma_i = 0、\eta_i = 0 \quad (3.6C)$$

$$\sigma_i > 0、\eta_i = 0 \quad (3.7C)$$

如果式（3.4C）成立，根据式（3.33*）和式（3.33~），则：

$$\frac{\partial f_i}{\partial ls_i^*} = \sum_{\bar{i}=1}^{I}\left(\frac{\partial u_{\bar{i}}}{\partial S^*}\right) + \varepsilon^* = \sum_{\bar{i}=1}^{I}\left(\frac{\partial u_{\bar{i}}}{\partial S^*}\right) + \frac{\partial u_i}{\partial fs_i^*} > \frac{\partial u_i}{\partial S^\sim} + ps^\sim = \frac{\partial f_i}{\partial ls_i^\sim} + \eta_i > \frac{\partial f_i}{\partial ls_i^\sim} \quad (3.8C)$$

因此，有：

$$ls_i^* > ls_i^\sim \quad (3.9C)$$

因为式（3.4C）成立，根据式（3.36*）和式（3.36~），有：

$$ls_i^\sim = \hat{l}_i \geqslant ls_i^* \quad (3.10C)$$

式（3.9C）和式（3.10C）矛盾，可见式（3.4B）不可能成立。

如果式（3.5C）成立，根据式（3.36*）和式（3.36~），有：

$$ls_i^\sim = \hat{l}_i = ls_i^* \quad (3.11C)$$

如果式（3.6C）成立，根据式（3.33*）和式（3.33~），则：

$$\frac{\partial f_i}{\partial ls_i^*} = \sum_{\bar{i}=1}^{I}\left(\frac{\partial u_{\bar{i}}}{\partial S^*}\right) + \varepsilon^* = \sum_{\bar{i}=1}^{I}\left(\frac{\partial u_{\bar{i}}}{\partial S^*}\right) + \frac{\partial u_i}{\partial fs_i^*} > \frac{\partial u_i}{\partial S^\sim} + ps^\sim = \frac{\partial f_i}{\partial ls_i^\sim} \quad (3.12C)$$

因此，有：

$$ls_i^* > ls_i^{\sim} \tag{3.13C}$$

如果式（3.7C）成立，根据式（3.36*）和式（3.36~），有：

$$ls_i^* = \hat{l}_i \geqslant ls_i^{\sim} \tag{3.14C}$$

综上，式（3.4C）不可能成立，而式（3.5C）、式（3.6C）、式（3.7C）中任何一个成立时，均有：

$$ls_i^* \geqslant ls_i^{\sim} \tag{3.15C}$$

结合式（3.3C）和式（3.15C），则有：

$$S^* = \sum_{i=1}^{I}(\hat{s}_i - sc_i^* + ls_i^*) = \sum_{i=1}^{I}(\hat{s}_i + \hat{c}_i) - C^* + \sum_{i=1}^{I} ls_i^* > \sum_{i=1}^{I}(\hat{s}_i + \hat{c}_i) - C^{\sim} + \sum_{i=1}^{I} ls_i^{\sim} = \sum_{i=1}^{I}(\hat{s}_i - sc_i^{\sim} + ls_i^{\sim}) = S^{\sim} \tag{3.16C}$$

式（3.16C）与假设 $S^* \leqslant S^{\sim}$ 矛盾，因此：

$$S^* > S^{\sim} \tag{3.17C}$$

即，与耕地利用与保护的帕累托最优状态相比，在额外公共外部性管理政策缺失情况下，所有经济主体的最终耕地保有总量将减少。

如果帕累托最优状态时耕地的边际社会收益大于额外公共外部性管理政策缺失情况下均衡时耕地的边际私人收益，即有：

$$\sum_{\bar{i}=1}^{I}\left(\frac{\partial u_{\bar{i}}}{\partial S^*}\right) + \frac{\partial u_i}{\partial fs_i^*} > \frac{\partial u_i}{\partial S^{\sim}} + \frac{\partial u_i}{\partial fs_i^{\sim}} \tag{3.18C}$$

首先，可以用反证法进一步证明 $C^* < C^{\sim}$，即，与耕地利用与保护的帕累托最优状态相比，在额外公共外部性管理政策缺失情况下，所有经济主体的最终建设用地总量将减少。假设 $C^* \geqslant C^{\sim}$，则一定有经济主体，假设为经济主体1，其 $sc_1^* \geqslant sc_1^{\sim}$，根据式（3.32*）、式（3.34*）、式（3.32~）、式（3.34~），则有：

$$\sum_{\bar{i}=1}^{I}\left(\frac{\partial u_{\bar{i}}}{\partial S^*}\right) + \frac{\partial u_1}{\partial fs_1^*} = \frac{\partial u_1}{\partial fc_1^*} - \frac{\partial f_1}{\partial sc_1^*} \leqslant \frac{\partial u_1}{\partial fc_1^{\sim}} - \frac{\partial f_1}{\partial sc_1^{\sim}} = \frac{\partial u_1}{\partial S^{\sim}} + \frac{\partial u_1}{\partial fs_1^{\sim}} \tag{3.19C}$$

式（3.18C）和式（3.19C）相互矛盾，因此一定有：

$$C^{*} < C^{\sim} \tag{3.20C}$$

其次，可以用反证法进一步证明 $ls_i^{*} \geq ls_i^{\sim}$，即，与耕地利用与保护的帕累托最优状态相比，在额外公共外部性管理政策缺失情况下，每个经济主体将未利用地转为耕地的数量将不增加。假设 $ls_i^{*} < ls_i^{\sim}$，则根据式（3.36*）、式（3.36~），有 $\sigma_i^{*} = 0$，因此有：

$$\sigma_i^{*} \leq \eta_i^{\sim} \tag{3.21C}$$

根据 $ls_i^{*} < ls_i^{\sim}$、式（3.33*）、式（3.33~）、式（3.34*）、式（3.34~）和式（3.21C），有：

$$\sum_{\bar{i}=1}^{I}\left(\frac{\partial u_{\bar{i}}}{\partial S^{*}}\right) + \frac{\partial u_i}{\partial fs_i^{*}} = \sigma_i^{*} + \frac{\partial f_i}{\partial ls_i^{*}} < \eta_i^{\sim} + \frac{\partial f_i}{\partial ls_i^{\sim}} = \frac{\partial u_i}{\partial S^{\sim}} + \frac{\partial u_i}{\partial fs_i^{\sim}} \tag{3.22C}$$

式（3.18C）和式（3.22C）相互矛盾，因此一定有：

$$ls_i^{*} \geq ls_i^{\sim} \tag{3.23C}$$

根据式（3.20C），则有：

$$\sum_{\bar{i}=1}^{I}(sc_{\bar{i}}^{*}) = C^{*} - \sum_{\bar{i}=1}^{I}(\hat{c}_{\bar{i}}) < C^{\sim} - \sum_{\bar{i}=1}^{I}(\hat{c}_{\bar{i}}) = \sum_{\bar{i}=1}^{I}(sc_{\bar{i}}^{\sim}) \tag{3.24C}$$

即，与耕地利用与保护的帕累托最优状态相比，在额外公共外部性管理政策缺失情况下，所有经济主体将耕地转为建设用地的总量将增加。

如果帕累托最优状态时耕地的边际社会收益大于额外公共外部性管理政策缺失情况下均衡时耕地的边际私人收益，帕累托最优状态时耕地的边际社会收益与建设用地边际收益的差额大于额外公共外部性管理政策缺失情况下均衡时耕地的边际私人收益与建设用地边际收益的差额，则有：

$$\sum_{\bar{i}=1}^{I}\left(\frac{\partial u_{\bar{i}}}{\partial S^{*}}\right) + \frac{\partial u_i}{\partial fs_i^{*}} - \frac{\partial u_i}{\partial fc_i^{*}} > \frac{\partial u_i}{\partial S^{\sim}} + \frac{\partial u_i}{\partial fs_i^{\sim}} - \frac{\partial u_i}{\partial fc_i^{\sim}} \tag{3.25C}$$

结合式（3.25C）、式（3.32*）和式（3.32~），则有：

$$\frac{\partial f_i}{\partial sc_i^{*}} = \frac{\partial u_i}{\partial fc_i^{*}} - \sum_{\bar{i}=1}^{I}\left(\frac{\partial u_{\bar{i}}}{\partial S^{*}}\right) - \frac{\partial u_i}{\partial fs_i^{*}} < \frac{\partial u_i}{\partial fc_i^{\sim}} - \frac{\partial u_i}{\partial S^{\sim}} - \frac{\partial u_i}{\partial fs_i^{\sim}} = \frac{\partial f_i}{\partial sc_i^{\sim}} \tag{3.26C}$$

从而有：

$$sc_i^* < sc_i^{\sim} \tag{3.27C}$$

根据式（3.27C），则有：

$$c_i^* = \hat{c}_i - sc_i^* < \hat{c}_i - sc_i^{\sim} = c_i^{\sim} \tag{3.28C}$$

根据式（3.23C）、式（3.28C），则有：

$$s_i^* = \hat{s}_i + ls_i^* - sc_i^* > \hat{s}_i + ls_i^{\sim} - sc_i^{\sim} = s_i^{\sim} \tag{3.29C}$$

根据式（3.23C）、式（3.27C）、式（3.28C）、式（3.29C）可得，每个经济主体的最终建设用地数量将减少，每个经济主体将未利用地转为耕地的数量将减少，每个经济主体将耕地转为建设用地的数量将增加，每个经济主体最终耕地保有量将减少。

耕地给各经济主体带来的边际外部收益均相等，则对于 $i \neq \bar{i}$，有：

$$\frac{\partial u_{\bar{i}}}{\partial S} = \frac{\partial u_i}{\partial S} \tag{3.30C}$$

根据式（3.30C）有：

$$\sum_{\bar{i}=1}^{I}\left(\frac{\partial u_{\bar{i}}}{\partial S^*}\right) = I \cdot \frac{\partial u_{\bar{i}}}{\partial S^*} \tag{3.31C}$$

可以用反证法证明，在这种情景下，帕累托最优状态时耕地的边际社会收益大于额外公共外部性管理政策缺失情况下均衡时耕地的边际私人收益，即式（3.18C）成立。假设式（3.18C）不成立，则有：

$$\frac{\partial u_i}{\partial S^{\sim}} + \frac{\partial u_i}{\partial fs_i^{\sim}} \geqslant I \cdot \frac{\partial u_i}{\partial S^*} + \frac{\partial u_i}{\partial fs_i^*} \tag{3.32C}$$

由于式（3.31C）成立，因此，只要有一个经济主体的式（3.32C）成立，则所有经济主体的式（3.32C）都成立。此时如果 $ls_i^* > ls_i^{\sim}$，则根据式（3.36*）、式（3.36~），有 $\eta_i^{\sim} = 0$，因此有：

$$\sigma_i^* \geqslant \eta_i^{\sim} = 0 \tag{3.33C}$$

根据 $ls_i^* > ls_i^{\sim}$、式（3.33*）、式（3.33~）、式（3.34*）、式（3.34~）和式（3.33C），有：

$$\frac{\partial f_i}{\partial ls_i^{\sim}} = \frac{\partial u_i}{\partial S^{\sim}} + \frac{\partial u_i}{\partial fs_i^{\sim}} \geqslant I \cdot \frac{\partial u_i}{\partial S^*} + \frac{\partial u_i}{\partial fs_i^*} \geqslant \frac{\partial f_i}{\partial ls_i^*} \tag{3.34C}$$

从而有 $ls_i^{\sim} \geqslant ls_i^{*}$。$ls_i^{\sim} \geqslant ls_i^{*}$ 和 $ls_i^{*} > ls_i^{\sim}$ 相互矛盾，因此，当式（3.32C）成立时，一定有：

$$ls_i^{*} \leqslant ls_i^{\sim} \tag{3.35C}$$

将式（3.35C）结合 $S^{*} \geqslant S^{\sim}$，得出：

$$C^{*} \leqslant C^{\sim} \tag{3.36C}$$

根据式（3.36C）、式（3.32C）、式（3.32^{*}）、式（$3.32^{\sim}$）、式（3.33^{*}）、式（$3.33^{\sim}$）、式（3.34^{*}）、式（$3.34^{\sim}$），则有：

$$\frac{\partial f_i}{\partial sc_i^{*}} = \frac{\partial u_i}{\partial fc_i^{*}} - \sum_{\bar{i}=1}^{I}\left(\frac{\partial u_{\bar{i}}}{\partial S^{*}}\right) - \frac{\partial u_i}{\partial fs_i^{*}} > \frac{\partial u_i}{\partial fc_i^{\sim}} - \frac{\partial u_i}{\partial S^{\sim}} - \frac{\partial u_i}{\partial fs_i^{\sim}} = \frac{\partial f_i}{\partial sc_i^{\sim}} \tag{3.37C}$$

从而有：

$$sc_i^{*} > sc_i^{\sim} \tag{3.38C}$$

根据式（3.38C），则有：

$$C^{*} = \sum_{i=1}^{I}(\hat{c}_i + sc_i^{*}) > \sum_{i=1}^{I}(\hat{c}_i + sc_i^{\sim}) = C^{\sim} \tag{3.39C}$$

式（3.36C）和式（3.39C）矛盾，由此可见，耕地给各经济主体带来的边际外部收益均相等时，一定有：帕累托最优状态时耕地的边际社会收益大于额外公共外部性管理政策缺失情况下均衡时耕地的边际私人收益。即：

$$I \cdot \frac{\partial u_i}{\partial S^{*}} + \frac{\partial u_i}{\partial fs_i^{*}} > \frac{\partial u_i}{\partial S^{\sim}} + \frac{\partial u_i}{\partial fs_i^{\sim}} \tag{3.40C}$$

重复与式（3.19B）至式（3.24B）相类似的推导，则可论证得到：

$$ls_i^{*} \geqslant ls_i^{\sim} \tag{3.41C}$$

$$C^{*} < C^{\sim} \tag{3.42C}$$

$$\sum_{\bar{i}=1}^{I}(sc_{\bar{i}}^{*}) < \sum_{\bar{i}=1}^{I}(sc_{\bar{i}}^{\sim}) \tag{3.43C}$$

假设存在至少一个经济主体，设定为经济主体 1，有：

$$sc_1^{*} \geqslant sc_1^{\sim} \tag{3.44C}$$

结合式（3.32^{*}）、式（$3.32^{\sim}$）和式（3.44C），有：

$$\frac{\partial f_i}{\partial sc_1^*} = \zeta - \sum_{\bar{i}=1}^{I}\left(\frac{\partial u_{\bar{i}}}{\partial S^*}\right) - \varepsilon \geqslant pc^{\sim} - \frac{\partial u_1}{\partial S^{\sim}} - ps^{\sim} = \frac{\partial f_1}{\partial sc_1^{\sim}} \quad (3.45C)$$

结合式（3.45C）、式（3.30C），则对于 $i = 1, 2, \cdots, I$，有：

$$\frac{\partial f_i}{\partial sc_i^*} = \zeta - \sum_{\bar{i}=1}^{I}\left(\frac{\partial u_{\bar{i}}}{\partial S^*}\right) - \varepsilon \geqslant pc^{\sim} - \frac{\partial u_1}{\partial S^{\sim}} - ps^{\sim} = pc^{\sim} - \frac{\partial u_i}{\partial S^{\sim}} - ps^{\sim} = \frac{\partial f_i}{\partial sc_i^{\sim}} \quad (3.46C)$$

根据（3.46C），则有：

$$sc_i^* \geqslant sc_i^{\sim} \quad (3.47C)$$

从而有：

$$\sum_{\bar{i}=1}^{I}(sc_{\bar{i}}^*) \geqslant \sum_{\bar{i}=1}^{I}(sc_{\bar{i}}^{\sim}) \quad (3.48C)$$

式（3.48C）和式（3.43C）相互矛盾，因此，一定有：

$$sc_i^* < sc_i^{\sim} \quad (3.49C)$$

根据式（3.49C），则有：

$$c_i^* = \hat{c}_i - sc_i^* < \hat{c}_i - sc_i^{\sim} = c_i^{\sim} \quad (3.50C)$$

根据式（3.49C）、式（3.41C），则有：

$$s_i^* = \hat{s}_i + ls_i^* - sc_i^* > \hat{s}_i + ls_i^{\sim} - sc_i^{\sim} = s_i^{\sim} \quad (3.51C)$$

根据式（3.41C）、式（3.49C）、式（3.50C）、式（3.51C），从而得到：如果耕地给各经济主体带来的边际外部收益均相等，则各每个经济主体的最终建设用地总量将减少，每个经济主体将未利用地转为耕地的数量将减少，每个经济主体将耕地转为建设用地的总量将增加，每个经济主体最终耕地保有量将增加。

证毕。

附录3D 结论3.4的证明

结论3.4：（1）在总量控制但无市场交易的情况下，所有经济主体的最终耕地保有量等于其目标保有量；（2）如果实施相对更为严厉的数量控制，均衡时耕地的边际社会收益大于实施相对更为宽松的数量控制均衡时的耕地的边际私人收益，并且，实施相对更为严厉的数量控制均衡时的耕地的边际社会收益与建设用地边际收益的差额大于实施相对更为宽松的数量控制束均衡时的耕地边际私人收益与建设用地边际收益的差额；（3）如果耕地给各经济主体带来的边际外部收益均相等，则所有经济主体的总收益与任意一个经济主体的最终耕地目标保有量成正比。

证明：

用带上标“**”的变量表示所有经济主体的最终耕地保有量等于目标保有量的变量值，用带上标“c**”的变量表示总量控制但无市场交易情况下均衡时的变量值。可以用反证法证明总量控制但无市场交易情况下，所有经济主体的最终耕地保有量等于其目标保有量。假设存在经济主体 $i=1,\cdots,\bar{I}$（$\bar{I}\leqslant I$）的最终耕地保有量不等于其目标保有量，其他经济主体的最终耕地保有量等于其目标保有量，即经济主体 $i=1,\cdots,\bar{I}$，则有：

$$s_i^{c**} > s_i^{**} \tag{3.1D}$$

经济主体 $\bar{i}=\bar{I}+1,\cdots,I$ 有：

$$s_{\bar{i}}^{c**} = s_{\bar{i}}^{**} \tag{3.2D}$$

此时，所有经济主体的最终耕地保有总量 S 满足：

$$S^{c**} = \sum_{i=1}^{I} s_i^{c**} > \sum_{i=1}^{I} s_i^{**} = S^{**} \tag{3.3D}$$

对于经济主体 $i=1,\cdots,\bar{I}$，要么 $ls_i^{**}=\hat{l}_i$，要么 $ls_i^{**}<\hat{l}_i$。如果 $ls_i^{**}<\hat{l}_i$，$\eta_i^{**}=0$，根据式（3.40**）和式（3.41**），则有：

$$\frac{\partial f_i}{\partial ls_i^{**}} \geqslant \frac{\partial u_i}{\partial S^{**}} + ps^{**} = \frac{\partial u_i}{\partial S^{**}} + \frac{\partial u_i}{\partial fs_i^{**}} \tag{3.4D}$$

对于经济主体 $i=1,\cdots,\bar{I}$，由于 $s_i^{c**} > s_i^{**}$，因此

$$\upsilon_i^{c**} = 0 \tag{3.5D}$$

根据式（3.40°）、式（3.41°）、式（3.3D），对于经济主体 $i=1,\cdots,\bar{I}$，则有：

$$\frac{\partial f_i}{\partial ls_i^{**}} \geqslant \frac{\partial u_i}{\partial S^{**}} + ps^{**} \geqslant \frac{\partial u_i}{\partial S^{c**}} + ps^{c**} \geqslant \frac{\partial f_i}{\partial ls_i^{c**}} \tag{3.6D}$$

根据（3.6D），对于经济主体 $i=1,\cdots,\bar{I}$，则有：

$$ls_i^{**} \geqslant ls_i^{c**} \tag{3.7D}$$

根据式（3.1D）、式（3.7D），则对于经济主体 $i=1,\cdots,\bar{I}$，有：

$$sc_i^{**} > sc_i^{c**} \tag{3.8D}$$

根据式（3.39**）、式（3.39°）、式（3.3D）、式（3.5D）、式（3.8D），对于经济主体 $i=1,\cdots,\bar{I}$，则有：

$$pc^{c**} = \frac{\partial u_i}{\partial S^{c**}} + ps^{c**} + \frac{\partial f_i}{\partial sc_i^{c**}} < \frac{\partial u_i}{\partial S^{**}} + ps^{**} + \frac{\partial f_i}{\partial sc_i^{**}} \leqslant pc^{**} \tag{3.9D}$$

根据（3.9D），对于经济主体 $i=1,\cdots,\bar{I}$，则有：

$$C^{c**} > C^{**} \tag{3.10D}$$

对于经济主体 $i=1,\cdots,\bar{I}$，如果 $ls_i^{**} = \hat{l}_i$，则一定有：

$$ls_i^{**} = \hat{l}_i \geqslant ls_i^{c**} \tag{3.11D}$$

根据式（3.1D）、式（3.11D），对于经济主体 $i=1,\cdots,\bar{I}$，则有：

$$sc_i^{**} > sc_i^{c**} \tag{3.12D}$$

根据式（3.39**）、式（3.39°）、式（3.3D）、式（3.5D）、式（3.12D），对于经济主体 $i=1,\cdots,\bar{I}$，则有：

$$pc^{c**} = \frac{\partial u_i}{\partial S^{c**}} + ps^{c**} + \frac{\partial f_i}{\partial sc_i^{c**}} < \frac{\partial u_i}{\partial S^{**}} + ps^{**} + \frac{\partial f_i}{\partial sc_i^{**}} \leqslant pc^{**} \tag{3.13D}$$

根据式（3.13D），对于经济主体 $i=1,\cdots,\bar{I}$，则有：

$$C^{c**} > C^{**} \quad (3.14D)$$

综上所述，对于经济主体 $i=1,\cdots,\bar{I}$，由于 $s_i^{c**} > s_i^{**}$，一定有式（3.15D）、式（3.16D）、式（3.17D）成立。

$$ls_i^{**} \geqslant ls_i^{c**} \quad (3.15D)$$

$$sc_i^{**} > sc_i^{c**} \quad (3.16D)$$

$$C^{c**} > C^{**} \quad (3.17D)$$

根据式（3.1D）、式（3.2D）、式（3.3D）、式（3.15D）、式（3.16D）、式（3.17D），则有：

$$\sum_{\bar{i}=\bar{I}+1}^{I} sc_{\bar{i}}^{c**} = C^{c**} - \sum_{i=1}^{\bar{I}} sc_i^{c**} > C^{**} - \sum_{i=1}^{\bar{I}} sc_i^{**} = \sum_{\bar{i}=\bar{I}+1}^{I} sc_{\bar{i}}^{**} \quad (3.18D)$$

因此，在经济主体 $\bar{i}=\bar{I}+1,\cdots,I$ 中至少存在一个经济主体，设定经济主体 $\bar{I}+1$，有：

$$sc_{\bar{I}+1}^{c**} > sc_{\bar{I}+1}^{**} \quad (3.19D)$$

根据式（3.2D）、式（3.19D），则有：

$$ls_{\bar{I}+1}^{c**} = s_{\bar{I}+1}^{c**} - \hat{s}_{\bar{I}+1} + sc_{\bar{I}+1}^{c**} > s_{\bar{I}+1}^{**} - \hat{s}_{\bar{I}+1} + sc_{\bar{I}+1}^{**} = ls_{\bar{I}+1}^{**} \quad (3.20D)$$

根据（3.20D），则有：

$$\frac{\partial f_{\bar{I}+1}}{\partial ls_{\bar{I}+1}^{c**}} > \frac{\partial f_{\bar{I}+1}}{\partial ls_{\bar{I}+1}^{**}} \quad (3.21D)$$

根据（3.20D），又有：

$$\eta_{\bar{I}+1}^{**} = 0 \quad (3.22D)$$

根据式（3.39^{**}）、式（3.40^{**}）、式（3.39^{o}）、式（3.40^{o}）、式（3.17D）、式（3.19D），则有：

$$\frac{\partial f_{\bar{I}+1}}{\partial ls_{\bar{I}+1}^{c**}} \leqslant pc^{c**} - \frac{\partial f_{\bar{I}+1}}{\partial sc_{\bar{I}+1}^{c**}} \leqslant pc^{**} - \frac{\partial f_{\bar{I}+1}}{\partial sc_{\bar{I}+1}^{**}} = \frac{\partial f_{\bar{I}+1}}{\partial ls_{\bar{I}+1}^{**}} \quad (3.23D)$$

式（3.21D）与式（3.23D）相互矛盾，因此，不存在经济主体 $i=1,\cdots,$

$\bar{I}$（$\bar{I} \leqslant I$）的最终耕地保有量不等于其目标保有量，即，在总量控制但无市场交易情况下的，所有经济主体的最终耕地保有量等于其目标保有量。

$L_{3.4.i}$描述了在总量控制但无市场交易机制下，经济主体 i 的总收益。根据表 3－4 的"市场均衡条件方程组"列中的式（3.43°）和式（3.44°），则均衡时，$L_{3.4.i}$可以简化为：

$$L_{3.4.i} = u_i(\bullet) - f_i(\bullet) + ps \cdot (\hat{s}_i - sc_i + ls_i - fs_i) + pc \cdot (\hat{c}_i + sc_i - fc_i) \tag{3.24D}$$

将所有经济主体的（3.24D）加总，则得到在总量控制但无市场交易机制下，均衡时，所有经济主体的总收益：

$$W = \sum_{\bar{i}=1}^{I} [u_{\bar{i}}(\bullet) - f_{\bar{i}}(\bullet)] + ps \cdot \sum_{\bar{i}=1}^{I} (\hat{s}_i - sc_i + ls_i - fs_i) + pc \cdot \sum_{\bar{i}=1}^{I} (\hat{c}_i + sc_i - fc_i) \tag{3.25D}$$

又由于 $\sum_{\bar{i}=1}^{I} (\hat{s}_i - sc_i + ls_i - fs_i) = 0$、$\sum_{\bar{i}=1}^{I} (\hat{c}_i + sc_i - fc_i) = 0$，因此，式（3.25D）可以简化为：

$$W = \sum_{\bar{i}=1}^{I} [u_{\bar{i}}(\bullet) - f_{\bar{i}}(\bullet)] \tag{3.26D}$$

由式（3.26D）得到：

$$\frac{\partial W}{\partial s_i^{**}} = \sum_{\bar{i}=1}^{I} \frac{\partial u_{\bar{i}}}{\partial S^{c**}} + ps^{c**} \cdot \sum_{\bar{i}=1}^{I} \frac{\partial fs_{\bar{i}}^{c**}}{\partial s_i^{**}} + pc^{c**} \cdot \sum_{\bar{i}=1}^{I} \frac{\partial fc_{\bar{i}}^{c**}}{\partial s_i^{**}} - \sum_{\bar{i}=1}^{I} \left(\frac{\partial f_{\bar{i}}}{\partial ls_{\bar{i}}^{c**}} \cdot \frac{\partial ls_{\bar{i}}^{c**}}{\partial s_i^{**}} \right) - \sum_{\bar{i}=1}^{I} \left(\frac{\partial f_{\bar{i}}}{\partial sc_{\bar{i}}^{c**}} \cdot \frac{\partial sc_{\bar{i}}^{c**}}{\partial s_i^{**}} \right) \tag{3.27D}$$

由于在总量控制但无市场交易情况下，所有经济主体的最终耕地保有量等于其目标保有量。因此，对于 $\bar{i} \neq i$，有：

$$\frac{\partial ls_{\bar{i}}^{c**}}{\partial s_i^{**}} - \frac{\partial sc_{\bar{i}}^{c**}}{\partial s_i^{**}} = \frac{\partial s_{\bar{i}}^{c**}}{\partial s_i^{**}} = \frac{\partial s_{\bar{i}}^{**}}{\partial s_i^{**}} = 0 \tag{3.28D}$$

对于经济主体 i，有：

$$\frac{\partial ls_i^{c**}}{\partial s_i^{**}} - \frac{\partial sc_i^{c**}}{\partial s_i^{**}} = \frac{\partial s_i^{c**}}{\partial s_i^{**}} = \frac{\partial s_i^{**}}{\partial s_i^{**}} = 1 \qquad (3.29D)$$

根据式（3.39°）和式（3.40°），有：

$$pc - \frac{\partial f_i}{\partial sc_i} - \frac{\partial f_i}{\partial ls_i} - \eta_i = 0. \qquad (3.30D)$$

根据式（3.28D）和式（3.30D），有：

$$\frac{\partial f_{\bar{i}}}{\partial ls_{\bar{i}}^{c**}} \cdot \frac{\partial ls_{\bar{i}}^{c**}}{\partial s_i^{**}} + \frac{\partial f_{\bar{i}}}{\partial sc_{\bar{i}}^{c**}} \cdot \frac{\partial sc_{\bar{i}}^{c**}}{\partial s_i^{**}} = \left(\frac{\partial f_{\bar{i}}}{\partial ls_{\bar{i}}^{c**}} + \frac{\partial f_{\bar{i}}}{\partial sc_{\bar{i}}^{c**}}\right) \cdot \frac{\partial sc_{\bar{i}}^{c**}}{\partial s_i^{**}}$$

$$= (pc^{**} - \eta_{\bar{i}}^{c**}) \cdot \frac{\partial sc_{\bar{i}}^{c**}}{\partial s_i^{**}} \qquad (3.31D)$$

根据式（3.29D）和式（3.30D），有：

$$\frac{\partial f_i}{\partial ls_i^{c**}} \cdot \frac{\partial ls_i^{c**}}{\partial s_i^{**}} + \frac{\partial f_i}{\partial sc_i^{c**}} \cdot \frac{\partial sc_i^{c**}}{\partial s_i^{**}} = \left(\frac{\partial f_i}{\partial ls_i^{c**}} + \frac{\partial f_i}{\partial sc_i^{c**}}\right) \cdot \frac{\partial sc_i^{c**}}{\partial s_i^{**}} - \frac{\partial f_i}{\partial ls_i^{c**}}$$

$$= (pc^{**} - \eta_i^{c**}) \cdot \frac{\partial sc_i^{c**}}{\partial s_i^{**}} - \frac{\partial f_i}{\partial ls_i^{c**}} \qquad (3.32D)$$

根据式（3.31D）和式（3.32D），有：

$$pc^{c**} \cdot \sum_{\bar{i}=1}^{I} \frac{\partial fc_{\bar{i}}^{c**}}{\partial s_i^{**}} - \sum_{\bar{i}=1}^{I} \left(\frac{\partial f_{\bar{i}}}{\partial ls_{\bar{i}}^{c**}} \cdot \frac{\partial ls_{\bar{i}}^{c**}}{\partial s_i^{**}}\right) - \sum_{\bar{i}=1}^{I} \left(\frac{\partial f_{\bar{i}}}{\partial sc_{\bar{i}}^{c**}} \cdot \frac{\partial sc_{\bar{i}}^{c**}}{\partial s_i^{**}}\right)$$

$$= pc^{c**} \cdot \sum_{\bar{i}=1}^{I} \left(\frac{\partial fc_{\bar{i}}^{c**}}{\partial s_i^{**}} - \frac{\partial sc_{\bar{i}}^{c**}}{\partial s_i^{**}}\right) + \sum_{\bar{i}=1}^{I} \left(\eta_{\bar{i}}^{c**} \cdot \frac{\partial sc_i^{c**}}{\partial s_i^{**}}\right) + \frac{\partial f_i}{\partial ls_i^{c**}}$$

$$= pc^{c**} \cdot \sum_{\bar{i}=1}^{I} \left(\frac{\partial fc_{\bar{i}}^{c**}}{\partial s_i^{**}} - \frac{\partial sc_{\bar{i}}^{c**}}{\partial s_i^{**}}\right) + \sum_{\bar{i}=1}^{I} \left(\eta_{\bar{i}}^{c**} \cdot \frac{\partial ls_i^{c**}}{\partial s_i^{**}}\right) - \eta_i^{c**} - \frac{\partial f_i}{\partial ls_i^{c**}} \qquad (3.33D)$$

此外，可以得到：

$$\sum_{\bar{i}=1}^{I} \left(\frac{\partial fc_{\bar{i}}^{c**}}{\partial s_i^{**}} - \frac{\partial sc_{\bar{i}}^{c**}}{\partial s_i^{**}}\right) = \frac{\partial \sum_{\bar{i}=1}^{I} (fc_{\bar{i}}^{c**} - sc_{\bar{i}}^{c**})}{\partial s_i^{**}} = \frac{\partial \sum_{\bar{i}=1}^{I} (\hat{c}_{\bar{i}})}{\partial s_i^{**}} = 0 \qquad (3.34D)$$

根据式（3.41°），有：

$$\left.\begin{cases}\hat{l}_i \neq ls_i \text{ 时}, \eta_i = 0, \eta_i \cdot \dfrac{\partial ls_i}{\partial s_i^{**}} = 0, \\ \hat{l}_i = ls_i \text{ 时}, \eta_i \geqslant 0, \eta_i \cdot \dfrac{\partial ls_i}{\partial s_i^{**}} = \eta_i \cdot \dfrac{\partial \hat{l}_i}{\partial s_i^{**}} = 0\end{cases}\right\} \Rightarrow \eta_i \cdot \frac{\partial ls_i}{\partial s_i^{**}} = 0 \quad (3.35D)$$

此外，可以得到：

$$\sum_{\bar{i}=1}^{I} \frac{\partial fs_{\bar{i}}^{c**}}{\partial s_i^{**}} = \frac{\partial \sum_{\bar{i}=1}^{I} fs_{\bar{i}}^{c**}}{\partial s_i^{**}} = \frac{\partial S^{c**}}{\partial s_i^{**}} = 1 \quad (3.36D)$$

将式（3.33D）、式（3.34D）、式（3.35D）代入式（3.27D），则有：

$$\frac{\partial W}{\partial s_i^{**}} = \sum_{\bar{i}=1}^{I} \frac{\partial u_{\bar{i}}}{\partial S^{c**}} + ps^{c**} - \eta_i^{c**} - \frac{\partial f_i}{\partial ls_i^{c**}} = \sum_{\bar{i}=1}^{I} \frac{\partial u_{\bar{i}}}{\partial S^{c**}} + ps^{c**} - pc^{c**} + \frac{\partial f_i}{\partial sc_i^{c**}} \quad (3.37D)$$

当 $s_i^{**} = s_i^{c**} = s_i^{*}$ 时，即将各经济主体的目标耕地保有量设定在帕累托最优状态下的耕地保有量时，根据表 3 - 2 的“帕累托最优实现条件方程组”列，则有：

$$\sum_{\bar{i}=1}^{I} \frac{\partial u_{\bar{i}}}{\partial S^{c**}} + ps^{c**} - pc^{c**} + \frac{\partial f_i}{\partial sc_i^{c**}} = \sum_{\bar{i}=1}^{I} \frac{\partial u_{\bar{i}}}{\partial S^{*}} + \frac{\partial u_i}{\partial fs_i^{*}} - \frac{\partial u_i}{\partial fc_i^{*}} + \frac{\partial f_i}{\partial sc_i^{*}} = 0 \quad (3.38D)$$

总量控制但无市场交易机制和庇古税与庇古补贴机制可以一一对应，即，任何一个总量控制但无市场交易的机制都可以用一个相应的庇古税与庇古补贴机制予以实现，反之亦然。因此，根据结论 3.3，在 $s_i^{\sim} \leqslant s_i^{**} < s_i^{*}$ 内，有：

$$\frac{\partial W}{\partial s_i^{**}} = \sum_{\bar{i}=1}^{I} \frac{\partial u_{\bar{i}}}{\partial S^{c**}} + ps^{c**} - pc^{c**} + \frac{\partial f_i}{\partial sc_i^{c**}} > 0 \quad (3.39D)$$

即所有经济主体的总收益与任意一个经济主体的最终耕地目标保有量成正比。

证毕。

附录3E 结论3.5的证明

结论3.5：在总量控制下的市场交易机制中，所有经济主体的最终耕地保有总量等于所有经济主体的最终耕地目标保有总量；在相同的总量控制下，与无市场交易机制均衡时相比，有市场交易机制均衡时，各经济主体的收益总是不减少。

证明：

假设所有经济主体的最终耕地保有总量不等于所有经济主体的最终耕地目标保有总量。根据式（3.45），则有：

$$\sum_{\bar{i}=1}^{I} (\hat{s}_{\bar{i}} - sc_{\bar{i}} + ls_{\bar{i}}) > \sum_{\bar{i}=1}^{I} s_{\bar{i}}^{**} \tag{3.1E}$$

结合式（3.1E）和表3-5中的式（3.51°），有：

$$\upsilon = 0 \tag{3.2E}$$

将式（3.2E）代入表3-5，总量控制下的市场交易机制下的耕地利用与保护的市场均衡条件和政策缺失情况下的市场均衡条件变得一模一样，二者拥有相同的解。即

$$s_i = s_i^{\sim} \tag{3.3E}$$

根据式（3.3E），则有：

$$S = S^{\sim} \tag{3.4E}$$

式（3.3E）与总量控制 $S^{**} \leqslant S$，$S^{\sim} < S^{**} \leqslant S^{*}$ 相互矛盾，因此，必然有所有经济主体的最终耕地保有总量等于所有经济主体的最终耕地目标保有总量，即：

$$S = S^{**} \tag{3.5E}$$

综上，则有：所有经济主体的最终耕地保有总量等于所有经济主体的最终耕地目标保有总量。

式（3.37）描述的是在总量控制但无市场交易机制下，经济主体i追求自身福利最大化下的耕地利用与保护的最优选择模型；式（3.45）描述的是在总量控制下的市场交易机制下，经济主体i追求自身福利最大化下的耕地利用

与保护的最优选择模型。式（3.37）与式（3.45）相比，仅有一个约束条件不同。式（3.37）中有一个约束条件：经济主体 i 耕地保有量不能少于公共管理者规定的目标数量（用 $s_i^{**} \leq s_i = \hat{s}_i - sc_i + ls_i$ 描述），而式（3.45）则有一个约束条件：所有经济主体耕地保有总量不能少于公共管理者规定的目标总量［用 $\sum_{\bar{i}=1}^{I}(\hat{s}_{\bar{i}} - sc_{\bar{i}} + ls_{\bar{i}}) \geq \sum_{\bar{i}=1}^{I} s_{\bar{i}}^{**}$ 描述］。$\left\{s_i^{**} \leq s_i = \hat{s}_i - sc_i + ls_i(\forall i)\right\} \subset \left\{\sum_{\bar{i}=1}^{I}(\hat{s}_{\bar{i}} - sc_{\bar{i}} + ls_{\bar{i}}) \geq \sum_{\bar{i}=1}^{I} s_{\bar{i}}^{**}\right\}$，即式（3.37）的约束条件是式（3.45）的约束条件的一个子集，换言之，式（3.37）的约束条件比式（3.45）的约束条件严格，因此，式（3.37）的解也是式（3.45）的解，换言之，式（3.37）的解集是式（3.45）的解集的一个子集，因此，式（3.45）目标最大值一定大于等于式（3.37）的目标最大值，即在相同的总量控制下，与无市场交易机制均衡时相比，有市场交易机制均衡时，各经济主体的收益总是不减少。

证毕。

附录3F 结论3.7的证明

结论3.7：在实施结论3.2中的最优均衡价格描述的政策规则、实现耕地利用与保护的帕累托最优状态的过程中，如果公共管理部门还希望耕地配置的市场均衡结果的社会总福利和耕地利用与保护的帕累托最优状态时的总福利相等，则财政收支平衡则是一个必须要实现的隐含约束条件。

证明：

首先，耕地利用与保护的帕累托最优状态模型式（3.12）的拉格朗日式为：

$$L_{3.1} = \sum_{i=1}^{I}[u_i(\bullet) - f_i(\bullet)] + \sum_{i=1}^{I}[\delta_i(\hat{s}_i - sc_i + ls_i)] - \varepsilon\left[\sum_{\bar{i}=1}^{I}(fs_{\bar{i}}) - \sum_{\bar{i}=1}^{I}(\hat{s}_{\bar{i}} - sc_{\bar{i}} + ls_{\bar{i}})\right] + \sum_{i=1}^{I}[\pi_i(\hat{c}_i + lc_i + sc_i)] - \zeta\left[\sum_{\bar{i}=1}^{I}(fc_{\bar{i}}) - \sum_{\bar{i}=1}^{I}(\hat{c}_{\bar{i}} + lc_{\bar{i}} + sc_{\bar{i}})\right] + \sum_{i=1}^{I}[\sigma_i(\hat{l}_i - ls_i - lc_i)] \tag{3.1F}$$

式（3.1F）中，δ_i、ε、π_i、ζ、σ_i 为相应变量的影子价格，从而使各变量单位都统一成货币价值，由此可见，式（3.1F）中的 $L_{3.1}$ 描述耕地利用与保护的帕累托最优状态下的社会总福利的货币价值，即 $L_{3.1} = W^*$。此外，将表3-1中的“帕累托最优实现条件方程组”列中的式（3.21*）、式（3.22*）和式（3.23*）代入式（3.1F），则耕地利用与保护的帕累托最优状态下的社会总福利 W^* 进一步简化为：

$$W^* = \sum_{i=1}^{I}[u_i(\bullet) - f_i(\bullet)] - \varepsilon\cdot\left[\sum_{\bar{i}=1}^{I}(fs_{\bar{i}}) - \sum_{\bar{i}=1}^{I}(\hat{s}_{\bar{i}} - sc_{\bar{i}} + ls_{\bar{i}})\right] - \zeta\cdot\left[\sum_{\bar{i}=1}^{I}(fc_{\bar{i}}) - \sum_{\bar{i}=1}^{I}(\hat{c}_{\bar{i}} + lc_{\bar{i}} + sc_{\bar{i}})\right] \tag{3.2F}$$

其次，在市场机制下，经济主体i追求自身福利最大化下的耕地利用与保护的最优选择模型式（3.14）的拉格朗日式为：

$$L_{3.2.i} = u_i(\bullet) - f_i(\bullet) + t\cdot(ls_i - sc_i - \bar{s}_i) - b_i\cdot\left[\sum_{\bar{i}=1}^{I}(ls_{\bar{i}} - sc_{\bar{i}}) - \sum_{\bar{i}=1}^{I}\bar{s}_{\bar{i}}\right] + ps\cdot(\hat{s}_i - sc_i + ls_i - fs_i) + pc\cdot(\hat{c}_i + lc_i + sc_i - fc_i) + \vartheta_i\cdot(\hat{s}_i - sc_i + ls_i) + \varphi_i\cdot(\hat{c}_i + lc_i + sc_i) + \eta_i\cdot(\hat{l}_i - ls_i - lc_i) \tag{3.3F}$$

式（3.3F）中，ϑ_i、φ_i、η_i 为相应变量的影子价格，从而使各变量单位统一成货币价格，因此，式（3.3F）中的 $L_{3.2.i}$ 描述经济主体 i 在市场均衡状态下的福利的货币价格，即 $L_{3.2.i}=w_i$。此外，将表 3-1 中的"市场均衡条件方程组"列中的式（3.21°）、式（3.22°）和式（3.23°）代入式（3.3F），则经济主体 i 在市场均衡状态下的福利 $L_{3.2.i}$ 进一步简化为：

$$w_i = u_i(\bullet) - f_i(\bullet) + t \cdot (ls_i - sc_i - \bar{s}_i) - b_i \cdot \left[\sum_{\bar{i}=1}^{I} (ls_{\bar{i}} - sc_{\bar{i}}) - \sum_{\bar{i}=1}^{I} \bar{s}_{\bar{i}} \right] + ps \cdot (\hat{s}_i - sc_i + ls_i - fs_i) + pc \cdot (\hat{c}_i + lc_i + sc_i - fc_i) \quad (3.4F)$$

因此，在市场均衡下，所有经济主体的总福利为：

$$\sum_{i=1}^{I} w_i = \sum_{i=1}^{I} [u_i(\bullet) - f_i(\bullet)] + t \cdot (ls_i - sc_i - \bar{s}_i) - b_i \cdot \left[\sum_{\bar{i}=1}^{I} (ls_{\bar{i}} - sc_{\bar{i}}) - \sum_{\bar{i}=1}^{I} \bar{s}_{\bar{i}} \right] + ps \cdot \left[\sum_{\bar{i}=1}^{I} (fs_{\bar{i}}) - \sum_{\bar{i}=1}^{I} (\hat{s}_{\bar{i}} - sc_{\bar{i}} + ls_{\bar{i}}) \right] - pc \cdot \left[\sum_{\bar{i}=1}^{I} (c_{\bar{i}}) - \sum_{\bar{i}=1}^{I} (\hat{c}_{\bar{i}} + lc_{\bar{i}} + sc_{\bar{i}}) \right] \quad (3.5F)$$

根据钱德尔（2017）的论证，在本章假设成立下，耕地利用与保护的帕累托最优状态和市场均衡状态均具有唯一性；同时，由于实施结论 3.2 中的政策规则，市场均衡状态也就是耕地利用与保护的帕累托最优状态，二者具有相同的均衡解。即：

$$sc_i^* = sc_i^o, ls_i^* = ls_i^o, lc_i^* = lc_i^o, fs_i^* = fs_i^o, fc_i^* = fc_i^o \quad (3.6F)$$

如果公共管理部门还希望耕地配置的市场均衡结果的社会总福利和耕地利用与保护的帕累托最优状态时的总福利相等，即式（3.3F）与式（3.5F）相等，即：

$$L_{3.1} = \sum_{i=1}^{I} L_{3.2.i} \quad (3.7F)$$

结合式（3.18^e）、式（3.19^e）、式（3.6F）、式（3.7F），则有：

$$\sum_{i=1}^{I} \left\{ t_i \cdot (ls_i - sc_i - \bar{s}_i) - b_i \cdot \left[\sum_{\bar{i}=1}^{I} (ls_{\bar{i}} - sc_{\bar{i}}) - \sum_{\bar{i}=1}^{I} \bar{s}_{\bar{i}} \right] \right\} = 0 \quad (3.8F)$$

即整个社会因为利用与保护耕地而产生的财政收支必然平衡。

证毕。

附录3G 兼顾财政收支平衡和帕累托最优效率的 t 和 b_i 的求解

根据引理3.1，要使市场均衡结果实现耕地利用与保护的帕累托最优，t 和 b_i 必须满足式（3.16ᵉ）；而要实现耕地保护中的财政收支平衡，t 和 b_i 还必须满足式（3.68）。

将式（3.68）展开：

$$t \cdot \left[\sum_{\bar{i}=1}^{I} (ls_{\bar{i}} - sc_{\bar{i}}) - \sum_{\bar{i}=1}^{I} \bar{s}_{\bar{i}} \right] - \sum_{i=1}^{I} b_i \cdot \left[\sum_{\bar{i}=1}^{I} (ls_{\bar{i}} - sc_{\bar{i}}) - \sum_{\bar{i}=1}^{I} \bar{s}_{\bar{i}} \right] = 0 \tag{3.1G}$$

对所有经济主体根据式（3.16ᵉ）进行加总，则有：

$$t \cdot I - \sum_{i=1}^{I} b_i = \sum_{i=1}^{I} \left[\sum_{\bar{i} \neq i}^{I} \left(\frac{\partial u_{\bar{i}}}{\partial S} \right) \right] \tag{3.2G}$$

式（3.2G）两边同乘以 $\sum_{\bar{i}=1}^{I} (ls_{\bar{i}} - sc_{\bar{i}}) - \sum_{i=1}^{I} \bar{s}_i$ 并减去（3.1G），则有：

$$t \cdot (I-1) \cdot \left[\sum_{\bar{i}=1}^{I} (ls_{\bar{i}} - sc_{\bar{i}}) - \sum_{i=1}^{I} \bar{s}_i \right] = \left[\sum_{\bar{i}=1}^{I} (ls_{\bar{i}} - sc_{\bar{i}}) - \sum_{i=1}^{I} \bar{s}_i \right] \cdot \sum_{i=1}^{I} \left[\sum_{\bar{i} \neq i}^{I} \left(\frac{\partial u_{\bar{i}}}{\partial S} \right) \right] \tag{3.3G}$$

式（3.3G）可以区分为两种情况：

第一种情况：当 $\sum_{\bar{i}=1}^{I} (ls_{\bar{i}} - sc_{\bar{i}}) - \sum_{i=1}^{I} \bar{s}_i \neq 0$ 时，则有：

$$t = \frac{\sum_{i=1}^{I} \left[\sum_{\bar{i} \neq i}^{I} \left(\frac{\partial u_{\bar{i}}}{\partial S} \right) \right]}{I-1} = \frac{\sum_{i=1}^{I} \left[\sum_{\bar{i} \neq i}^{I} \left(\frac{\partial u_{\bar{i}}}{\partial S} \right) \right]}{I-1} \tag{3.4G}$$

由于有：

$$\sum_{i=1}^{I} \left[\sum_{\bar{i} \neq i}^{I} \left(\frac{\partial u_{\bar{i}}}{\partial S} \right) \right] = (I-1) \sum_{\bar{i}=1}^{I} \left(\frac{\partial u_{\bar{i}}}{\partial S} \right) \tag{3.5G}$$

根据式（3.4G）和（3.5G），则有：

$$t = \sum_{\bar{i}=1}^{I}\left(\frac{\partial u_{\bar{i}}}{\partial S}\right) \tag{3.6G}$$

结合式（3.16^e）和式（3.6G），则有：

$$T_i = \frac{\partial u_i}{\partial S} \tag{3.7G}$$

由于式（3.16^e）是使市场均衡结果实现耕地利用与保护帕累托最优的唯一充分必要条件，式（3.68）是描述财政收支平衡的唯一方程式，即二者都具有唯一性，因此，根据二者推导出来的唯一的一组解——式（3.6G）和式（3.7G）也具有唯一性。

第二种情况：当 $\sum_{\bar{i}=1}^{I}(ls_{\bar{i}} - sc_{\bar{i}}) - \sum_{i=1}^{I}\bar{s}_i = 0$ 时，则只有 $t - b_i = \sum_{\bar{i}\neq i}^{I}\left(\frac{\partial u_{\bar{i}}}{\partial S}\right)$。

综上所述，t 和 b_i 的解可以分为两类：价格约束类型Ⅰ和价格约束类型Ⅱ。具体见表 3G-1。

表 3G-1　　t 和 b_i 的解

价格约束类型	解的表达式
价格约束类型Ⅰ	$t = \sum_{\bar{i}=1}^{I}\left(\frac{\partial u_{\bar{i}}}{\partial S}\right)$　（3.8G） $b_i = \frac{\partial u_i}{\partial S}$　（3.9G） $\sum_{\bar{i}=1}^{I}(ls_{\bar{i}} - sc_{\bar{i}}) - \sum_{i=1}^{I}\bar{s}_i \neq 0$　（3.10G）
价格约束类型Ⅱ	$t - b_i = \sum_{\bar{i}\neq i}^{I}\left(\frac{\partial u_{\bar{i}}}{\partial S}\right)$　（3.11G） $\sum_{\bar{i}=1}^{I}(ls_{\bar{i}} - sc_{\bar{i}}) - \sum_{i=1}^{I}\bar{s}_i = 0$　（3.12G）

通过类似的分析，可以得到混合机制下兼顾财政收支平衡和帕累托最优的 t 和 b_i 的解，具体过程如下：

根据式（3.67），在混合机制下，使混合机制下市场均衡结果实现耕地利用与保护的帕累托最优状态的最优均衡价格条件可以写成：

$$t - b_i = \sum_{\bar{i}\neq i}^{I}\left(\frac{\partial u_{\bar{i}}}{\partial S}\right) + \tau(\tau 为任意实数) \tag{3.13G}$$

对所有经济主体的式（3.13G）进行加总，则有：

$$t\cdot I-\sum_{i=1}^{I}b_i=\sum_{i=1}^{I}\left[\sum_{\bar{i}\neq i}^{I}\left(\frac{\partial u_{\bar{i}}}{\partial S}\right)\right]+\tau\cdot I \tag{3.14G}$$

将式（3.2G）两边同乘以 $\sum_{\bar{i}=1}^{I}(ls_{\bar{i}}-sc_{\bar{i}})-\sum_{i=1}^{I}\bar{s}_i$ 并减去（3.14G），则有：

$$t\cdot(I-1)\cdot\left[\sum_{\bar{i}=1}^{I}(ls_{\bar{i}}-sc_{\bar{i}})-\sum_{i=1}^{I}\bar{s}_i\right]$$
$$=\left[\sum_{\bar{i}=1}^{I}(ls_{\bar{i}}-sc_{\bar{i}})-\sum_{i=1}^{I}\bar{s}_i\right]\cdot\left\{\sum_{i=1}^{I}\left[\sum_{\bar{i}\neq i}^{I}\left(\frac{\partial u_{\bar{i}}}{\partial S}\right)\right]+\tau\cdot I\right\} \tag{3.15G}$$

根据式（3.15G），可以区分为两种情况：

第一种情况：当 $\sum_{\bar{i}=1}^{I}(ls_{\bar{i}}-sc_{\bar{i}})-\sum_{i=1}^{I}\bar{s}_i\neq 0$ 时，根据式（3.15G）则有：

$$t=\frac{\sum_{i=1}^{I}\left[\sum_{\bar{i}\neq i}^{I}\left(\frac{\partial u_{\bar{i}}}{\partial S}\right)\right]}{I-1}=\frac{\sum_{i=1}^{I}\left[\sum_{\bar{i}\neq i}^{I}\left(\frac{\partial u_{\bar{i}}}{\partial S}\right)\right]}{I-1}+\frac{\tau\cdot I}{I-1} \tag{3.16G}$$

由于：

$$\sum_{i=1}^{I}\left[\sum_{\bar{i}\neq i}^{I}\left(\frac{\partial u_{\bar{i}}}{\partial S}\right)\right]=(I-1)\sum_{\bar{i}=1}^{I}\left(\frac{\partial u_{\bar{i}}}{\partial S}\right) \tag{3.17G}$$

根据式（3.16G）和式（3.17G），则有：

$$t=\sum_{\bar{i}=1}^{I}\left(\frac{\partial u_{\bar{i}}}{\partial S}\right)+\frac{\tau\cdot I}{I-1} \tag{3.18G}$$

结合式（3.13G）和式（3.18G），则有：

$$b_i=\frac{\partial u_i}{\partial S}+\frac{\tau}{I-1} \tag{3.19G}$$

由于式（3.13G）是使混合机制下市场均衡结果实现耕地利用与保护的帕累托最优状态的唯一充分必要条件，式（3.68）是描述财政收支平衡的唯一方程式，即二者都具有唯一性，因此，根据二者推导出来的唯一一组解：式（3.18G）和式（3.19G）也具有唯一性。

第二种情况：当 $\sum_{\bar{i}=1}^{I}(ls_{\bar{i}}-sc_{\bar{i}})-\sum_{i=1}^{I}\bar{s}_i=0$ 时，则只有 $t-b_i=$

$\sum_{\bar{i} \neq i}^{I}\left(\frac{\partial u_{\bar{i}}}{\partial S}\right) + \tau$。

综上所述，t 和 b_i 的解可以分为两类：价格约束类型 Ⅰ 和价格约束类型 Ⅱ。具体见表 3G－2。

表 3G－2　　混合机制下 t 和 b_i 的解

价格约束类型	解的表达式
价格约束类型 Ⅰ	$t = \sum_{\bar{i}=1}^{I}\left(\frac{\partial u_{\bar{i}}}{\partial S}\right) + \frac{\tau \cdot I}{I-1}$　(3.20G) $b_i = \frac{\partial u_i}{\partial S} + \frac{\tau}{I-1}$　(3.21G) $\sum_{\bar{i}=1}^{I}(ls_{\bar{i}} - sc_{\bar{i}}) - \sum_{i=1}^{I}\bar{s}_i \neq 0$　(3.22G)
价格约束类型 Ⅱ	$t - b_i = \sum_{\bar{i} \neq i}^{I}\left(\frac{\partial u_{\bar{i}}}{\partial S}\right) + \tau$　(3.23G) $\sum_{\bar{i}=1}^{I}(ls_{\bar{i}} - sc_{\bar{i}}) - \sum_{i=1}^{I}\bar{s}_i = 0$　(3.24G)

证毕。

附录3H 结论3.8的证明

结论3.8：耕地利用与保护在帕累托最优状态时的福利总额不变。数量耕地利用与保护最优状态的福利总额在各经济主体的任何一种分配方案，都可以通过某一无偿补充的耕地数量分配方案的基础上实施价格约束类型Ⅰ予以实现，并且各经济主体的福利与其拥有的无偿补充的耕地数量成反比、与其他经济主体拥有的无偿补充的耕地数量成正比。

证明：

根据钱德尔（2017）的论证，在本章假设成立的条件下，耕地利用与保护的帕累托最优状态具有唯一性，因此，耕地利用与保护帕累托最优状态时的福利总额不变。

用n表示任意一种的无偿补充的耕地数量分配方案的索引。假设耕地利用与保护帕累托最优时的福利总额 $W^* = \sum_{i=1}^{I}[u_i(\bullet^*) - f_i(\bullet^*)] - \varepsilon \cdot \left[\sum_{\bar{i}=1}^{I}(fs_{\bar{i}}^*) - \sum_{\bar{i}=1}^{I}(\hat{s}_{\bar{i}} - sc_{\bar{i}}^* + ls_{\bar{i}}^*)\right] - \zeta \cdot \left[\sum_{\bar{i}=1}^{I}(fc_{\bar{i}}^*) - \sum_{\bar{i}=1}^{I}(\hat{c}_{\bar{i}} + lc_{\bar{i}}^* + sc_{\bar{i}}^*)\right]$ 在所有经济主体中进行任意一种福利分配，用n描述这种福利分配下无偿补充的耕地数量分配方案。

$$W^* = \sum_{i=1}^{I} w_{i,n} \tag{3.1H}$$

其中，$w_{i,n}$为第i个经济主体的福利，则有：

$$w_{i,n} = u_{i,n}(\bullet) - f_{i,n}(\bullet) + t_n \cdot (ls_{i,n} - sc_{i,n} - \bar{s}_{i,n}) - b_{i,n} \cdot \left(\sum_{\bar{i}=1}^{I}(ls_{i,n} - sc_{i,n}) - \sum_{\bar{i}=1}^{I}\bar{s}_{\bar{i},n}\right) + ps_n \cdot (\hat{s}_i - sc_{i,n} + ls_{i,n} - fs_{i,n}) + pc_n \cdot (\hat{c}_i + lc_{i,n} + sc_{i,n} - fc_{i,n}) \tag{3.2H}$$

首先，实行了价格约束类型Ⅰ，则一定有：

$$t_n - b_{i,n} = \sum_{\bar{i}\neq i}^{I}\left(\lambda_{\bar{i}}\frac{\partial u_{\bar{i}}}{\partial S^*}\right) \tag{3.3H}$$

$$fs_{i,\bar{n}} = fs_i^* \tag{3.4H}$$

$$ls_{i,\bar{n}} = ls_i^* \tag{3.5H}$$

$$fc_{i,\bar{n}} = fc_i^* \tag{3.6H}$$

$$ps_{\bar{n}} = \varepsilon \tag{3.7H}$$

$$pc_{\bar{n}} = \zeta \tag{3.8H}$$

根据式（3.3H）至式（3.8H），只要实施价格约束类型Ⅰ，第i个经济主体的福利组成部分 $u_{i,n}(\bullet) - f_{i,n}(\bullet) + ps_n \cdot (\hat{s}_i - sc_{i,n} + ls_{i,n} - fs_{i,n}) + pc_n \cdot (\hat{c}_i + lc_{i,n} + sc_{i,n} - c_{i,n}) = u_i(S^*) - f_i(s_i^*) + \varepsilon \cdot (\hat{s}_i - sc_{\bar{i}}^* + ls_{\bar{i}}^* - fs_{\bar{i}}^*) + \zeta \cdot (\hat{c}_i + lc_{\bar{i}}^* + sc_{\bar{i}}^* - c_{\bar{i}}^*)$ 一定是不变的。所以，第i个经济主体的福利主要由 $t_n \cdot (ls_{i,n} - sc_{i,n} - \bar{s}_{i,n}) - b_{i,n} \cdot \left[\sum_{\bar{i}=1}^{I}(ls_{\bar{i},n} - sc_{\bar{i},n}) - \sum_{\bar{i}=1}^{I}\bar{s}_{\bar{i},n}\right]$ 来调整，并且，由于 $fs_{i,\bar{n}} = fs_i^*$、$ls_{i,\bar{n}} = ls_i^*$，因此，该部分主要由 $\bar{s}_{i,n}$ 和 $\sum_{\bar{i}=1}^{I}\bar{s}_{\bar{i},n}$ 决定。将 $\sum_{\bar{i}=1}^{I}\bar{s}_{\bar{i},n}$ 固定，表示不管在何种福利分配情况下，无偿补充的耕地数量总量总是不变，即不管在何种福利分配情况下，t_n 和 $b_{i,n}$ 都固定不变。在此基础上计算在 $w_{i,n}$ 福利分配和实施价格约束类型Ⅰ下，第i个经济主体的唯一无偿补充的耕地数量分配额：

$$\bar{s}_{i,n} = \frac{u_i(S_n) - f_i(s_{i,n}) + ps_n \cdot (\hat{s}_i - sc_{i,n} + ls_{i,n} - fs_{i,n}) + pc_n \cdot (\hat{c}_i + lc_{i,n} + sc_{i,n} - fc_{i,n}) - w_{i,n} - b_{i,n} \cdot \left[\sum_{\bar{i}=1}^{I}(ls_{\bar{i},n} - sc_{\bar{i},n}) - \sum_{i=1}^{I}\bar{s}_{i,n}\right]}{t_n} - sc_{i,n} + ls_{i,n} \tag{3.9H}$$

同时，将所有经济主体唯一无偿补充的耕地数量分配额加总，结合（3.1H）和（3.8H），有：

$$\frac{\sum_{i=1}^{I}\left[u_i(S_n) - f_i(s_{i,n}) + ps_n \cdot (\hat{s}_i - sc_{i,n} + ls_{i,n} - fs_{i,n}) + pc_n \cdot (\hat{c}_i + lc_{i,n} + sc_{i,n} - fc_{i,n}) - w_{i,n}\right]}{t_n} + \frac{\sum_{i=1}^{I}\left\{t_n \cdot s_{i,n} - b_{i,n} \cdot \left[\sum_{\bar{i}=1}^{I}(ls_{\bar{i},n} - sc_{\bar{i},n}) - \sum_{i=1}^{I}\bar{s}_{i,n}\right]\right\}}{t_n}$$

$$= \frac{\sum_{i=1}^{I}\left\{t_n \cdot s_{i,n} - b_{i,n} \cdot \left[\sum_{\bar{i}=1}^{I}(ls_{\bar{i},n} - sc_{\bar{i},n}) - \sum_{i=1}^{I}\bar{s}_{i,n}\right]\right\}}{t_n} = \sum_{i=1}^{I}\bar{s}_{i,n} \tag{3.10H}$$

（3.9H）描述了在 $w_{i,n}$ 福利分配和实施价格约束类型Ⅰ下，第 i 个经济主体的唯一无偿补充的耕地数量分配额。综上，最优状态的福利总额在各经济主体的任何一种分配方案都可以通过在某一无偿补充的耕地数量分配方案的基础上实施价格约束类型Ⅰ予以实现。

此外，根据式（3.2H）有：

$$\frac{\partial w_{i,\bar{n}}}{\partial \bar{s}_{i,\bar{n}}} = b_{i,\bar{n}} - t_{\bar{n}} = -\sum_{\bar{i} \neq i}^{I} \left(\frac{\partial u_{\bar{i}}}{\partial s_i} \right) < 0 \tag{3.11H}$$

$$\frac{\partial w_{i,\bar{n}}}{\partial \bar{s}_{\bar{i},\bar{n}}} = b_{i,\bar{n}} = \frac{\partial u_i}{\partial S} > 0 \tag{3.12H}$$

即，各经济主体的福利与其拥有的无偿补充的耕地数量成反比、与其他经济主体拥有的无偿补充的耕地数量成正比。

证毕。

第四章　我国耕地保护的历程、逻辑与绩效

本章将运用前面两章数理模型论证得到的耕地利用与保护相关结论，回顾改革开放以来我国耕地保护制度以及相应的耕地保护机制的变迁历程，探析变迁背后的逻辑路径，分析耕地保护制度和机制变迁的绩效。首先，本章从耕地增减变动情况、耕地质量等级结构、耕地质量空间分布三个维度认识我国耕地保有现状。紧接着，回顾改革开放以来我国耕地保护制度以及相应的耕地保护机制变迁的历史过程，并基于耕地发展权理论视角，梳理我国耕地保护制度和机制变迁的逻辑路径、区分耕地保护制度和机制的变迁阶段。最后，深入分析每一阶段中耕地保护制度以及相应的耕地保护机制变迁的绩效，解析我国耕地保护制度和机制变迁的深层次原因。

第一节　我国耕地保护现状

一、我国耕地保有、耕地增加和耕地减少的变动情况

考虑到统计口径的一致性，本章只统计 2010 年以来，我国耕地保有、耕地增加和耕地减少情况，具体见表 4 - 1。根据表 4 - 1 的数据，从耕地保有总量看，我国耕地保有总量从 2010 年的 202902. 40 万亩减少至 2017 年的 202321. 83 万亩，平均每年净减少耕地 82. 94 万亩。从耕地新增数量情况看，2010 ~ 2017 年，我国年均新增耕地 455. 81 万亩，其中，年均耕地补充数量为 402. 51 万亩，年均耕地补充数量占年均耕地新增数量的比重达到 88. 31%，剩余的新增耕地主要来自农业结构调整，其占比为 11. 69%。从耕地数量减少的情况看，2010 ~ 2017 年，年均减少耕地 552. 67 万亩，其中，年均建设占用耕地数量为 439. 20 万亩，年均建设占用耕地数量占年均耕地减少数量的比重为 79. 60%，由此可见，建设占用耕地是我国耕地减少的主

要原因。

表4-1 我国耕地保有、增加、减少情况

年份	耕地保有总量（万亩）	耕地新增数量（万亩）	耕地补充数量（万亩）	耕地补充数量占耕地新增数量比重（%）	耕地减少数量（万亩）	建设占用耕地数量（万亩）	建设占用耕地数量占耕地建设数量比重（%）
2010	202902.40	472.39	391.64	82.9	643.78	493.62	76.68
2011	202857.85	565.98	473.68	83.69	610.20	480.27	78.71
2012	202737.66	482.76	435.99	90.31	602.99	485.35	80.49
2013	202745.06	539.41	506.47	93.89	532.11	438.97	82.5
2014	202737.66	420.98	374.21	88.89	602.99	485.35	80.49
2015	202498.05	363.42	307.65	84.65	452.60	370.70	81.9
2016	202381.44	402.23	351.19	87.31	517.54	380.64	73.55
2017	202321.83	399.30	379.27	94.98	459.18	378.70	82.47

资料来源：根据《中国国土资源统计年鉴2011－2018》计算。

二、我国耕地质量等级结构

国土资源部将耕地划分为15个质量等级，其中，1等耕地质量最好，亩产量为700～750千克标准粮，15等耕地质量最差，亩产量为0～50千克标准粮，并且将1～4等划分为优等地、将5～8等划分为高等地、将9～12等划分为中等地、将13～15等划分为低等地。根据国土资源部发布的《2016年全国耕地质量等别更新评价主要数据成果》，截至2015年末，全国耕地总面积为201935.95万亩，主要为7～13等耕地，其总面积达到158262.78万亩，占全国耕地总面积的78.37%（见表4－2）。采用面积加权法测算得到我国耕地质量平均等级为9.96等。全国耕地总面积中，优等地面积为5848.58万亩，占全国耕地总面积的2.90%；高等地面积为53693.58万亩，占全国耕地总面积的26.59%；中等地面积为106462.40万亩，占全国耕地总面积的52.72%；低等地面积为35931.40万亩，占全国耕地总面积的17.79%（见图4－1）。

表 4－2　　2016 年全国 31 个省（区、市）耕地质量状况

省（区、市）	各质量等级耕地占本省（区、市）耕地总量的比重（%）															耕地（万亩）	永久基本农田（万亩）
	1 等	2 等	3 等	4 等	5 等	6 等	7 等	8 等	9 等	10 等	11 等	12 等	13 等	14 等	15 等		
北　京	0.00	0.00	0.00	0.00	0.00	0.00	0.45	59.66	13.93	19.06	6.89	0.00	0.00	0.00	0.00	328.99	151.64
天　津	0.00	0.00	0.00	0.00	0.00	0.00	0.00	0.01	13.79	53.51	27.24	5.45	0.01	0.00	0.00	655.31	427.00
河　北	0.00	0.00	0.00	0.00	0.43	1.56	5.14	11.10	13.03	13.89	11.66	13.97	13.94	14.32	0.95	9675.70	7770.75
山　西	0.00	0.00	0.00	0.00	0.10	0.18	0.85	2.70	6.02	8.97	11.18	23.45	29.41	17.14	0.00	6088.18	4891.54
内蒙古	0.00	0.00	0.00	0.00	0.00	0.00	0.01	0.06	0.50	1.69	3.42	6.97	14.79	21.36	51.19	13856.98	9330.54
辽　宁	0.00	0.00	0.00	0.00	0.00	0.00	0.01	0.59	5.75	14.96	41.95	34.08	2.64	0.01	0.00	7466.12	5528.99
吉　林	0.00	0.00	0.00	0.00	0.00	0.14	0.35	1.87	18.61	27.71	20.19	23.63	6.41	1.10	0.00	10498.84	7387.17
黑龙江	0.00	0.00	0.00	0.00	0.00	0.00	0.00	0.31	3.23	12.08	33.27	31.47	17.14	2.49	0.00	23781.16	16772.54
上　海	0.00	0.00	0.00	2.50	24.30	65.83	7.10	0.27	0.00	0.00	0.00	0.00	0.00	0.00	0.00	284.71	254.75
江　苏	0.00	0.00	0.00	0.07	11.15	71.54	17.15	0.08	0.00	0.00	0.00	0.00	0.00	0.00	0.00	6862.28	5880.16
浙　江	0.00	0.09	0.53	2.41	4.03	10.84	15.52	18.60	18.83	18.31	9.48	1.35	0.01	0.00	0.00	2967.87	2399.50
安　徽	0.00	0.00	0.48	1.53	4.32	7.14	11.51	15.71	29.44	25.75	3.96	0.16	0.00	0.00	0.00	8809.31	7392.87
福　建	0.00	0.00	0.03	0.83	3.99	11.45	20.17	21.77	18.86	13.31	6.62	2.55	0.41	0.00	0.00	2004.44	1609.55
江　西	0.00	0.00	0.26	3.53	11.50	19.14	22.85	18.36	10.74	6.08	4.47	2.52	0.55	0.00	0.00	4624.10	3693.86
山　东	0.00	0.00	0.00	0.00	0.89	6.09	20.17	31.36	22.47	13.64	3.96	1.41	0.00	0.00	0.00	11416.45	9587.31
河　南	0.00	0.00	0.00	0.16	2.20	11.53	47.56	24.33	8.59	4.52	1.11	0.00	0.00	0.00	0.00	12158.89	10223.13
湖　北	4.51	7.84	11.91	15.87	17.64	13.72	6.56	6.82	6.58	4.39	2.82	1.12	0.21	0.00	0.00	7882.49	5888.25
湖　南	4.75	2.56	5.73	4.56	6.65	5.34	5.95	12.78	10.38	11.88	11.16	9.63	5.36	3.07	0.19	6225.28	4949.99
广　东	0.32	2.77	8.29	14.63	24.43	25.16	13.84	6.55	3.17	0.81	0.01	0.00	0.00	0.00	0.00	3923.78	3213.66

续表

省（区、市）	各质量等级耕地占本省（区、市）耕地总量的比重（%）															耕地（万亩）	永久基本农田（万亩）
	1 等	2 等	3 等	4 等	5 等	6 等	7 等	8 等	9 等	10 等	11 等	12 等	13 等	14 等	15 等		
广　西	0.00	0.00	0.00	0.20	1.61	11.70	18.55	12.50	21.74	27.79	5.90	0.00	0.00	0.00	0.00	6603.41	5490.08
海　南	0.00	0.00	0.03	0.66	9.69	13.07	15.20	18.82	12.34	8.97	8.44	10.35	2.26	0.16	0.00	1088.82	910.49
重　庆	0.00	0.00	0.00	0.00	0.00	0.04	1.07	11.78	26.63	32.79	24.55	3.13	0.00	0.00	0.00	3645.70	2424.19
四　川	0.00	0.00	0.00	0.03	0.52	1.78	7.78	19.79	24.94	27.35	12.86	4.32	0.62	0.00	0.00	10097.16	7806.37
贵　州	0.00	0.00	0.00	0.00	0.00	0.00	0.12	1.65	7.61	16.64	25.12	32.36	15.99	0.51	0.00	6806.12	5261.80
云　南	0.01	0.00	0.21	0.27	0.48	1.77	2.37	4.03	7.84	21.76	37.68	23.21	0.35	0.00	0.00	9312.81	7348.26
西　藏	0.00	0.00	0.00	0.00	0.00	0.00	0.00	0.00	0.00	6.45	23.15	45.26	24.57	0.57	0.00	297.30	503.64
陕　西	0.00	0.00	0.00	0.12	1.00	2.96	5.61	7.68	6.25	6.40	10.87	17.90	22.02	19.20	0.00	5992.75	4595.23
甘　肃	0.00	0.00	0.00	0.00	0.00	0.00	0.00	0.01	0.68	5.30	8.25	13.36	23.83	44.48	4.08	8062.29	5988.59
青　海	0.00	0.00	0.00	0.00	0.00	0.00	0.00	0.00	0.00	0.00	2.33	23.54	58.89	15.24	0.00	800.26	667.53
宁　夏	0.00	0.00	0.00	0.00	0.02	1.08	5.60	9.75	11.45	7.91	9.01	18.57	32.25	4.36	0.00	1935.15	1400.88
新　疆	0.00	0.00	0.00	0.00	0.00	0.01	0.18	0.63	1.68	7.15	37.16	40.37	9.82	3.00	0.00	7783.33	5336.68
总　计	0.33	0.44	0.85	1.28	2.72	6.59	8.49	8.79	10.40	13.18	15.10	14.04	8.37	5.70	3.73	201935.95	155086.90

注：根据国土资源部《2016 年全国耕地质量等别更新评价主要数据成果》，2016 年全国耕地总量为 201935.95 万亩，根据《中国国土资源统计年鉴 2018》，2016 年全国耕地总数为 202381.44 万亩，两个数据略有差异，国土资源部《2016 年全国耕地质量等别更新评价主要数据成果》的 2016 年耕地总量比《中国国土资源统计年鉴 2018》的 2016 年耕地总量少 0.22%。

资料来源：根据国土资源部《2016 年全国耕地质量等别更新评价主要数据成果》计算。

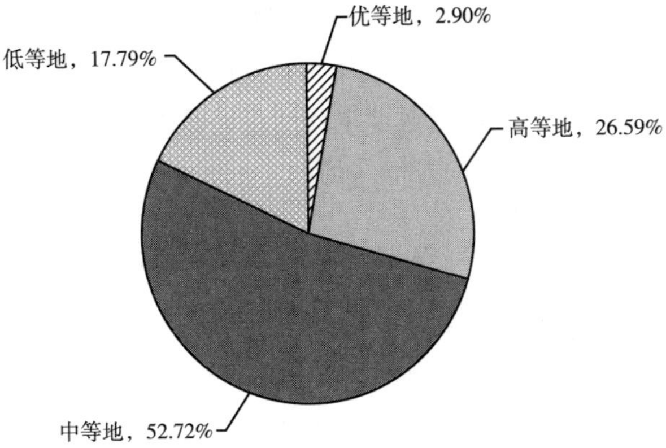

图 4－1　我国优、高、中、低等耕地面积比例构成

三、我国耕地质量空间分布

根据国土资源部发布的《2016 年全国耕地质量等别更新评价主要数据成果》，从优、高、中、低等地在全国空间的分布来看，优等地主要分布在湖北、湖南、广东 3 个省，这 3 个省的优等地总面积为 5280. 17 万亩，占全国优等地总面积的 90. 28%；高等地主要分布在河南、江苏、山东、湖北、安徽、江西、四川、广西、广东 9 个省区，这 9 个省区的高等地总面积为 42894. 42 万亩，占全国高等地总面积的 79. 89%；中等地主要分布在黑龙江、吉林、云南、辽宁、四川、新疆、贵州、河北、安徽、山东 10 个省区，这 10 个省区的中等地总面积为 78497. 61 万亩，占全国中等地总面积的 73. 73%；低等地主要分布在内蒙古、甘肃、黑龙江、山西、河北、陕西 6 个省区，这 6 个省区的低等地总面积为 30738. 64 万亩，占全国低等地总面积的 85. 55%。

第二节　我国耕地保护制度和机制的变迁历程与变迁路径

一、我国耕地保护制度和机制的变迁历程概述

众多文献对改革开放以来我国耕地保护制度的变迁历程进行回顾，并基于不同的方法、角度对改革开放以来我国耕地保护制度的变迁历程进行阶段划分，主要形成了以下几种观点。

臧俊梅等（2019）运用内容分析法、词频分析法和Kendall检验法对1978年以来中央政府及其相关职能部门出台的214份耕地保护相关的政策、法规进行内容特征分析，进而将改革开放以来我国耕地保护制度的变迁历程划分为四个阶段：（1）1978～1985年的耕地保护制度起步阶段，即“建设型”耕地数量保护阶段，该阶段主要统一并彰显了耕地保护意识；（2）1986～1996年的耕地保护制度探索阶段，即“限制型”耕地和基本农田保护阶段，该阶段主要确立并推行了耕地保护正式制度；（3）1997～2011年的耕地保护制度的发展阶段，即“约束型”耕地数量质量保护阶段，该阶段主要丰富及强化了耕地保护手段；（4）2012年至今的耕地保护制度完善阶段，即“激励型”耕地数量、质量、生态三位一体保护阶段，该阶段主要创新及升华耕地保护战略。①

牛善栋和方斌（2019）运用归纳演绎法和理论分析法对我国耕地保护制度的内涵进行深入分析，认为改革开放以来我国耕地保护制度经历了概念深化—制度发展—转型完善的过程，耕地保护制度的内涵变革呈现出从“数量”到“数量+质量”，再跃迁到“数量+质量+生态”三位一体的均衡管理，由此，将改革开放以来我国耕地保护制度的变迁历程区分为三个阶段：（1）1978～2003年的概念深化期：快速发展与耕地数量管控的协调；（2）2004～2011年的制度发展期：建设占用与耕地质量管护的治理；（3）2012年至今的转型完善期：新时代美丽中国与生态修复的守护。②

刘国凤（2011）考察了1978年以来耕地保护的各项法规、条例，并结合同期我国耕地的变化趋势，将改革开放以来我国耕地保护制度的变迁历程划分为四个阶段：（1）1978～1985年的弱保护期，即耕地保护制度的孕育期；（2）1986～1997年的较强保护期，即耕地保护制度的产生期；（3）1998～2003年的强保护期，即耕地保护制度的发展期；（4）2004年至今的严格保护期，即耕地保护制度的完善期。③

林晓雪（2014）梳理了改革开放以来国务院及国土管理系统颁布的耕地保护相关的法规、条例，并结合我国经济体制改革和农业经济发展过程，将改革开放以来我国耕地保护制度的变迁历程划分为五个阶段：（1）1978～1985年的耕地保护制度的起步阶段；（2）1986～1991年的耕地保护制度的发展阶

① 臧俊梅，郑捷航，林晓雪，苏少青，李利番．1978年以来中国耕地保护的嬗变与启示——基于国家层面政策文本的分析［J］．广东土地科学，2019，18（5）：38－48．

② 牛善栋，方斌．中国耕地保护制度70年：历史嬗变、现实探源及路径优化［J］．中国土地科学，2019，33（10）：1－12．

③ 刘国凤．中国最严格耕地保护制度研究［D］．吉林大学，2011．

段；（3）1992～1997 年的耕地保护制度的巩固阶段；（4）1998～2004 年的耕地保护制度的调整阶段；（5）2005 年至今的耕地保护制度的完善阶段。[①]

上述关于改革开放以来我国耕地保护制度的变迁历程的四种观点并没有相互矛盾，而是不同学者基于不同的角度、方法来认识和分析的。本书认为耕地保护的根本原因在于：耕地不仅能为人们提供粮食生产服务、带来使用价值，同时耕地的存在也能给人们带来粮食安全、生态服务等各种存在价值，而存在价值具有公共物品属性，在缺乏任何额外的管理政策的情况下，各经济主体在决定耕地保有量时只考虑其自身的收益和成本，从社会整体的角度来看，所有经济主体的耕地保有总量与社会最优保有量相比往往太低了。因此，耕地保护的核心问题是如何保护并将这些公共外部性价值内化到人们的耕地利用决策当中，实现耕地带来的各种收益最大化。耕地发展权的设置则是为了保护和实现耕地的存在价值，耕地发展权的交易协调了各经济主体耕地利用与保护的收益差异。因此，耕地利用与保护的根本途径是通过合理设置耕地发展权并构建相应的配置机制。基于耕地发展权的理论，回顾改革开放以来我国耕地保护制度和机制的变迁历程，梳理其背后的变迁的逻辑路径，对于完善我国耕地保护制度和机制具有指导意义。

二、我国耕地保护制度和机制的变迁历程

（一）1978～1986 年的耕地保护制度和机制的起步阶段：耕地发展权逐步确立

1. 耕地保护规章制度的建设情况

中国的改革开放是从农村土地制度改革开始的，1978 年安徽省凤阳县小岗村的 18 户农民实行分田单干、包产到户，掀开了中国农村土地制度改革的新篇章，也掀开了中国改革开放历史发展的新篇章。[②] 在改革开放初期，由于各项改革实践刚刚起步，包括农村土地制度在内的各种经济制度还处于改革创新过程中，少有专门针对耕地的法律法规或部门规章，仅有 1981 年的《关于制止侵占耕地建房的通知》、1982 年的《宪法》、1986 年的《关于加强土地管理、制止乱占耕地的通知》、1986 年的《土地管理法》等少数法律法规或行政通知中有涉及耕地保护的内容。

其中，1981 年 11 月国务院颁布的《关于制止侵占耕地建房的通知》，明

---

① 林晓雪．改革开放后我国耕地保护政策的演变及分析［D］．华南理工大学，2014．

② 管新春．改革开放以来农村土地制度的变迁及其发展趋势［J］．人民论坛（中旬刊），2013（9）：216－217．

确了“农村建房用地，必须统一规划，合理布局，节约用地”“农村社队的土地都归集体所有”，阐明“节约用地是一项具有战略意义的措施”，并对“农民建房和社队企业占地情况进行一次检查”“改革农房建筑材料，减少打坯、烧砖、取土用地”。该通知表明中央政府开始重视耕地保护问题。1982 年颁布的《宪法》明确了“城市的土地属于国家所有”“农村和城市郊区的土地，除由法律规定属于国家所有的以外，属于集体所有”，对包括耕地在内的土地产权设置以及归属进行了界定。然而，1982 年颁布的《宪法》中提到的农村集体，并不是一个实在的产权主体，而是虚置的、模糊的。由于耕地产权主体的虚置，最终耕地产权的行为主体落实到各级政府的多个部门手中，从而导致耕地管理混乱，再加上这一时期百业待兴，各项建设用地需求突增，耕地乱占滥用的现象严重。① 为此，1986 年 3 月国务院颁布《关于加强土地管理、制止乱占耕地的通知》，强调加强宣传“提高广大干部群众对合理用地、保护耕地重要意义的认识”，并要求各级政府“认真检查清理非农业用地”，对违法占地问题，要按照国家有关法规严肃处理，同时，明确从“加强行政管理”“运用经济手段控制非农业用地”“建立和完善土地管理法规”“建立健全土地管理机构”等方面强化土地管理工作，然而该通知并未真正解决耕地管理混乱的问题。1986 年《土地管理法》的订立才结束了这一混乱局面。但 1986 年的《土地管理法》并没有明确耕地保护问题以及解决耕地非农化产权模糊问题，但是却明晰了耕地非农化的行为主体——拥有征收权和出让权的各级政府，尤其是地方政府（以县级政府为主体）。由此可见，1986 年的《土地管理法》初步建立起了以土地征用为基本特征的耕地非农化机制，但对于包括土地用途管理、基本农田保护、耕地占补平衡等在内的耕地保护制度安排都未系统构建。

2. 该阶段的耕地保护规章制度下的耕地保护做法

从这一阶段的耕地保护规章制度的建设情况可以看出，这一时期，中央政府越来越认识到耕地保护问题的重要性和迫切性，不过，这一时期的规章制度仅明确了以土地征用为基本方式的耕地非农化途径，对于耕地保有、耕地补充等职责都未有明确规定。

1986 年的《土地管理法》建立起了以土地征用为基本特征的耕地非农化机制，明确了“任何单位和个人不得侵占、买卖、出租或者以其他形式非法转让土地。国家为了公共利益的需要，可以依法对集体所有的土地实行征

---

① 张蔚文，李学文．外部性作用下的耕地非农化权配置——“浙江模式”的可转让土地发展权真的有效率吗？[J]．管理世界，2011（6）：55－70.

用。”规定国家建设征用土地，必须经过国务院主管部门或县级以上地方人民政府合法程序审查批准后，由土地管理部门划拨土地，“被征地单位应当服从国家需要，不得阻挠。”规定建设征用耕地1000亩以上，由国务院批准；征用耕地3亩以下，由县级人民政府批准。规定征用耕地的补偿费用包括土地补偿费、安置补助费、附着物和青苗的补偿费，其中，“征用耕地补偿费，为该耕地被征用前三年平均年产值的3至6倍”“土地补偿费和安置补助费的总和不得超过土地被征用前三年平均年产值的30倍”。

3. 耕地保护制度的起步阶段下的耕地发展权机制

总体上，在改革开放的初期，政府、学术界、公众对于耕地保护的认识还处于不断加深的过程中，1982年颁布的《宪法》对耕地的所有权进行界定，但还未将耕地的用途变更之权——耕地发展权从耕地的所有权中剥离出来进行明确和界定，这一时期，耕地发展权实质上处于缺失状态。1986年订立的《土地管理法》虽然没有明确耕地保护问题以及解决耕地非农化产权模糊问题，但是却明晰了耕地非农化的行为主体——拥有征收权和出让权的地方政府（以县级政府为主体），这一时期，耕地发展权的概念虽然没有明确提出，但其实质性地被逐步确立起来，并将其权能实质性地赋予以县级政府为主体的地方政府，见表4－3。不过，尽管耕地发展权实质性被确立起来，但是政府并未构建起庇古税与庇古补贴或总量控制下的市场交易等耕地发展权配置机制。

表4－3　改革开放以来我国耕地保护相关法律、政策、规章、措施等建设情况以及相应的耕地保护机制

阶段划分	时间范围	主要的法规	耕地发展权机制
第一阶段	1978～1986年	1981年的《关于制止侵占耕地建房的通知》 1982年的《宪法》 1986年的《关于加强土地管理、制止乱占耕地的通知》 1986年的《土地管理法》	耕地发展权逐步确立，但却未构建相应的耕地发展权配置机制
第二阶段	1987～1999年	1987年的《关于在农业结构调整中严格控制占用耕地的联合通知》 1987年的《建设用地计划管理暂行办法》 1993年《全国土地利用总体规划纲要（1986－2000）》 1994年《基本农田保护条例》 1997年《全国土地利用总体规划纲要（1997－2010）》 1998年《中华人民共和国土地管理法（修订）》 1999年《基本农田保护条例》 1999年《土地利用年度计划管理办法》	构架起耕地发展权的计划命令的配置机制

续表

阶段划分	时间范围	主要的法规	耕地发展权机制
第三阶段	2000 年至今	2000 年的《关于进一步加强和改进耕地占补平衡工作的通知》 2004 年的《关于深入开展土地市场治理整顿严格土地管理的紧急通知》 2005 年的《关于开展补充耕地数量质量实行按等级折算基础工作的通知》 2005 年的《关于规范城镇建设用地增加与农村建设用地减少相挂钩试点工作的意见》 2007 年的《国务院办公厅关于严格执行有关农村集体建设 用地法律和政策的通知》 2008 年的《全国土地利用总体规划纲要(2006 – 2020)》 2009 年的《国土资源部、农业部关于划定基本农田实行永久保护的通知》 2009 年的《关于加强占补平衡补充耕地质量建设与管理的通知》 2011 年的《全国土地整治规划（2011 – 2015 年)》 2011 年的《高标准基本农田建设规范（试行)》 2016 年的《耕地质量等级》 2017 年的《中共中央、国务院关于加强耕地保护和改进占补平衡的意见》 2018 年的《跨省域补充耕地国家统筹管理办法》和《城乡建设用地增减挂钩节余指标跨省域调剂管理办法》 2019 年新修订的《土地管理法》	耕地发展权的计划命令的配置机制向经济措施的配置机制变迁

资料来源：笔者整理。

（二）1987 ~ 1999 年的耕地保护制度的构建阶段：耕地发展权计划配置机制的构建

1. 耕地保护规章制度的建设情况

这一时期，随着我国改革开放和市场经济建设的进一步推进，我国经济进入快速发展的新阶段，城镇建设、基础设施建设等均得到蓬勃发展，开发区与房地产项目规模持续扩大，再加上农业结构调整、自然灾害等原因，这一时期我国耕地流失数量较大，据《中国国土资源统计年鉴》的数据，1987 ~ 1995 年全国耕地净减少 310.38 万公顷，年均净减少 34.49 万公顷。为了遏制“开发区热”“房地产热”“农业结构调整”对耕地的盲目圈占行为，1987 年，农牧渔业部和国家土地管理局联合颁布《关于在农业结构调整中严格控制占用耕地的联合通知》、国家计委和国家土地管理局联合颁布《建设用地计划管理暂行办法》，严格控制农业内部结构调整占用耕地行为，协调统筹建设用地需求，切实保护耕地。1994 年和 1999 年国务院颁布《基本农田保护条例》和《基本农田保护条例》，建立起我国基本农田保护制度。1998 年修订的《土地管理法》和 1999 年颁布的《土地利用年度计划管理办法》，正式建立起包括土地用途管理、基本农田保护、耕地非农化（耕地征用）、耕地占补平衡等在内的最严格的耕地保护制度。1998 年修订的《土地管理法》第四条明确我国“实行土地用途管制制度”，通过“土地利用总体规划，规定土地用途，将土地分为农用地、建设用地和未利用地”，并“对耕地实行特殊保护”“严格限制农用地转为建设用地，控制建设用地总量”。第三十四条明确我国“实行基本农田保护制度”，要求各省区“划定的基本农田应当占本行政区域内耕地的 80% 以上”，严格保护基本农田，建设占用基本农田必须由国务院批准。第四十五至五十一条系统构建了以土地征用为基本方式的耕地非农化机制，总体上该耕地征用机制与 1986 年《土地管理法》的耕地征用机制大同小异。第三十一至三十三条明确了我国“实行占用耕地补偿制度”，即“非农业建设经批准占用耕地的”“由占用耕地的单位负责开垦与所占用耕地的数量和质量相当的耕地”“占多少，垦多少”，“没有条件开垦或者开垦的耕地不符合要求的”应该“缴纳耕地开垦费，专款用于开垦新的耕地”。

2. 该阶段的耕地保护规章制度下的耕地保护做法

从这一阶段的耕地保护规章制度的建设情况可以看出，1998 年修订的《土地管理法》明确了我国实行最严格的耕地保护制度，从耕地保有、耕地非农化、耕地补充等维度明确了耕地保护的具体做法。

我国不仅要保有一定数量和质量的耕地，还要实现耕地存量结构、空间分布的合理，并通过实施实行土地利用总体规划制度实现土地利用管理和耕地保护。1998 年修订的《土地管理法》和《全国土地利用总体规划纲要（2006 - 2020 年）》，明确了我国耕地保护的目标——守住 18.06 亿亩的耕地和 16.60 亿亩的基本农田。中央政府将该耕地和基本农田保护目标任务层层分配到各级地方政府，并在空间上落实到具体地块。

1998 年修订的《土地管理法》还明确规定要严格限制耕地非农化，非农化建设占用耕地的必须要符合国家土地利用总体规划，必须经政府审核批准，同时还要按照“占多少补多少”原则，由占用耕地的单位负责开垦与所占用耕地的数量和质量，此即耕地占补平衡机制。

此外，国家对基本农田实施更为严格的管制——除了经国务院批准的确实无法避开基本农田区的国家能源、交通、水利、军事设施等重点建设项目以外，其他所有建设项目均不能占用基本农田，即基本农田保护制度。

为了实现上述耕地保护与非农化配置目标，各级政府制定了土地利用总体规划，将耕地划分为基本农田、一般农田（普通耕地）和建设留用地，并通过计划分配建设占用耕地、耕地（以及基本农田）保有量以及耕地补充数量等指令性指标的机制实现耕地利用与保护的任务分配。通过规划分配建设占用耕地指标来控制较长规划期内的耕地非农化规模并落实到具体地块；通过规划分配耕地（以及基本农田）保有指标来落实耕地以及基本农田的保有任务；通过规划分配耕地补充数量指标来实现耕地占补平衡制度。只有同时满足建设占用耕地指标、基本农田保有指标、耕地补充指标 3 个指标要求，一个地区的耕地才允许非农化。[①] 具体操作如下。(1) 建设占用耕地指标的规划与分配。首先，各上级政府通过制定“土地利用总体规划纲要”规定各下级地区未来较长的规划期内建设用地指标总量和建设占用耕地指标总量，并在空间上落实到具体的建设留用地，以此形成建设占用耕地的规划指标。其次，政府通过制定和实施年度土地利用计划将建设占用耕地指标分配到各个年度，并通过指令性分配管理体制将建设占用耕地指标从中央到地方层层分解，直至下达到乡镇一级，此即建设占用耕地的计划指标的分配。(2) 耕地（基本农田）保有指标的规划与分配。各级政府根据下级地区的耕地禀赋通过制定“土地利用总体规划纲要”规定了较长规划期内各下级地区的耕地和基本农田保有量任务，其中各地区的基本农田保有率（划定的基本农田占耕地的比重）应当在 80% 以上［事实上，《全国土地利用总体规划纲要（1997 - 2010 年）》明确提出到 2010 年全国基本农田保护率为 83.48%］。(3) 耕地补充数量指标的规划与分配。为了有效实现耕地的“占补平衡”，严格落实耕地总量动态平衡的要求，各级政府大都将规划期内补充耕地总量与建设占用耕地指标相挂钩，将补充耕地的任务相应地下达到各下级政府，并要求各下级政府必须做到本地区耕地总量只增不减。

3. 耕地保护制度构建阶段的耕地发展权机制

1998 年修订的《土地管理法》实施之后，在我国只有同时满足建设占用耕地指标、基本农田保有指标、耕地补充指标 3 个指标要求，一个地区的耕地才允许非农化。从产权经济学视角看，这 3 个指标实质上共同执行了耕地发展权权能。同时，这 3 个指标的配置不是通过市场自由交易而是由上级政府的计划分配来实现的。耕地发展权的计划命令配置方式，具有计划经济模式所有常

---

① 汪晖、陶然．论土地发展权转移与交易的“浙江模式”——制度起源、操作模式及其重要含义［J］．管理世界，2009 (8)：39 - 52.

见的问题：一方面不能充分反映各地建设用地的边际产出差异、各地耕地保护的边际成本差异以及经济动态发展中空间布局不合理等问题，从而无法实现各地用地需要与耕地保护之间有效率的匹配；另一方面，土地用途管制及分区规划会导致不同分区经济主体间责任承担、利益分享的非均衡，给发展受限地区相关经济主体带来福利损失，但同时却缺乏配套的补偿机制设计，或仅有间接的补偿政策，因而显得刚性有余而弹性不足，导致农民以及欠发达地区缺乏保护耕地的内在动力；地方政府在耕地非农化中获得大量的土地增值收益，造成大量耕地被低效非农化。

（三）2000 年至今的耕地保护制度的完善阶段：耕地发展权经济措施配置机制的构建

1. 耕地保护规章制度的建设情况

这一时期，我国部分发达地区开始探索如何在现行体制下引入市场机制以解决耕地保护、非农化利用和耕地补充低效和不公的问题。各地区比较有代表性的创新实践有“浙江指标交易”“重庆地票交易机制”“成都耕地保护基金”等。中央政府则是密切跟踪各地区的创新实践，一方面积极总结各地区创新实践中的成功做法，并汇集成系统的创新举措向全国推广，另一方面，及时发现各地区创新实践存在的问题，并及时地予以制止，同时梳理更为正确的做法，指导规范各地区的创新实践。

在总结“浙江指标交易”“重庆地票交易机制”成功经验的基础上，2005 年，中央政府出台《关于规范城镇建设用地增加与农村建设用地减少相挂钩试点工作的意见》，逐步在全国各地建立“城乡建设用地增减挂钩”机制，2018 年中央政府进一步出台《跨省域补充耕地国家统筹管理办法》和《城乡建设用地增减挂钩节余指标跨省域调剂管理办法》，构建起跨省域补充耕地机制。在发现各地区创新实践导致基本农田快速减少等问题的情境下，2004 年和 2007 年，中央政府分别出台《关于深入开展土地市场治理整顿严格土地管理的紧急通知》和《国务院办公厅关于严格执行有关农村集体建设用地法律和政策的通知》，叫停了基本农田易地代保指标、折抵指标两种指标交易机制。此外，2009 年中央政府出台《国土资源部、农业部关于划定基本农田实行永久保护的通知》，升级“永久基本农田保护制度”；2009 年和 2017 年，中央政府分别出台《关于加强占补平衡补充耕地质量建设与管理的通知》和《中共中央、国务院关于加强耕地保护和改进占补平衡的意见》，严格实施数量平衡、质量相当的耕地占补平衡制度。2019 年新修订的《土地管理法》不仅对这一阶段的各种耕地相关的法律法规进行了综合反映，还对耕地非农化机制进行了三个方面的创新。一是将“征用”全部变更为“征收”，二是改变了土地征收的补偿标准，2019 年新修订的《土地管理法》第四十八条明确征收土地的补偿包括土地补偿费、安置补助费以及农村村民住宅、其他地上附着物和青苗等的补偿费用，还包括被征地农民的社会保障费用，其中，“土地补偿费、安置补助费标准由省、自治区、直辖市通过制定公布区片综合地价确定”，由此可见，土地的补偿标准也不再根据前三年平均年产值来决定、补偿上限也不再划定在前三年平均年产值的 30 倍以内。三是允许集体建设用地直接入市。2019 年新修订的《土地管理法》第六十三条明确“依法登记的集体经营性建设用地，土地所有权人可以通过出让、出租等方式交由单位或者个人使用”。

2. 各地区耕地保护机制的创新实践

（1）浙江指标交易机制。改革开放以来，浙江省的工业化、城市化规模和速度都位居全国前列，土地利用总体规划中的建设占用耕地的规划指标的数量与落实空间早已经不适合浙江省的发展现状。为了缓解经济社会发展与土地利用规划之间的矛盾，浙江省根据《土地管理法实施条例》引入了待置换用地区（即把位于城镇周边在规划期内具有发展潜力的区域设定为待置换建设留用地区），在此基础上，建立起了包括 4 种指标（耕地异地占补平衡指标、基本农田易地代保指标、折抵指标、复垦指标）交易的耕地保护市场机制。其中，耕地异地占补平衡指标是指本地区净补充的耕地面积（耕地补充的总面积超过建设占用的耕地面积）可以等量充当其他地区的耕地补充数量指标；基本农田易地代保指标是指占用而又无法补充相应数量和质量的基本农田的地区，经省人民政府批准，在本土地利用总体规划期内，委托本省其他行政区域在当地划定相应数量和质量的基本农田代为保护；折抵指标是指农用地经过土地整理新增有效耕地面积可以按比例（按照 72% 的比例）用来折抵成建设占用耕地指标；复垦指标则是指宅基地和废弃工业用地复垦为耕地后，可以等量置换为建设占用耕地指标。该市场机制的完整过程可以总结为六个步骤（张蔚文、李学文，2011）。

第一步：在建设留用地区或待置换用地区里如果有基本农田，则需补划；如果没有基本农田，则直接跳到第三步；

第二步：如果本地区无法完成基本农田补划，则需要向其他地区购买相应数量的基本农田易地代保指标；

第三步：建设留用地区或待置换用地区里的耕地在占用之前，需要先补后占；

第四步：本地区如果不能完成耕地补充，则需要向其他地区购买相应数量的耕地异地占补平衡指标；

第五步：获取建设占用耕地年度计划指标，在建设留用地区使用年度计划内的建设占用耕地指标，或者在本地区整理、复垦土地获得获取相应数量的折抵指标、复垦指标，在建设留用地区或待置换用地区使用；

第六步：如果本地区获取的折抵指标、复垦指标还不能满足需求，可向其他地区购买。

浙江省的4种创新的指标交易机制中，基本农田易地代保指标、折抵指标等两种指标交易机制已经被禁止，[①] 其余两种仍然在运作。

（2）重庆地票交易机制。重庆地票交易流程可以概括为四个阶段（吴珉，2011）。

第一阶段，申请复垦。经所在的农村集体经济组织同意，农民可以申请将自家闲置的宅基地及附属地复垦为耕地；经2/3以上成员或成员代表同意，农村集体经济组织可以申请将利用率低的农村集体建设用地复垦为耕地。

第二阶段，复垦验收。建设用地复垦成耕地后，经区县国土资源行政主管部门验收合格，形成相应数量的地票指标，交由政府代理农民或农村集体经济组织在农村土地交易所交易。

第三阶段，指标交易。具备独立民事能力的自然人、法人或者其他经济组织在农村土地交易所平台上公开竞购指标。复垦宅基地及附属用地所形成的地票指标的成交收益扣除耕地复垦费用后，一小部分归农村集体经济组织所有，其余的大部分归农民所有；复垦农村集体建设用地所形成的地票指标的成交收益扣除耕地复垦费用后，大部分归农村集体经济组织所有。

第四阶段，指标落地。首先，地票的购买者选择符合城乡规划和土地规划的地块。然后，政府征收该地块形成城市建设用地并出让其使用权，最终使地票指标落实为等量的城市建设用地，同时，地票价格可以冲抵新增建设用地土地使用权以及耕地开垦费用。

（3）成都耕地保护基金机制。2008年创设的耕地保护基金制度不仅是成都开启农村产权制度改革的一项基础性制度安排，也是确保整体改革顺利推进的重要激励手段。这一政策涉及三个主要内容。

---

① 2004年国务院办公厅出台的《关于深入开展土地市场治理整顿严格土地管理的紧急通知》规定“不得进行跨市、县的基本农田易地代保，对已经发生的要坚决纠正”，禁止了基本农田易地代保政策；2007年国务院办公厅出台《国务院办公厅关于严格执行有关农村集体建设用地法律和政策的通知》规定“土地整理新增耕地面积只能折抵用于建设占用耕地的补偿，不得折抵为建设用地指标，扩大建设用地规模”，折抵指标用于待置换用地政策也予以停止。

一是耕地保护基金的来源。耕地保护基金由市和区（市）县共同筹集，主要来源是每年新增建设用地土地有偿使用费、耕占税返地方政府的部分和一定比例的土地出让收入，当这三项不足时，由政府财政资金补足。

二是耕地保护基金的发放对象与标准。对完成确权颁证的耕地每年发放耕保基金，补贴标准为基本农田每年每亩400元、一般耕地每年每亩300元；

三是耕地保护基金使用范围以及受益人的责任。耕地保护基金总量的10%用于耕地流转担保资金和农业保险补贴，由市级政府统筹使用，剩余的90%资金发放到农户和集体经济组织，专门用于农户养老保险补贴和集体经济组织现金补贴。领取耕保基金的农户和集体经济组织承担相应的耕地保护义务。

3. 中央政府的耕地保护机制的总结创新

（1）永久基本农田制度和以数量为基础、产能为核心的占补新机制。随着耕地异地占补平衡指标、基本农田易地代保指标、折抵指标、复垦指标等耕地指标交易机制的不断深入实施，这些耕地保护创新机制在实际操作中的问题逐渐暴露，占优补劣、占整补零、占水田补旱地等异化现象对国家耕地保护目标的实现产生了极大的负面影响。① 据《中国国土资源统计年鉴》的相关统计数据，2000年以来，全国通过土地整治补充的耕地面积超过6000万亩，大于同期建设占用耕地和自然灾害损毁耕地的面积之和。客观上讲，在耕地数量占补平衡方面取得了积极效果，但在质量占补平衡方面则差强人意。在现实工业化、城镇化推进过程中，建设占用的耕地很大一部分是交通设施便利、配套设施完善、靠近城镇边缘的优质耕地，而补充的耕地往往地处边远山区、基础设施不完善、水土条件差，不仅质量普遍低于被占用耕地，而且以小规模、分散性、碎片化补充为主。② 质量下降和耕作不方便，导致补充耕地出现撂荒和闲置问题。有研究表明，浙江、江西、湖南、四川、重庆、广西等多个省份的山区县耕地撂荒率均已超过20%。③

为此，中央政府及时制定实施多个文件，禁止了基本农田易地代保、折抵指标交易等机制。2004年，国务院办公厅出台《关于深入开展土地市场治理整顿 严格土地管理的紧急通知》，明确指出“不得进行跨市、县的基本农田易地代保，对已发生的要坚决纠正”，从而明令叫停了基本农田易地代保机制。

① 童菊儿，严斌，汪晖．异地有偿补充耕地——土地发展权交易的浙江模式及政策启示［J］．国际经济评论，2012（2）：140－152．

② 汤怀志，桑玲玲，郧文聚．我国耕地占补平衡政策实施困境及科技创新方向［J］．中国科学院院刊，2020，35（5）：637－644．

③ 李升发，李秀彬，辛良杰等．中国山区耕地撂荒程度及空间分布——基于全国山区抽样调查结果［J］．资源科学，2017，39（10）：1801－1811．

2007年，国务院办公厅出台《国务院办公厅关于严格执行有关农村集体建设用地法律和政策的通知》，明确规定“土地整理新增耕地面积只能折抵用于建设占用耕地的补偿，不得折抵为建设用地指标，扩大建设用地规模”，从而明令禁止了折抵指标用于待置换用地。[①]

在叫停基本农田易地代保、折抵指标交易等机制的同时，中央政府还陆续发布多个文件，建立以数量为基础、产能为核心的占补新机制。2009年12月2日，国土资源部、农业部联合发布《关于划定基本农田实行永久保护的通知》，明确要各省份开始永久基本农田划定工作，2020年1月1日开始实施的新修订的《土地管理法》第四章第三十三条，明文规定我国“实行永久基本农田保护制度”，要求各省市区“划定的永久基本农田一般应当占本行政区域内耕地的百分之八十以上”，并对永久基本农田实行严格保护，“任何单位和个人不得擅自占用或者改变其用途”，仅有“国家能源、交通、水利、军事设施等重点建设项目选址确实难以避让永久基本农田”的，经国务院批准后，方可进行农用地转用或者土地征收。从基本农田到永久基本农田的修改，体现了中央政府对耕地坚定的价值理念。

不仅如此，2017年12月11日，国土资源部颁布实施《中共中央、国务院关于加强耕地保护和改进占补平衡的意见》，明确重点从以下几个方面系统建立“以数量为基础、产能为核心的占补新机制”，落实“占一补一、占优补优、占水田补水田，促进耕地数量、质量和生态三位一体保护”。第一，转变补充耕地方式，加强生态环境保护。重点通过土地整治建设高标准农田补充耕地，严格控制通过开发成片未利用地补充耕地。第二，扩大补充耕地途径，允许用于占补平衡的耕地主要包括以下三个方面：其一，高标准农田建设以及国土资源主管部门组织实施的土地整治所补充和改造的耕地；其二，耕地开垦费、各级政府财政投入、社会资本等各类资金投入所补充和改造的耕地；其三，经省级国土资源主管部门组织认定的城乡建设用地增减挂钩和历史遗留工矿废弃地复垦形成的新增耕地节余部分。第三，以县（市、区）为单位建立新增耕地数量、新增水田和新增粮食产能3类指标储备库，实行分类管理、分别使用。第四，实行耕地数量、水田面积和粮食产能3类指标核销制，落实占补平衡，即建设项目应同时补齐其占用的耕地的数量、水田面积和粮食产能。第五，规范省域内指标调剂，即耕地占补平衡原则上坚持以县域平衡为主，因

---

① 汤怀志，桑玲玲，郧文聚．我国耕地占补平衡政策实施困境及科技创新方向［J］．中国科学院院刊，2020，35（5）：637－644．

耕地后备资源不足等原因确实难以在本县域内补充耕地的，可以在省域内以县级人民政府为主体跨县域调剂补充耕地指标。第六，充分利用信息化技术，加强土地整治项目日常监测监管，并将建设占用和补充耕地相关情况纳入省级耕地保护责任目标检查考核内容。

（2）城乡建设用地增减挂钩机制。2008 年 6 月 27 日，国务院国土资源部颁布了《城乡建设用地增减挂钩试点管理办法》，开始在全国开展城乡建设用地增减挂钩试点工作。此后，全国多个省（区、市）均制定了各自的城乡建设用地增减挂钩操作办法，并经国土资源部批准，开展试点工作。福建省经济发展较快、建设用地供需矛盾突出，是较早向国家申请并获得批准开展试点工作的省份之一。2010 年 2 月 22 日，福建省政府颁布了《福建省人民政府办公厅转发省国土资源厅关于实施农村土地整治和城乡建设用地增减挂钩意见的通知》，规范并启动城乡建设用地增减挂钩试点工作。此后，福建省在宁德、南平、漳州、莆田、龙岩 5 个设区市设置了 6 个试点县和 21 个综合改革试点镇来具体实施农村土地整治和城乡建设用地增减挂钩工作。以下以福建省为例，具体分析城乡建设用地增减挂钩机制的运作过程。

申报城乡建设用地增减挂钩项目。试点县将若干拟整理复垦为耕地的农村建设用地地块（即拆旧地块）和拟用于城镇建设的地块（即建新地块）等面积共同组成建新拆旧项目区（以下简称项目区），并编制项目区实施规划向省国土资源厅提出项目实施申请；省国土资源厅在对各试点县上报的项目区实施规划进行审查的基础上建立项目区备选库，并根据项目区入库情况，向国土资源部提出周转指标申请；国土资源部在对项目区备选库进行核查的基础上，按照总量控制的原则，批准下达挂钩周转指标规模。挂钩周转指标专项用于控制项目区内建新地块的规模，同时作为拆旧地块整理复垦耕地面积的标准，但不得作为年度新增建设用地计划指标使用。挂钩周转指标应在规定时间内用拆旧地块整理复垦的耕地面积归还，面积不得少于下达的挂钩周转指标。

开展城乡建设用地增减挂钩项目。整治项目区旧村低效利用的建设用地，将其一部分复垦为耕地，一部分改建为新村。复垦出的耕地由设区市国土资源部门和农业部门审核拟新增耕地的数量，报省国土资源厅先行核定挂钩指标。新增的耕地仍归原农村集体经济组织所有，或由该农村集体经济组织统一经营，或按农村土地承包法的规定发包给组织内村民。农村新增耕地形成的挂钩指标用于设区市范围内城市建设（确需跨市的，由省国土资源厅协调个案处理），但需要支付按城市等别确定的挂钩指标使用费（最低等别的城市不低于每亩10万元，最高等别的城市不低于每亩20万元），支付挂钩指标使用费后，征地时建设项目免缴耕地开垦费和新增建设用地土地有偿使用费。增减挂钩指标使用费主要用于拆旧、复垦和依法补偿，剩余资金可用于新村和小城镇基础设施、公共设施建设。

（3）补充耕地指标、城乡建设用地增减挂钩指标的跨省域交易机制。2018年3月10日，国务院办公厅同时颁布实施《跨省域补充耕地国家统筹管理办法》和《城乡建设用地增减挂钩节余指标跨省域调剂管理办法》，从而构建起补充耕地指标、城乡建设用地增减挂钩指标的跨省域交易机制。

《跨省域补充耕地国家统筹管理办法》明确：耕地后备资源严重匮乏、补充耕地能力严重不足的省市，在实施重大建设项目过程中无法在本省域内实现耕地占补的，在向国务院申请获得批准并缴纳跨省域补充耕地资金后，可以在耕地后备资源丰富的省份通过土地整治和高标准农田建设项目新增耕地以落实补充耕地任务。需要缴纳的跨省域补充耕地资金的计算公式和资金收取标准见式（4.1）和式（4.2），公式中的基准价、产能价和省份调节系数见表4－4。缴纳的跨省域补充耕地资金，一部分安排给落实补充耕地任务的省份，剩余部分由中央财政统一安排使用。补充耕地经费标准根据补充耕地类型和粮食产能综合确定：补充普通耕地每亩5万元、补充水田每亩10万元，补充耕地标准粮食产能每亩每百千克1万元，二者之和则为补充耕地经费标准。

$$\text{需要缴纳的跨省域补充耕地资金} = \text{跨省域补充耕地资金收取标准} \times \text{耕地补充面积} \tag{4.1}$$

$$\text{跨省域补充耕地资金收取标准} = (\text{以基准价} + \text{产能价}) \times \text{省份调节系数} \tag{4.2}$$

表4－4　式（4.1）和式（4.2）中的基准价、产能价及省份调节系数

基准价	产能价	省份调节系数		
		分档	地区范围	调节系数
普通耕地10万元/亩，水田20万元/亩	根据农用地分等定级成果对应的标准粮食产能确定，每亩每百千克2万元	一档地区	北京、上海	2
		二档地区	天津、江苏、浙江、广东	1.5
		三档地区	辽宁、福建、山东	1
		四档地区	河北、山西、吉林、黑龙江、安徽、江西、河南、湖北、湖南、海南	0.8
		五档地区	重庆、四川、贵州、云南、陕西、甘肃、青海	0.5

资料来源：笔者整理。

《城乡建设用地增减挂钩节余指标跨省域调剂管理办法》旨在规范深度贫困地区城乡建设用地增减挂钩节余指标跨省域调剂交易的行为。经国土资源部同意，人均城镇建设用地水平较低、规划建设用地规模确有不足的帮扶省份（节余指标调入地区），可以向深度贫困地区所在地省份（节余指标调出地区）购买城乡建设用地增减挂钩节余指标，少量增加规划建设用地规模。节余指标具体价格标准见表4－5。

表4－5　节余指标价格标准

<table>
<tr><th>价格类型</th><th>确定价格的根据</th><th colspan="2">具体的价格标准</th></tr>
<tr><td>节余指标调出价格</td><td>根据复垦土地的类型和质量确定</td><td colspan="2">复垦为一般耕地或其他农用地的30万元/亩，复垦为高标准农田的40万元/亩</td></tr>
<tr><td rowspan="3">节余指标调入价格</td><td rowspan="3">根据地区差异确定</td><td>北京、上海</td><td>70万元/亩（如果有附加规划建设用地规模的，则每亩需要额外增加50万元）</td></tr>
<tr><td>天津、江苏、浙江、广东</td><td>50万元/亩（如果有附加规划建设用地规模的，则每亩需要额外增加50万元）</td></tr>
<tr><td>其他省份</td><td>30万元/亩（如果有附加规划建设用地规模的，则每亩需要额外增加50万元）</td></tr>
</table>

资料来源：笔者整理。

（4）耕地非农化与入市途径的创新。耕地非农化以及转为非农建设用地后的进入市场的方式，都将影响耕地非农化的利益分配，从而影响耕地的非农化利用与保护。根据2019年新修订的《土地管理法》，当前我国耕地非农化以及入市的途径主要有三种：一是国有耕地的非农化与直接入市，即依法取得非农转用许可的国有耕地，政府以划拨或出让等方式将其使用权转让给非农建设用地使用者，从而实现耕地的非农化与市场交易；二是耕地非农化及入市的征收途径，即政府先通过征收依法取得非农转用许可的农民集体所有的耕地（非农转用审批和征收审批往往同时进行），然后再以划拨、出让等方式将其使用权转让给非农建设用地使用者，从而实现耕地的非农化与市场交易；三是集体耕地非农转用及直接入市，即依法取得非农转用许可的集体所有的耕地在不改变集体土地所有权的情况下，通过市场交易，流转到非农建设用地使用者手中，从而实现耕地的非农化与市场交易。其中，前面两种途径是1986年的《土地管理法》逐步确立并实施的耕地非农化与入市的方式，尤其是耕地非农化及入市的征收途径在全国各地普遍存在；而集体耕地非农转用及直接入市的途径则是2019年新修订的《土地管理法》予以明确的新方式。

国有耕地的非农化与直接入市只涉及耕地用途的变更而不涉及耕地所有权的变更。从 1986 年的《土地管理法》一直到 2019 年新修订的《土地管理法》，都明确国有建设用地的使用权可以在市场上自由流转，因此，依法取得非农转用许可的国有耕地，政府可以将其以划拨、出让等方式直接转让给非农建设用地使用者，实现耕地的非农化与市场交易。

在耕地非农化及入市的征收途径中，耕地非农化即入市过程要经过三个步骤（见图 4－2）：第一步，获得耕地非农转用许可。现实经济运行中，耕地非农转用审批和耕地征收审批一般是同时进行，但为了详细说明各个环节的具体过程，本节按照先后流程对它们进行分别说明。目前在耕地非农转用审批环节中，政府通过编制土地利用总体规划，综合利用建设占用耕地量、基本农田保护率、耕地补充等 3 个指标实现对耕地非农转用审批权的总量约束，同时，上级政府将规划期内 3 个指标的总量约束分解给各地区，从中央到地方层层分解，直至下达到乡镇。各级政府每年编制并实施年度土地利用规划，将 3 个指标具体落实到各个年份。省、市两级政府只能在同时满足这 3 个指标的范围内行使耕地非农转用审批权。第二步，地方政府代表国家征收农民集体所有的土地，把集体土地转变为国有土地，此即土地征收市场（事实上，土地征收不能算是一种市场交易，不过，为了和下文的土地一级市场、土地二级市场相比较，这里暂且称其为征收市场）。土地征收是我国耕地非农化及入市的中间环节，我国的土地征收制度本质上是关于农地非农化开发的一项基本制度安排。① 完成耕地非农转用审批之后，在土地用途管制层面上，耕地已经转为建设用地，但此时的土地属于农民集体所有。在 2019 年修订《土地管理法》之前，集体建设用地的流转被限制在本集体内部，唯有通过征收转为国有建设用地，才能在市场上自由交易。土地征收审批权由中央政府和省级政府分享，并且省级政府行使土地征收审批权也相应地限制在建设占用耕地量、基本农田保护率、耕地补充 3 个指标的约束范围内。②根据 2019 年新修订的《土地管理法》第四十六条，国务院负责批准以下三种土地征收情况：征收永久基本农田，征收永久基本农田以外的耕地超过 35 公顷的，征收其他土地超过 70 公顷的。征收上述情况之外的土地，则由省级人民政府批准。获准土地征收之后，市、县人民政府负责实施具体的土地征收活动。在完成整个土地征收程序之

①② 靳相木，姚先国．农地非农化管理的分权取向改革及其情景模拟［J］．公共管理学报，2010，7（3）：10－20.

后，农村集体所有土地则变更为国家所有。第三步：市、县人民政府以划拨、出让（具体包括协议、招标、拍卖、挂牌等）等方式将土地使用权转让给土地使用者，完成耕地向建设用地使用者的转移过程，这便形成了土地一级市场。取得土地使用权的用地单位也可以在法律法规规定的范围内将其拥有的土地使用权以转让、出租、入股等形式转移给别的土地使用者，从而形成土地的二级市场。不过，土地二级市场是已经完成非农化的建设用地的使用权的交易市场，因此不属于耕地非农化过程。

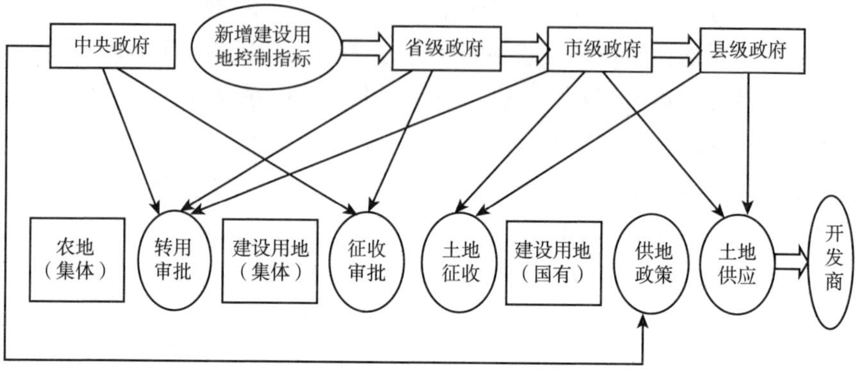

图 4-2 农地非农化的征地模式

资料来源：靳相木，姚先国. 农地非农化管理的分权取向改革及其情景模拟［J］. 公共管理学报，2010，7（3）：10-20.

2019 年新修订的《土地管理法》第六十三条明确，在"经本集体经济组织成员的村民会议三分之二以上成员或者三分之二以上村民代表的同意"的条件下，依法登记的并被土地利用总体规划、城乡规划确定为工业、商业等经营性用途的集体经营性建设用地，"土地所有权人可以通过出让、出租等方式交由单位或者个人使用"。由此，2019 年新修订的《土地管理法》又明确了耕地非农化与入市的新途径：集体耕地非农转用及直接入市。在该途径中，耕地非农化的审批依然受到政府的严格控制，所不同的是，经过审批后允许进行非农化的耕地，不再通过由政府征收转为国有土地，然后再由政府通过各种方式将土地使用权转让给建设用地使用者，而是由农民集体直接和用地单位或个人进行协商交易，完成耕地向建设用地单位的转移。具体过程见图 4-3。

4. 耕地保护机制创新实践的本质——基于耕地发展权机制的阐释

从产权经济理论看，浙江指标交易、重庆地票交易、城乡建设用地增减挂钩和成都耕地保护基金等耕地保护创新机制的本质都是耕地发展权机制的创新，这些探索机制在以往耕地发展权的基础上引入了经济措施。不同机制中的

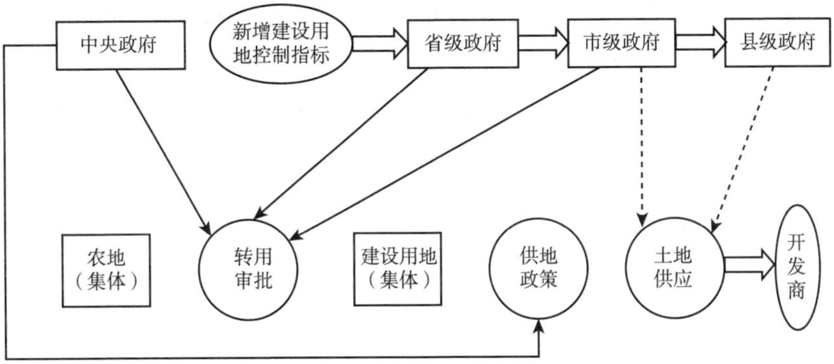

图 4-3　农地非农化的集体土地直接流转模式

资料来源：靳相木，姚先国．农地非农化管理的分权取向改革及其情景模拟［J］．公共管理学报，2010，7（3）：10-20.

耕地发展权种类有所不同，其中，重庆地票交易机制、城乡建设用地增减挂钩机制本质上和浙江指标交易机制是一致的，均为新增耕地发展权的市场交易机制；成都耕地保护基金机制是存量耕地发展权内在价值的补偿机制。不同种类的耕地发展权具有不同的权能。由于实行了耕地占补平衡制度，1998 年修订的《土地管理法》中将耕地区分为现存的耕地和新增的耕地，二者在非农化中具有不同的权限：现存的耕地严禁非农化，只有在符合土地利用总体规划和土地利用年度计划，并且要增补数量和质量不减少的耕地，才能将现存的耕地非农化。因此，现存耕地在耕地保护与非农化管理中只具有一种权能，即表征耕地的存在，并且获得相应的耕地保存的公共外部性价值的补贴的权利；新增耕地的发展权除了拥有现存耕地发展权权能之外，还拥有允许等量的其他现存耕地在符合各种规划下进行非农化的权能。

不同的创新机制中，不同种类的耕地发展权的权能分解、产权归属、配置机制有所不同。浙江的指标交易机制将新增耕地的发展权的权能分解为以下三个指标或条件：耕地补充指标，建设占用耕地年度指标或者复垦指标，符合土地利用规划并获得政府审批。只有同时满足这三个条件，一块耕地才允许被非农化。其中，耕地补充指标归补充耕地所在地的地方政府所有，并通过市场机制流转配置；建设占用耕地指标由上级政府规划分配给地方政府所有，耕地占用者在缴纳建设占用耕地使用费后获得该指标；复垦指标归复垦耕地所在地的地方政府所有，并通过市场机制流转配置；土地利用规划由地方政府编制并获得上级政府批准予以实施。

重庆的地票交易机制中，新增耕地的发展权的权能分解为以下两个指标或条件：地票指标，符合土地利用规划并获得政府审批。只有同时满足这两个条件，一块耕地才允许被非农化。其中，地票指标归复垦土地的原所有者所有，并通过市场机制流转配置；土地利用规划由地方政府编制并获得上级政府批准予以实施。

城乡建设用地增减挂钩机制中，新增耕地的发展权的权能分解为以下两个指标或条件：城乡建设用地增减挂钩指标，符合土地利用规划并获得政府审批。只有同时满足这两个条件，一块耕地才允许被非农化。其中，城乡建设用地增减挂钩指标归属并未明确，但绝大部分地区归复垦耕地所在地的地方政府所有，部分收益归属于复垦前土地的所有者，并通过市场机制流转配置；土地利用规划由地方政府编制并获得上级政府批准后予以实施。

成都耕地保护基金中，耕地保有指标执行着现存耕地的发展权的权能，即每一单位耕地保有指标每年均可获得相应的耕地保护补贴，耕地保有指标归农户或农民集体所有。

永久基本农田制度和以数量为基础、产能为核心的占补新机制从两个维度拓展了耕地发展权的种类。第一个维度是从耕地产能角度将耕地发展权区分为不同产能的耕地的发展权，《中共中央、国务院关于加强耕地保护和改进占补平衡的意见》明确建设项目应同时补齐其占用的耕地的数量、水田面积和粮食产能，换言之，只有在补充的耕地数量不减少、补充的耕地产能不下降的情况下，才能将某一数量某一产能等级的耕地进行非农化。第二个维度是从新增耕地方式的角度来区分不同的新增耕地的发展权。其中，通过拆旧地块复垦得到的新增耕地指标，即复垦指标，在符合土地利用规划并获得政府审批情况下，可以将相应数量和质量的耕地进行非农化；而通过高标准农田建设等土地整治项目补充和改造的耕地、经省级国土资源主管部门组织认定的城乡建设用地增减挂钩和历史遗留工矿废弃地复垦形成的新增耕地节余部分等获得的新增耕地指标，即耕地占补平衡指标，需要加上建设占用耕地年度指标或者复垦指标，并且符合土地利用规划、获得审批，才可以将相应数量和质量的耕地进行非农化。由此可见，复垦指标的权能大于耕地占补平衡指标。

耕地占补平衡指标、城乡建设用地增减挂钩指标的跨省域交易机制则是将耕地发展权交易市场范围从省域市场拓展到全国性的交易市场，即从“封闭”的市场拓展到“开放”的市场，各省可以根据自己的相对优势（有些省份具有补充耕地的优势，而有些省份对耕地进行非农化可以获得相对更多的收益）参与全国耕地发展权交易，使得耕地发展权可以在全国范围内进行交易配置，从而实现更高的配置效率。

三、我国耕地保护制度和机制的变迁路径

由上述我国耕地保护机制的变迁历程与创新现状分析可以发现，我国耕地发展权制度顺着图 4 -4 右图的创新路径持续推进：由 1982 年的耕地发展权缺失和产权主体虚置，逐步变迁到 1986 年《土地管理法》框架下的地方政府以征收权和出让权实质性地确立起耕地发展权，再到 1998 年逐步建立起总量控制下的计划命令配置机制，2000 年至今正处于耕地发展权的计划命令配置机制向经济措施配置机制变迁的过程中。浙江的指标交易、重庆的地票交易、城乡建设用地增减挂钩等机制本质上构建了新增耕地发展权的市场交易机制；成

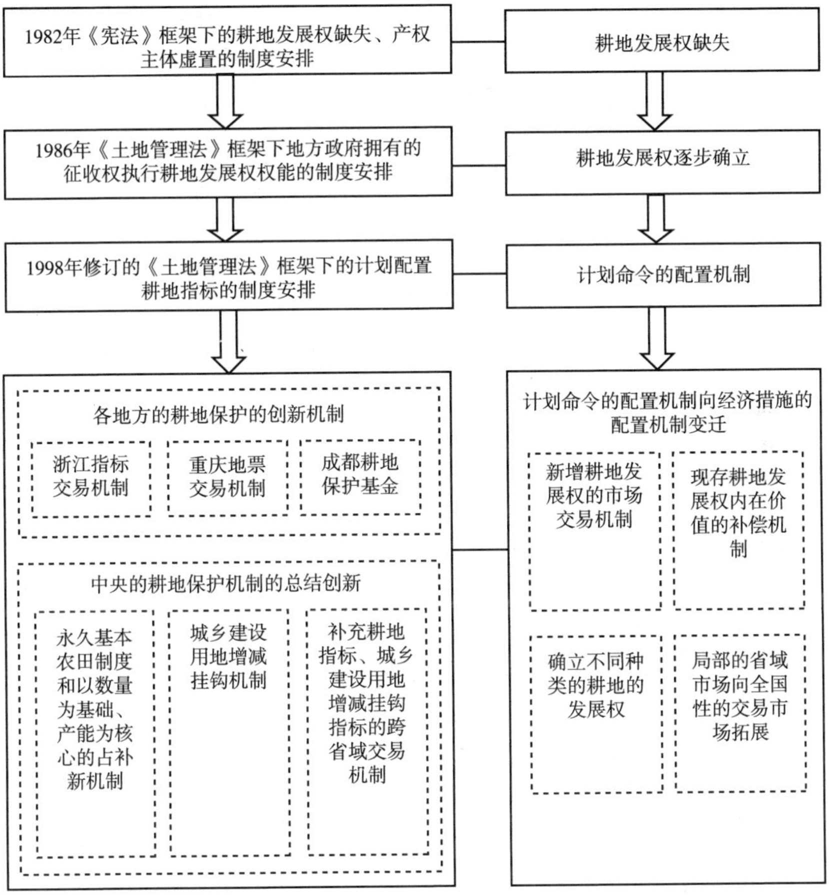

左图：耕地发展权制度创新的历程与现状　　右图：耕地发展权制度的创新路径

图 4 -4　耕地发展权制度的创新历程与创新路径

都的耕地保护基金机制本质上构建了现存耕地发展权内在价值的补偿机制；永久基本农田制度和以数量为基础、产能为核心的占补新机制本质上区分了不同种类耕地的发展权，并赋予不同种类的耕地的发展权不同的权能；耕地占补平衡指标、城乡建设用地增减挂钩指标的跨省域交易机制则是将耕地发展权交易市场范围从局部的省域市场拓展到全国性的交易市场，见图4-4。

第三节 我国耕地保护制度与机制变迁的绩效分析

根据制度变迁理论，制度的变迁与创新是否合理，主要看变迁后的制度是否改进了变迁前制度的效率与公平。总体上看，我国耕地发展权机制的每次变迁都修正了此前制度安排的不足之处，均促进了效率与公平的改进，不过，每次变迁也遗留了部分问题，从而为下一阶段的制度变迁埋下伏笔。

一、效率与公平标准

（一）耕地配置的帕累托最优效率标准

根据第三章的数理模型分析，耕地利用与保护最优配置效率的实现条件是：要使得配置后各地区各种等级耕地保留农用的边际社会收益（边际私人收益加上边际外部性收益）等于该耕地保留农用的边际机会成本（即该耕地转为建设用地后的边际收益减去耕地非农化的边际成本），也要使未利用地转为耕地的边际社会收益等于未利用地的价格（未利用地转为耕地的机会成本）。总而言之，要实现耕地利用与保护的最优配置效率，就要使得各地区各种利用类型的土地转为各种等级的耕地后（耕地类型保持不变，可以看作耕地转为耕地）边际社会收益等于各种利用类型的土地转为各种等级耕地的边际成本。

可以用图4-5来进一步说明耕地利用与保护的帕累托最优效率的实现条件。由于未利用地与耕地之间的最优转用配置效率的实现条件本质上和耕地与建设用地之间的最优转用配置效率的实现条件相同，因此，本章主要以耕地与建设用地之间的转用为例进行分析，未利用地与耕地之间转用的结论可以类推。图4-5中的横轴表示土地数量，纵轴表示土地价格。假设经济社会拥有的土地总数为 OL（为了图形分析简便，假设经济社会只有耕地和建设用地两种类型土地），D_s 表示耕地保留农用的需求曲线，根据经济学原理，D_s 本质上是耕地保留农用的边际社会收益曲线，Q_c 表示耕地保留农用的供给曲线，Q_c 本质上就是耕地保留农用的边际成本曲线，由于耕地转为建设用地的收益（等于耕地转为建设用地后的收益减去耕地转为建设用地的成本）可以看成是耕地保留农用的机会成本，因此，Q_c 本质上是耕地转为建设用地的边际收益。耕地保留农用的供给曲线与耕地保留农用的需求曲线的交点 E^* 则为耕地保留农用最优配置的均衡点，其相应的价格 p^* 则为均衡价格，耕地数量 S^* 则为最优的耕地保留数量，S^*L 为最优的建设用地数量。此时，耕地保留农用获得的社会收益为梯形 AE^*S^*O，建设用地获得的收益为梯形 BE^*S^*L，社会总收益为二者之和 $AE^*S^*O+BE^*S^*L$。

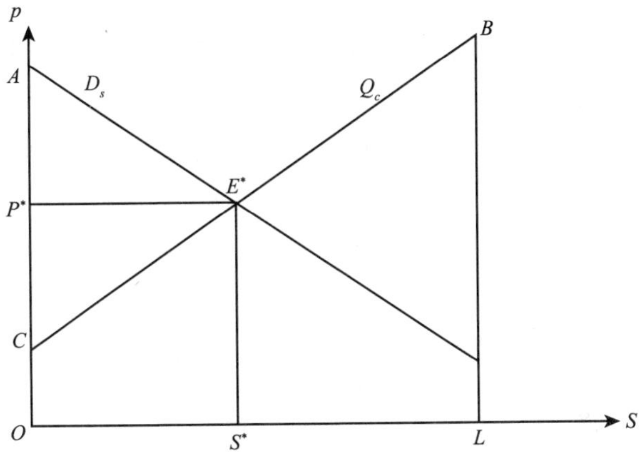

图 4-5　耕地利用与保护的帕累托最优状态

（二）耕地配置的社会公平标准

基于不同的价值观，则有不同的公平原则。第三章已经分析过了，从经济学视角看，公平可以分为机会公平和结果公平，其中，界定耕地发展权并构建相应的市场机制与机会公平实质上是统一的。结果公平要区分两种情景：第一种情景，存在一个所有经济主体都服从的权威管理者，则遵循权威管理者认可的结果公平标准；第二种情景，不存在一个所有经济主体都服从的权威管理者，各经济主体均平等，相互间进行协商博弈，最终达成合作共识，形成所有经济主义都愿意接受的结果公平标准。基于上述原理，本书认为，我国的耕地配置中的社会公平，应该以社会主义核心价值观为基础，以我国宪法为准绳，以党的最新指导思想为指导。总结起来，应该要体现在以下两个原则。

（1）机会、产权权利均等原则——同地同权同价。《宪法》第十二条第二款明确规定“禁止任何组织或者个人用任何手段侵占或者破坏国家的和集体的财产。”党的十八大报告也明确指出要“加快完善城乡发展一体化体制机制”“促进城乡要素平等交换和公共资源均衡配置”。党的十九大报告再次强调“经济体制改革必须以完善产权制度和要素市场化配置为重点，实现产权有效激励、要素自由流动、价格反应灵活、竞争公平有序、企业优胜劣汰。”由此可见，相同种类的土地产权对于不同产权拥有者都应该具有相同的权利，那么，获得转用审批并转为非农建设用地后的农民集体所有的耕地，理应和国有的建设用地一样，拥有均等的入市交易机会、权利，实现同地同权同价。

（2）市场原则——耕地收益按贡献分配。我国宪法第六条明确规定“社会主义公有制消灭人剥削人的制度，实行各尽所能、按劳分配的原则。”党的十八大报告也明确指出要“完善劳动、资本、技术、管理等要素按贡献参与分配的初次分配机制”。党的十九大报告再次强调“坚持按劳分配原则，完善按要素分配的体制机制，促进收入分配更合理、更有序。”由此可见，耕地收益要分配给谁、分配多少，关键要看谁在耕地创造收益中付出劳动做了贡献、付出多少劳动做出多大的贡献，即耕地收益按劳、按贡献分配。耕地保护的行为涉及三个方面：耕地保留农用、耕地非农化和耕地补充。因此，要实现耕地保护的公平，也应该要在耕地保护的这三个行为方面都坚持市场原则，在这三个方面的耕地保护行为中，应该按劳按贡献分配相应的耕地收益。

首先，保留农用的现存耕地能够产生两种价值收益：使用价值和存在价值。其中，现存耕地的使用价值由现存耕地使用权予以保护和实现，应该属于现存耕地使用权所有人；现存耕地的存在价值由现存耕地发展权予以保护和实现，应该属于现存耕地发展权所有人。2019 年新修订的《土地管理法》第十三条明确：农民集体所有和国家所有依法由农民集体使用的耕地，采取农村集体经济组织内部的家庭承包方式承包；由此可见，农民集体所有和国家所有并依法由农民集体使用的耕地，其中，已经被承包的耕地的使用权归属于该耕地的承包者，未被承包的耕地的使用权归属于农民集体。现有规章制度尚未对现存耕地发展权的归属予以明确规定，不过，正是为了维持耕地的农业用途不变，现存耕地所在地的地方政府和现存耕地的所有者牺牲了现存耕地非农化机会，从而保护了现存耕地，进而使现存耕地能够为经济社会提供存在价值，因此根据市场原则，应该将现存耕地发展权赋予现存耕地所在地的地方政府和现存耕地的所有者。

其次，在对耕地进行非农化时，创造的收益可以分为三个部分：被占用耕地使用价值补偿成本、被占用耕地存在价值补偿成本和耕地非农化的价值增值。其中，被占用耕地使用价值补偿成本应该归属于被占用的现存耕地使用权所有人，根据2019年新修订的《土地管理法》，农民集体所有和国家所有依法由农民集体使用的被占用的现存耕地的使用权归相应的农民所有；被占用耕地存在价值补偿成本应该归属于被占用的现存耕地发展权所有人，根据市场原则，应该将被占用的现存耕地发展权赋予被占用的现存耕地所在地的地方政府和被占用的现存耕地的所有者；耕地非农化的价值增值应该由耕地非农化参与者共同分享，即被占用的现存耕地使用权所有人、耕地发展权所有人、建设用地使用者、基础设施建设者共同分享耕地非农化的价值增值，耕地非农化参与者各自的分享数额则由各自在市场交易中的讨价还价能力决定。

最后，在将未利用地或建设用地转为耕地过程中，创造的收益可以分为两个部分：新增耕地使用价值和新增耕地存在价值。其中，新增耕地的使用价值由新增耕地使用权予以保护和实现，应该属于新增耕地使用权所有人；新增耕地的存在价值由新增耕地发展权予以保护和实现，应该属于新增耕地发展权所有人。根据2019年新修订的《土地管理法》，转为耕地前的土地是农民集体所有的，则新增耕地使用权归相应的农民集体所有，转为耕地前的土地是国有的，则新增耕地使用权属于国有；现有规章制度尚未对新增耕地发展权的归属予以明确，不过，根据市场原则，新增耕地发展权应该归属于耕地补充的实施者，见表4-6。

表4-6 耕地收益构成与合理的权益归属

类别	收益构成	合理的权益归属	
		收益归属	产权归属
耕地保留农用	现存耕地使用价值	现存耕地使用权所有人	农民集体所有和国家所有依法并由农民集体使用的耕地，其中，已经被承包的耕地的使用权归属于该耕地的承包者，而该农民集体中的农民则是该耕地的承包者；未被承包的耕地的使用权归属于农民集体
	现存耕地存在价值	现存耕地发展权所有人	为保护耕地而牺牲非农化机会的耕地所在地地方政府和耕地所有者
耕地非农化	被占用耕地使用价值补偿成本	被占用的现存耕地使用权所有人	农民集体所有和国家所有依法由农民集体使用的被占用耕地，其中，已经被承包的耕地的使用权归属于该耕地的承包者，未被承包的耕地的使用权归属于农民集体
	被占用耕地存在价值补偿成本	被占用的现存耕地发展权所有人	为保护被占用耕地而牺牲非农化机会的耕地所在地地方政府和耕地所有者
	耕地非农化的价值增值	耕地非农化参与者共同分享	被占用的现存耕地使用权所有人、耕地发展权所有人、建设用地使用者、基础设施建设者共同分享

续表

类别	收益构成	合理的权益归属	
		收益归属	产权归属
耕地补充	新增耕地使用价值	新增耕地使用权所有人	转为耕地前的土地是农民集体所有的，则新增耕地使用权归相应的农民集体或承包该耕地的农民所有；转为耕地前的土地是国有的，则新增耕地使用权属于国有或承包该耕地的农民所有
	新增耕地存在价值	新增耕地发展权所有人	耕地补充的实施者

资料来源：笔者根据相关信息整理。

二、耕地发展权确立下的效率与公平

（一）效率与公平改进

1. 配置效率的改进

科斯明确指出："权利界定是市场交易的一个必需前奏""有了明确的权利界定，在市场交易下资产的使用会带来最高的资产价值"，即先要有明晰的产权界定，然后才能够以市价作为竞争准则。1986 年订立的《土地管理法》确立起了地方政府以征收权和出让权的形式实质性地执行耕地发展权权能，从而结束了在此之前由于产权缺失而引发的乱占滥用耕地的现象，逐步提升了耕地的利用价值，提高了耕地的配置效率。

2. 公平状态的改进

根据 1986 年订立的《土地管理法》，不管是现存的耕地还是新增的耕地，其中，未被承包的耕地的使用权属于该耕地的所有者，已经被承包现存耕地的使用权属于该耕地的承包者，农民集体所有的耕地只能承包给该集体中的农民成员。由于耕地承包期往往不超过 30 年，因此，从严格意义上讲，农民通过承包得到的耕地使用权并不是其承包的耕地的全部使用权，而仅是 30 年的耕地使用权，尽管如此，一方面 30 年是相当长的一个时间，另一方面承包期结束后农民往往还会继续承包，因此，实质上，农民已经拥有了其承包的耕地的绝大部分使用权。首先，在耕地保有农用中，未被承包的耕地的使用权属于该耕地的所有者，已经被承包现存耕地的使用权属于该耕地的承包者，现存耕地的使用权所有人获得全部现存耕地使用价值；不过，对于现存耕地的存在价值，却未设置相应的现存耕地的发展权对其进行保护与实现。其次，在补充耕地中，转为耕地前的土地是农民集体所有的，则新增耕地使用权归相应的农民集体或承包该耕地的农民所有；转为耕地前的土地是国有的，则新增耕地使用权属于国有或承包该耕地的集体或个人所有。同样，新增耕地的存在价值，却未设置相应的现存耕地的发展权对其进行保护与实现。最后，在耕地非农化中，由于未设置产权予以保护与实现，被占用耕地存在价值成为耕地非农化的价值增值的一个组成部分。政府作为制度创新的供给者和耕地发展权的实际拥有者，在耕地非农转用中，投入了基础设施建设，并获得大量的耕地增值收益。被占用耕地的使用权所有人获得一定的征用耕地补偿，具体补偿包括三个方面：耕地补偿费、被征用耕地上的附着物和青苗补偿费以及安置补助费，见表4－7。建设用地使用者除了获得了耕地非农建设利用的收益之外，还与政府一同享受部分耕地非农化的价值增值。因此，在相关经济主体的共同推动下，大量耕地被非农化。

表4－7　　耕地发展权确立下的权益归属

类别	收益构成	权益归属
耕地保留农用	现存耕地使用价值	未被承包的耕地的使用权属于该耕地的所有者，已经被承包现存耕地的使用权属于该耕地的承包者，现存耕地的使用权所有人获得全部现存耕地使用价值
	现存耕地存在价值	未设置产权
耕地非农化	被占用耕地使用价值补偿成本	未被承包的被占用耕地的使用权属于该耕地的所有者，已经被承包现存耕地的使用权属于该耕地的承包者，被占用耕地使用权所有人获得大部分被占用耕地使用价值补偿：耕地补偿费（前三年平均年产值的3～6倍）、被征用耕地上的附着物和青苗的补偿费和安置补助费（最高不得超过被征用前三年平均年产值的10倍），土地补偿费和安置补助费的总和不得超过土地被征用前三年平均年产值的30倍。
	被占用耕地存在价值补偿成本	未设置产权，被占用耕地存在价值成为耕地非农化的价值增值的一个组成部分
	耕地非农化的价值增值	被占用耕地所在的地方政府和建设用地使用者分享了耕地非农化的价值增值
耕地补充	新增耕地使用价值	转为耕地前的土地是农民集体所有的，则新增耕地使用权归相应的农民集体或承包该耕地的农民；转为耕地前的土地是国有的，则新增耕地使用权属于国有或承包该耕地的集体或个人
	新增耕地存在价值	未设置产权

资料来源：笔者根据相关信息整理。

（二）存在的问题

1. 耕地配置效率低下

在确立起耕地发展权及其行为主体的同时，代表全国整体利益的中央政府未能建立起诸如庇古税与庇古补贴、总量控制下的市场交易等耕地发展权配置机制，此时，实质上未实施任何公共外部性管理政策，因此，具有实际执行权的地方政府在追求地方利益的过程中，不可避免地忽略耕地保护的公共外部性收益，未能将耕地存在的外部价值内化，正如结论3.3所述，与耕地利用与保护的帕累托最优状态相比，每个经济主体将未利用地转为耕地的数量将减少，每个经济主体将耕地转为建设用地的数量将增加，每个经济主体最终耕地保有量将减少，即耕地过度非农化并且耕地补充不足。

可以用图4－6来说明耕地发展权缺失或耕地发展权确立但未构建相应的配置机制导致的耕地过度非农化并且耕地补充不足。

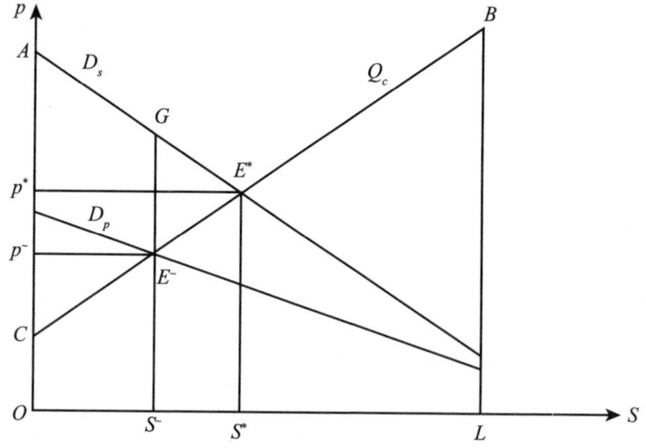

图4－6　耕地发展权缺失或耕地发展权确立但未构建相应的配置机制下的耕地利用与保护效率

图4－6基于图4－5，与图4－5相比，图4－6多了一条耕地保留农用的私人收益曲线 D_p。在耕地发展权缺失、耕地发展权确立但未构建相应的配置机制等情景下，具有实际执行权的地方政府不可避免地忽略耕地保护的公共外部性收益，未能将耕地存在的外部价值内化，在这样情景下，耕地保留农用的需求曲线是耕地保留农用的私人收益曲线 D_p，耕地保留农用的供给曲线 Q_c 与耕地保留农用的需求曲线 D_p 的交点 $E^\sim$ 则为耕地发展权缺失或耕地发展权确立但未构建相应的配置机制下（换言之，也就是未实施任何公共外部性管理政策情景）耕地保留农用的均衡点，耕地数量 $S^\sim$ 为最终耕地保留数量，$S^\sim L$ 为

最终建设用地数量，分别与最优的耕地保留数量 S^* 和最优的建设用地数量 S^*L 相比，最终耕地保留数量减少了 $S^{\sim}S^*$，最终建设用地数量增加了 $S^{\sim}S^*$，意味着耕地被过度非农化。耕地发展权缺失或耕地发展权确立但未构建相应的配置机制下，耕地保留农用获得的社会收益为梯形 $AGS^{\sim}O$，建设用地获得的收益为梯形 $BE^{\sim}S^{\sim}L$，社会总收益为二者之和 $AGS^{\sim}O+BE^{\sim}S^{\sim}L$，与最优状态下的社会总收益相比，社会总收益少了三角形 $E^*GE^{\sim}$。

2. 存在耕地收益分配不公的状态

在计划命令配置阶段，我国耕地利用与保护中存在利益分配不公的状态。第一，在耕地保留农用中，耕地所在的地方政府和农民集体保护了大量耕地，创造了大量耕地存在价值，但却没有获得相应的贡献补偿，存在“劳而不得”，明显违背了按劳分配、按贡献分配的原则。第二，在耕地非农化中，一方面，农民集体所有的耕地不能直接进入市场交易，只能由政府征收后转为国有建设用地，才可以进入市场交易，而农民以及农民集体只能获得政府给定的征地补偿，而政府和开发商则分享了耕地非农化的增值收益，一方面农民集体土地和城市土地同地不同权不同价；另一方面，在对被占用耕地的补偿中，仅对被占用耕地的使用价值进行补偿却没有对被占用耕地的存在价值进行任何补偿，并且对被占用耕地的使用价值的补偿标准偏低，主导耕地非农化的地方政府和建设用地使用者分享了全部耕地非农化的价值增值，而投入耕地进行非农化的农民以及农民集体却未获得任何耕地非农化的价值增值，明显违背了按劳分配、按贡献分配的原则。第三，在耕地补充中，新增耕地的存在价值未有产权保护和实现，从而未能将相应的价值支付给参与补充耕地的经济主体，即参与补充耕地的经济主体未能获得新增耕地创造的存在价值。

三、计划命令配置机制下的效率与公平

（一）效率与公平改进

1. 效率的改进

首先，1998 年修订的《土地管理法》架构通过实施土地利用总体规划制度来实现耕地发展权的总量控制以及相应计划命令的配置机制，从一定程度上遏制了 1986 年以来的耕地被过度非农化的势头。计划命令的配置机制下，上级政府据各地区经济、社会、生态环境发展的总体状况，确定各地区需要保有的耕地数量，以行政命令的形式，强制要求各地区严格执行。假设上级政府要

求某地区耕地保有数量不能少于 S^{**}，S^{**} 满足 $S^{\sim} < S^{**} \leqslant S^{*}$。根据第三章的结论 3.4 可知，该地区最终的耕地保有量等于其目标保有量 S^{**}，并且与耕地发展权缺失或耕地发展权确立但未构建相应的配置机制时相比，总收益将有所增加，耕地配置效率有所改进。可以用图 4－7 来说明耕地发展权计划命令的配置机制下耕地配置效率的改进。图 4－7 基于图 4－6。E^{**} 为计划命令的配置机制下耕地保留农用的均衡点，耕地数量 S^{**} 则为最终耕地保留数量，$S^{**}L$ 为最终建设用地数量，与最优的耕地保留数量 S^{*} 和最优的建设用地数量 $S^{*}L$ 相比，最终耕地保留数量减少了 $S^{**}S^{*}$，最终建设用地数量增加了 $S^{**}S^{*}$。耕地发展权计划命令的配置机制下，耕地保留农用获得的社会收益为梯形 $AHS^{**}O$，建设用地获得的收益为梯形 $BE^{**}S^{**}L$，社会总收益为二者之和 $AHS^{**}O + BE^{**}S^{**}L$，与耕地发展权缺失或耕地发展权确立但未构建相应的配置机制下的社会总收益相比，社会总收益增加了梯形 $GHE^{**}E^{\sim}$。事实上，如果上级政府确定各地区需要保有的耕地数量刚好等于帕累托最优的耕地保有量，即 $S^{**} = S^{*}$，则耕地的配置实现了最大收益，耕地的配置也实现了帕累托最优效率。

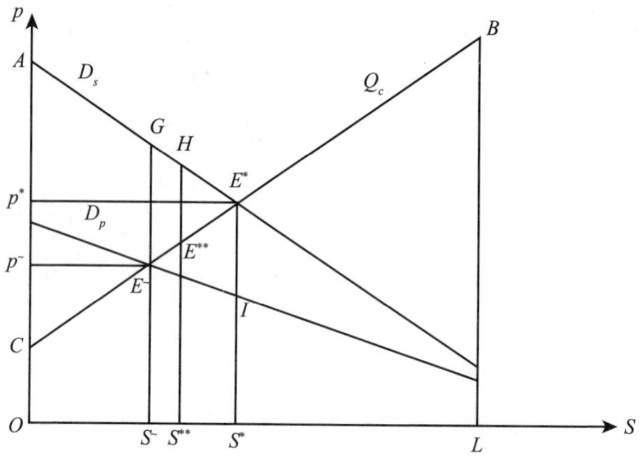

图 4－7　计划命令配置机制下耕地利用与保护的效率

在计划命令的配置机制阶段，被占用耕地的补偿标准不断提高，从而使得被占用耕地使用价值逐步得到完整补偿，也就是被占用耕地使用权逐步得到完整补偿。1998 年修订的《土地管理法》第四十七条明确被征用耕地的补偿费用依然包括耕地补偿费、被征用耕地上的附着物和青苗的补偿费和安置补助费三个部分，这和 1986 年订立的《土地管理法》的规定是一样的。不过，在补偿标准上有所提高，具体体现在：耕地补偿费从原来的被占用耕地前三年平均年产值的 3～6 倍提高到被占用耕地前三年平均年产值的 6～10 倍，安置补助费从原来的不超过被占用耕地前三年平均年产值的10倍提高到不超过被占用耕地前三年平均年产值的15倍。

2. 公平状态的改进

比较表4－8和表4－7可知，与耕地发展权确立下的权益归属相比，计划配置机制下的权益归属在以下两个方面有所改变，从而改进了耕地收益分配的公平状态。首先，在耕地非农化中，被占用耕地使用价值补偿成本有所提高，此处不再赘述。其次，以补充耕地指标的形式保护新增耕地存在价值，并且补充耕地指标归属于主导耕地补充的地方政府，从而进一步使地方政府通过补充耕地的方式参与耕地非农化的价值增值的分配。

表4－8　计划配置机制下的权益归属

类别	收益构成	权益归属
耕地保留农用	现存耕地使用价值	未被承包的耕地的使用权属于该耕地的所有者，已经被承包现存耕地的使用权属于该耕地的承包者，现存耕地的使用权所有人获得全部现存耕地使用价值
	现存耕地存在价值	未设置产权
耕地非农化	被占用耕地使用价值补偿成本	未被承包的被占用耕地的使用权属于该耕地的所有者，已经被承包现存耕地的使用权属于该耕地的承包者，被占用耕地使用权所有人获得大部分被占用耕地使用价值补偿：耕地补偿费（前三年平均年产值的6~10倍）、被征用耕地上的附着物和青苗的补偿费和安置补助费（最高不得超过被征用前三年平均年产值的15倍），土地补偿费和安置补助费的总和不得超过土地被征用前三年平均年产值的30倍
	被占用耕地存在价值补偿成本	未设置产权，被占用耕地存在价值成为耕地非农化的价值增值的一个组成部分
	耕地非农化的价值增值	被占用耕地所在的地方政府（耕地补充的地方政府）和建设用地使用者分享了耕地非农化的价值增值
耕地补充	新增耕地使用价值	转为耕地前的土地是农民集体所有的，则新增耕地使用权归相应的农民集体或承包该耕地的农民；转为耕地前的土地是国有的，则新增耕地使用权属于国有或承包该耕地的集体或个人
	新增耕地存在价值	以补充耕地指标的形式保护新增耕地存在价值，补充耕地指标归属于主导耕地补充的地方政府

资料来源：笔者根据相关信息整理。

（二）存在的问题

计划命令的配置机制缺乏配套的补偿、交易等机制设计，显得刚性有余而弹性不足，依然造成我国耕地保护与非农化配置效率低下以及利益分配公平的结果。

1. 耕地在不同用途间的配置效率低下

在计划命令的配置机制下，我国耕地配置依然可能存在耕地过度非农化并且耕地补充不足的状态。首先，计划命令的配置机制下，各地区耕地保有目标数量 S^{**} 未必等于最优的耕地保有量 S^{*}，从而导致最终耕地的保有量、未利用地转为耕地的数量、耕地非农化数量都未能实现最优的状态，即未能实现耕地在不同用途间的最优配置效率。其次，由于现存耕地的存在价值（即耕地的外部性价值）未实现，因此，在计划命令的配置机制下，耕地保留农用的边际收益曲线还是图 4－7 的 D_p，即耕地保留农用的需求曲线为 D_p；而耕地保留农用的供给曲线依然为 Q_c。因此，即使各地区耕地保有目标数量 S^{**} 等于最优的耕地保有量 S^{*}，即 $S^{**}=S^{*}$。在 S^{*} 处，各地区对耕地进行非农化，依然会带来 $E^{*}I$ 的收益，即各地区具有突破规定的耕地保有目标、进一步进行耕地非农化的利益诱因。如果上级政府对于耕地保有目标考核不够严格，各地区往往会私下突破耕地保有目标，最终耕地保有量则在（$S^{\sim}$，S^{*}）内，依然存在过度非农化。

事实上，由于以下两个方面的原因，在计划命令的配置机制下，我国耕地过度非农化的程度甚至更为严重。首先，工农产品价格的“新剪刀差”进一步拉大了农业部门与非农产业部门之间的比较优势差距。我国采取国家调控与市场供求相结合的粮食定价方式，在这样的定价方式下，粮食价格的上涨幅度落后于农资等工业品价格的上涨幅度。粮价形成机制的不完全市场化，与农资、劳动力等要素价格形成机制的相对市场化之间的矛盾，造成了我国粮食生产“新剪刀差”，进一步拉大了农业部门与非农产业部门之间的收益差距，降低了耕地的经济收益，造成现实中用产能收益倍数法得到的耕地征用补偿价格低于真实的耕地价格。其次，由于我国农村土地产权制度的缺陷，集体土地所有权很难从法律上称其为真正的所有权，膨胀的征地权超越了所有权，使得集体的产权主体地位实质上低于国家产权主体地位。土地征收时，在给农民的土地征收补偿中，只按照耕地的原有用途进行补偿，而没有考虑耕地非农化的收益增值，也未考虑耕地给农民带来的保障价值，耕地征用补偿价格明显偏低，这形成了对土地征收事实上的价格上限管制，这种管制是耕地非农化偏离最优路线的主要原因之一，导致耕地非农化的成本偏离耕地的真实价值，过低的耕地获得成本加剧了耕地非农化的均衡配置数量超过最优的耕地非农化数量，进一步造成了耕地过度非农化的损失。

2. 耕地的空间配置效率低下

在计划命令的配置机制下，主要通过国家的计划分配来调节空间的配置效率，没有相关的市场机制进行协调，因此，存在空间配置效率损失的状况。从上文分析可知，耕地非农化的最优空间配置效率要求各个区域在耕地非农化中获得的边际净收益相等。

但是，上级政府在进行指标分配时，很难按照各地区耕地非农化边际净收益相等的原则分配。首先，由于耕地非农化过程会带来耕地粮食安全价值、生态价值等外部性收益，准确评估这些外部性收益的价值十分困难，因此上级政府很难正确评估各地区耕地非农化的净收益；其次，由于上级政府和下级政府之间存在信息不对称、信息不完全，进一步阻碍了上级政府了解各地区耕地非农化的净收益；再次，上级政府为了协调各地区发展不平衡，将可能主要依据公平原则而非效率原则分配指标；最后，上级政府在分配耕地非农化指标时，未必能够按照社会收益最大化的目标行事。由于以上四个方面的原因，上级政府在进行指标分配时，很难按照各地区耕地非农化边际净收益相等的原则分配。虽然上级政府在分配指标时未能实现最优效率，但是按照科斯定理，通过完全竞争的市场交易，市场均衡结果也将会实现最优配置。但是，在耕地保护机制创新前，我国还未完全形成这样的指标交易市场，因此，无法实现耕地非农化的最优效率，进而也无法最大化社会净收益。

还可以通过图形来分析在计划命令的配置机制下耕地的空间配置效率，见图4－8。为了简化分析，假定上级政府规定耕地发展权总数为 SC，并只在两个地区间分配，即 $I=2$。两个地区耕地非农化的净收益分别为 $bsc_1(sc_1)$ 和 $bsc_2(sc_2)$，其边际净收益分别为 $MR_1=\frac{\partial bsc_1(sc_1)}{\partial sc_1}$ 和 $MR_2=\frac{\partial bsc_2(sc_2)}{\partial sc_2}$，其中，$sc_1$ 和 sc_2 分别是两个地区的耕地非农化数量（即耕地发展权数量），则 $sc_1+sc_2=SC$。在图4－8中，横轴 O_1O_2 表示耕地发展权总数 SC（即耕地非农化的指标总数），其中，从左往右表示地区1的耕地发展权数量，从右往左表示地区2的耕地发展权数量。左右两条纵轴 O_1A 和 O_2B 表示价格。MR_1 和 MR_2 分别为地区1和地区2的耕地非农化边际净收益曲线，它们分别由图4－7中地区1和地区2的 Q_c-D_s 得来。根据上文分析，当 $MR_1=MR_2$ 时，才能实现总量控制下的耕地利用与保护的帕累托最优状态，此时，地区1和地区2获得的耕地发展权数量（即耕地非农化数量）分别为 sc_1^* 和 sc_2^*，二者获得的净收益为四边形 $AEFO_1$ 和 $BEFO_2$。不过，上级政府无法精确掌握两个地区的耕地非农化边际净收益曲线，因此无法按照两地耕地非农化边际净收益相等的原则初始分配耕地发展权，假定上级选择在 G 点进行初始分配，即直接将 sc_1^{**} 数量的耕地发展权分配给地区 1，直接将 sc_2^{**} 数量的耕地发展权分配给地区 2。G 点具有法定强制性，各地区必须接受 sc_1^{**} 和 sc_2^{**} 的分配格局，并且两个地区之间还未实现耕地发展权的交易。因此，两个地区的耕地发展权市场对上级政府的这一计划命令决策行为只能做出价格反应，地区 1 的耕地发展权价格为 p_1，地区 1 获得的净收益为四边形 $ADGO_1$，地区 2 的耕地发展权价格为 p_2，地区 2 获得的净收益为四边形 $BDGO_2$。此时，社会的总净收益为 $ADGO_1+BDGO_2$，与帕累托最优状态时的社会总净收益相比少了三角形 ECD。

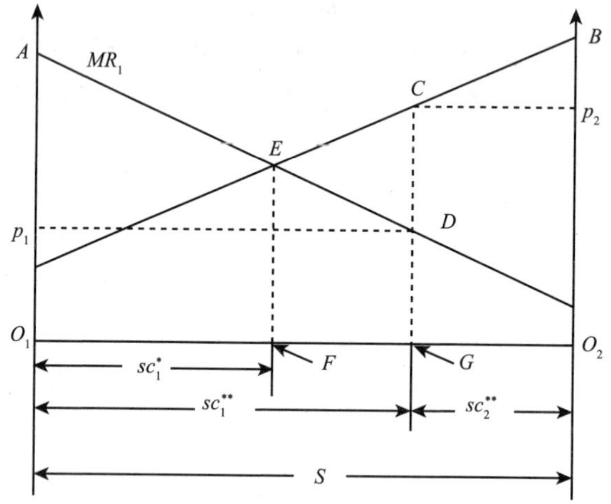

图 4－8 耕地保护的空间配置效率

3. 不同等级耕地的配置效率低下

1998 年修订的《土地管理法》将耕地区分为基本农田和一般耕地，基本农田不管是单位面积的粮食产出还是其创造的社会粮食安全价值等外部性价值都高于一般耕地。2016 年 12 月 30 日起正式实施的《耕地质量等级》（GB/T 33469－2016）将我国耕地进一步细分为 10 个质量等级，国土资源部则是根据多年积累的成果建立了 15 个耕地质量等级，不同等级的耕地具有不同的农用经营、社会粮食安全保障等价值。根据本书第三章第三节的研究，在纳入耕地等级考虑的情况下，为了使市场均衡结果实现帕累托最优状态，需要对不同等级耕地存在所产生的公共外部性实施额外的价格约束政策：对于每个经济主体补充一单位某个等级的耕地的行为进行补贴，净补贴额等于该单位耕地给整个经济社会其他经济主体带来的边际总收益；对于每个经济主体削减一单位耕地的行为进行征税，净税额等于该单位耕地给整个经济社会其他经济主体带来的边际总损害。如果不同等级的耕地给整个经济社会其他经济主体带来的边际总收益不相同，则相应的征税、补贴标准也不一样。换言之，要使市场均衡结果实现耕地利用与保护的帕累托最优状态，需要针对不同经济主体不同等级耕地的外部性收益设置不同等级的耕地发展权。如果不同等级的耕地产生的公共外部性收益均相同，则这种情况下，要使市场均衡结果实现耕地利用与保护的帕累托最优状态，可以针对不同等级的耕地的公共外部性收益设置相同的耕地发展权；如果不同等级耕地产生的公共外部性收益不相同，则这种情况下，要使市场均衡结果实现耕地利用与保护的帕累托最优状态，则需要针对不同等级的耕地的公共外部性收益设置不同等级的耕地的发展权。如果没有区分不同等级的耕地的发展权，则将无法使市场均衡结果实现耕地利用与保护的帕累托最优状态。

尽管 1998 年修订的《土地管理法》第三十一条明确“国家实行占用耕地补偿制度”，要求非农业建设占用耕地的单位，按照“占多少，垦多少”的原则，负责开垦与所占用耕地的数量和质量相当的耕地；如果非农业建设占用耕地的单位无法做到耕地占补平衡，则需要按照各省、自治区、直辖市的规定缴纳耕地开垦费，专款用于开垦新的耕地。但在现实中，由于缺乏明确的耕地质量等级划分标准，又由于各地区在落实耕地占补平衡过程中，只注重耕地数量的占补平衡，而忽略耕地质量的占补平衡，各地区在落实耕地占补平衡中未区分不同质量等级的类型，从理论上看，本质上没有针对不同质量等级的耕地设置不同的耕地发展权，正如上文分析，在这种情景下无法使市场均衡结果实现耕地利用与保护的帕累托最优状态。事实上，在这样机制下，各地区往往大量占用地理位置好、交通设施便利、配套设施完善、靠近城镇边缘的优质耕地，而通过补充地处边远山区、基础设施不完善、水土条件差的劣等耕地，以满足耕地占补平衡的制度约束，最终导致优质耕地大量流失、新增的往往又是质量相对低下的劣质耕地。

下面以图 4－9 进一步说明未区分不同质量等级情况下耕地非农化与补充的效率。根据本书第三章的分析，市场均衡时，任何经济主体对一单位耕地进行非农化的边际净收益等于该经济主体补充一单位耕地的边际总成本。图 4－9 中，横轴表示土地数量，纵轴表示土地价格。AE_1^* 为优质耕地非农化的边际净收益曲线，AE_2^* 为劣质耕地非农化的边际净收益曲线，由于在我国大部分地区优质耕地大多地理位置好、交通设施便利、配套设施完善、靠近城镇，因此，对优质耕地进行非农化的边际净收益往往大于劣质耕地非农化的边际净收益，反映在图 4－9 中，则为优质耕地非农化的边际净收益曲线 AE_1^* 高于劣质耕地非农化

的边际净收益曲线 AE_2^*。CE_1^* 为补充优质耕地的边际总成本曲线，CE_2^* 为补充劣质耕地的边际总成本曲线，由于补充优质耕地需要投入更多的成本对土壤、配套设施进行改良，因此，补充优质耕地的边际总成本往往大于补充劣质耕地的边际总成本，反映在图 4－8 中，则补充优质耕地的边际总成本曲线 CE_1^* 高于补充劣质耕地的边际总成本曲线 CE_2^*。

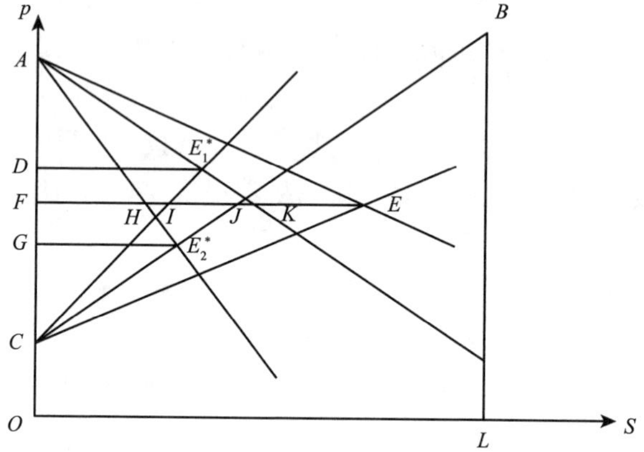

图 4－9　不同等级耕地的配置效率

如果针对不同质量等级的耕地设置不同的耕地发展权，则市场均衡时，各地区会按照对各质量等级耕地进行非农化的边际净收益等于补充一单位该质量等级耕地的边际总成本的原则，对耕地的非农化利用和保护进行最优选择，最终，优质耕地的市场均衡点为 E_1^*，即会对 DE_1^* 数量的优质耕地进行非农化，同时也会相应地将 DE_1^* 数量的未利用地转为优质耕地，从而实现优质耕地非农化与补充优质耕地的均衡；劣质耕地的市场均衡点为 E_2^*，即会对 GE_2^* 数量的劣质耕地进行非农化，同时也会相应地将 GE_2^* 数量的未利用地转为劣质耕地，从而实现劣质耕地非农化与补充劣质耕地的均衡。

如果没有针对不同质量等级的耕地设置不同的耕地发展权，则对耕地进行非农化的边际净收益曲线为 AE，AE 是优质耕地非农化的边际净收益曲线 AE_1^* 与劣质耕地非农化的边际净收益曲线 AE_2^* 的水平加总；补充耕地的边际总成本曲线为 CE，CE 是补充优质耕地的边际总成本曲线 CE_1^* 与补充劣质耕地的边际总成本曲线 CE_2^* 的水平加总。在没有针对不同质量等级的耕地设置不同的耕地发展权的情景下，市场均衡点为整个市场对耕地进行非农化的边际净收益曲线 AE 与整个市场补充耕地的边际总成本曲线 CE 的交点 E。均衡时，整个社会的耕地非农化数量为 FE，整个社会的补充耕地数量也为 FE，其中，对优质耕地进行

非农化的数量为 FK，补充优质耕地的数量为 FI，优质耕地净减少了 IK，对劣质耕地进行非农化的数量为 FH，补充劣质耕地的数量为 FJ，劣质耕地净增加了 HJ。由此可见，在没有针对不同质量等级的耕地设置不同耕地发展权的情景下，市场将大量占用地理位置好、交通设施便利、配套设施完善、靠近城镇的优质耕地，而补充地处边远山区、基础设施不完善、水土条件差的劣等耕地，以满足耕地占补平衡的制度约束。

4. 耕地配置依然存在利益分配不公的状态

在计划命令的配置机制下，我国耕地配置存在利益分配不公的状态。第一，在耕地保留农用中，农民以及农民集体保护了大量耕地，创造了大量耕地存在价值，但却没有获得相应的贡献补偿，存在“劳而不得”，明显违背了按劳分配、按贡献分配的原则。第二，在耕地非农化中，农民集体所有的耕地不能直接进入市场交易，只能由政府征收后转为国有建设用地，才可以进入市场交易，而农民以及农民集体只能获得政府给定的征地补偿，而政府和开发商则分享了大量耕地非农化的增值收益，主导耕地非农化的地方政府和建设用地使用者分享了全部耕地非农化的价值增值，而投入耕地进行非农化的农民以及农民集体却未获得任何耕地非农化的价值增值，明显违背了按劳分配、按贡献分配的原则。

四、计划命令配置机制向经济措施配置机制变迁过程中的效率与公平

（一）效率与公平改进

1. 效率的改进

在计划命令的配置机制向经济措施的配置机制变迁过程中，我国耕地在不同用途间的配置效率进一步提高。2019 年修订的《土地管理法》第四十八条明确，被征用耕地的补偿费用包括了耕地补偿费、安置补助费、被征收耕地上的附着物和青苗等的补偿费用以及被征地农民的社会保障费用 4 个部分，这与 1998 年修订的《土地管理法》相比，多了被征地农民的社会保障费。不仅如此，与 1998 年修订的《土地管理法》相比，2019 年修订的《土地管理法》补偿标准进一步提高，2019 年修订的《土地管理法》也不再对且土地补偿费和安置补助费的总和的上限进行任何限制。成都耕地保护基金机制则以补贴的形式，对耕地保护的正外部性进行补偿，从而纠正了正外部性存在而造成的市场失灵，改进了耕地保护与非农化的产业间配置效率。

在计划命令的配置机制向经济措施的配置机制变迁过程中，我国耕地在空

间配置效率方面也得到了大幅度提升。地票交易机制、城乡建设用地增减挂钩机制和浙江指标交易机制是在指令式的计划配置机制的基础上引入市场交易机制，从而纠正了上级政府在初始分配耕地非农化指标时的无效率，协调了各地区耕地非农化边际净收益和补充耕地边际净收益差异，改进了耕地利用与保护的空间配置效率。不过，地票交易机制、城乡建设用地增减挂钩机制和浙江指标交易机制构建起的耕地保护相关指标交易机制均限于各省域内，2018 年 3 月 10 日，国务院办公厅同时颁布实施《跨省域补充耕地国家统筹管理办法》和《城乡建设用地增减挂钩节余指标跨省域调剂管理办法》，构建起了补充耕地指标、城乡建设用地增减挂钩指标的跨省域交易机制，进而使耕地保护相关指标能够在全国范围内进行交易与配置，从而改进了全国耕地利用与保护的空间配置效率。

在计划命令的配置机制向经济措施的配置机制变迁过程中，不同等级耕地的配置效率得到改进。2016 年 12 月 30 日起正式实施的《耕地质量等级》（GB/T 33469 –2016）将我国耕地进一步细分为 10 个质量等级，国土资源部则是根据多年积累的成果建立了 15 个耕地质量等级，不同等级的耕地具有不同的农用经营、社会粮食安全保障等价值。2017 年 12 月 11 日，国土资源部颁布实施《中共中央、国务院关于加强耕地保护和改进占补平衡的意见》，明确重点从以下几个方面系统建立“以数量为基础、产能为核心的占补新机制”“落实占一补一、占优补优、占水田补水田，促进耕地数量、质量和生态三位一体保护”。正如本书第三章第三节的论证，要使市场均衡结果实现耕地利用与保护的帕累托最优状态，则需要针对不同等级的耕地公共外部性收益设置不同等级的耕地发展权。这一系列的政策从本质上区分了不同质量等级的耕地，并针对不同质量等级的耕地设置了不同的耕地发展权，从而提升了我国耕地利用与保护的配置效率。

2. 公平状态的改进

将表 4 –8 和表 4 –9 比较可知，与计划配置机制下的耕地保护权益归属相比，经济配置机制下的耕地保护权益归属在以下两个方面有所改变，从而改进了耕地收益分配的公平状态。首先，在耕地保留农用过程中，成都等部分地区成立了耕地保护基金，通过耕地保有指标的方式保护现存耕地的存在价值，并通过耕地保护补贴（即庇古补贴）的方式实现耕地存在价值，已经被承包的现存耕地的耕地保有指标和耕地保护补贴属于承包耕地的农民，未被承包的耕地的耕地保有指标和耕地保护补贴属于耕地所有者，由此可见，在成都等地区，政府以补贴的方式补偿了农民以及农民集体保护大量耕地的行为，推动实现了按劳分配、按贡献分配。其次，在耕地非农化中，被占用耕地的补偿成本不断提高。2019 年修订的《土地管理法》第四十七条明确，被征用耕地的补偿费用包括耕地补偿费、安置补助费、被征收耕地上的附着物和青苗等的补偿费用以及被征地农民的社会保障费用四个部分，其中，被征收耕地的土地补偿费、安置补助费标准由省、自治区、直辖市通过制定公布综合考虑了土地资源条件、土地产值、土地区位、土地供求关系、人口以及经济社会发展水平等因素的区片综合地价确定。最后，在耕地补充中，通过补充耕地指标的形式保护新增耕地的存在价值，并通过补充耕地指标交易机制使得补充耕地指标所有者（补充耕地指标归属于进行耕地补充的地方政府）可以通过交易机制分享耕地非农化的收益增值。因而有潜力的地方政府、农民以及农民集体可以通过补充耕地获得相应的耕地发展权，并可以将耕地发展权通过市场进行交易获得相应的收益，更加符合耕地收益按贡献分配原则。

表4－9　经济措施的配置机制下的权益归属

类别	收益构成	权益归属
耕地保留农用	现存耕地使用价值	未被承包的耕地的使用权属于该耕地的所有者，已经被承包现存耕地的使用权属于该耕地的承包者，现存耕地的使用权所有人获得全部现存耕地使用价值
	现存耕地存在价值	成都等部分地区通过耕地保有指标的方式保护现存耕地的存在价值，并通过耕地保护补贴（即庇古补贴）的方式实现耕地存在价值，已经被承包的现存耕地的耕地保有指标和耕地保护补贴属于承包耕地的农民，未被承包的耕地的耕地保有指标和耕地保护补贴属于耕地所有者
耕地非农化	被占用耕地使用价值补偿成本	未被承包的被占用耕地的使用权属于该耕地的所有者，已经被承包现存耕地的使用权属于该耕地的承包者，被占用耕地使用权所有人获得了大部分被占用耕地使用价值补偿，具体包括耕地补偿费、安置补助费、被征收耕地上的附着物和青苗等的补偿费用以及被征地农民的社会保障费用四个部分，其中，被征收耕地的土地补偿费、安置补助费标准由省、自治区、直辖市通过制定公布综合考虑了土地资源条件、土地产值、土地区位、土地供求关系、人口以及经济社会发展水平等因素的区片综合地价确定
	被占用耕地存在价值补偿成本	未设置产权，被占用耕地存在价值成为耕地非农化的价值增值的一个组成部分
	耕地非农化的价值增值	被占用耕地所在的地方政府、补充耕地的地方政府和建设用地使用者分享了耕地非农化的价值增值

续表

类别	收益构成	权益归属
耕地补充	新增耕地使用价值	转为耕地前的土地是农民集体所有的，则新增耕地使用权归相应的农民集体或承包该耕地的农民所有；转为耕地前的土地是国有的，则新增耕地使用权属于国有或承包该耕地的集体或个人所有
	新增耕地存在价值	以补充耕地指标的形式保护新增耕地存在价值，补充耕地指标归属于进行耕地补充的地方政府

资料来源：笔者根据相关信息整理。

（二）存在的问题

现有的制度创新无论在效率还是公平方面都对以往的制度有了较大的改进。不过，当前耕地发展权制度和机制创新依然存在一些问题。

第一，我国耕地发展权种类设置问题有待进一步明确、耕地发展权的配置机制有待进一步完善。重庆地票交易机制、城乡建设用地增减挂钩机制、浙江指标交易机制，本质上是建立起了新增耕地发展权的市场交易机制，改进了不同地区间耕地补充与耕地非农化配置的空间效率。但是，对于现存耕地的公共外部性价值的保护与实现，该机制却无能为力。事实上，本书第三章第二节也已经证明了只有耕地给各经济主体带来的边际外部性均相等时，总量控制下的市场交易机制才能实现总量控制下的耕地利用与保护的帕累托最优状态，否则，需要构建综合了庇古税与庇古补贴机制、总量控制下的市场交易机制的混合机制才能实现耕地利用与保护的帕累托最优状态。而现实经济中，由于各地区经济发展水平不平衡，各地区对于耕地保护的支付意愿大相径庭，耕地给各地区带来的边际外部性很难相同，因此，仅仅依靠新增耕地发展权的市场交易机制难以完全实现我国耕地利用与保护的帕累托最优效率。成都耕地保护基金机制则以补贴的形式，对现存耕地的正外部性进行补偿，改进了耕地在不同用途间的配置效率。由此可见，唯有同步构建类似成都的耕地保护基金机制与类似重庆、浙江等地的新增耕地发展权交易制度，才能同时实现耕地保护与非农化的空间配置效率与在不同用途间的配置效率。然而，我国当前还未在全国范围内系统构建起耕地保护基金机制。事实上，在仅仅构建类似重庆、浙江等地的新增耕地发展权交易制度却没有同时构建类似成都的耕地保护基金制度情况下，耕地非农化程度很可能会被自发地加大。由于耕地保护的正外部性未能有效内化，许多地区存在耕地过度非农化的倾向，但是受到建设占用耕地指标、基本农田保有指标、耕地补充指标 3 个指标的约束，所以未能大幅度地非农化。如果此时只引入类似重庆、浙江等地的新增耕地发展权交易制度，那么就可以通过购买地票、复垦指标+耕地异地占补平衡指标等新增耕地发展权，来突破3个指标的约束，从而进一步扩大耕地非农化规模。这也就是汪晖和陶然（2009）认为浙江模式有利于耕地资源的优化配置而张蔚文和李学文（2011）却认为浙江模式对于资源的配置都没有实质性的贡献的根本原因。

第二，不同耕地发展权的权能实现形式还有待进一步明确。目前，各地区耕地保护与非农化创新机制中涉及众多的指标，这些指标执行了哪种耕地发展权的权能、是单独执行还是组合起来共同执行耕地发展权的权能，或者说，应该如何将不同耕地发展权的权能分解到现有的指标来实现，对于这一问题，不管是学术界还是政府规章制度层面都未有明确的答案。

第三，我国耕地发展权的归属还有待进一步明确。当前，各地区耕地保护与非农化创新机制的各种指标都或多或少执行了耕地发展权的权能，然而，没有一个地区就这些指标的具体归属给出一个明确的界定。就中国的耕地发展权创新实践来看，无论是重庆地票机制、城乡建设用地增减挂钩机制还是浙江指标交易机制，本质上都是地方政府通过推动农村宅基地拆迁、复垦和农民集中居住来获得建设用地指标。不同地区的改革差别主要体现在拆迁补偿水平和集中居住标准上，一些地区条件比其他地区要更优惠。拆迁补偿水平、集中居住标准、补偿安置政策基本上是由地方政府部门主导制定，普遍缺乏公共参与和讨论。村集体和农民在耕地发展权实施过程中基本没有讨价还价的能力，只能被动接受地方政府的安排，农民的利益因此而受到损害的可能性极大。而成都耕地保护基金机制，部分地方政府保护了大量农地却不但没有获得相应的收益，还要担负一定的筹集耕地保护基金的责任，不利于激发政府的耕地保护积极性。

第四节　小结

从耕地保有、耕地增加和耕地减少变动情况看，我国耕地保有总量逐年减少，耕地补充是新增耕地的主要来源，建设占用耕地依然是我国耕地减少的主要原因；从耕地质量等级结构看，截至2015年末，全国耕地总面积为201935.95万亩，主要为7~13等耕地，占比为78.37%，用面积加权法测算得到我国耕地质量平均等级为9.96等；从优、高、中、低等地在全国的空间分布来看，优等地主要分布在湖北、湖南、广东3个省份，高等地主要分布在河南、江苏、山东、湖北、安徽、江西、四川、广西、广东9个省份，中等地主要分布在黑龙江、吉林、云南、辽宁、四川、新疆、贵州、河北、安徽、山东 10 个省份，低等地主要分布在内蒙古、甘肃、黑龙江、山西、河北、陕西 6 个省份。

基于耕地发展权理论，可以将改革开放以来我国耕地保护制度和机制的变迁历程区分为三个阶段：（1）1978～1986 年的耕地保护制度和机制的起步阶段，即耕地发展权逐步确立阶段；（2）1987～1999 年的耕地保护制度的构建阶段，即耕地发展权计划配置机制的构建阶段；（3）2000 年至今的耕地保护制度的完善阶段，即耕地发展权经济措施配置机制的构建阶段。

改革开放以来，我国耕地保护制度和机制顺着以下逻辑路径持续推进：由 1982 年以后的耕地发展权缺失和产权主体虚置，逐步变迁到 1986 年《土地管理法》框架下的地方政府以征收权和出让权的形式实质性确立耕地发展权，再到 1998 年逐步建立起总量控制下的计划命令的配置机制，2000 年至今正处于耕地发展权的计划命令的配置机制向经济措施的配置机制变迁过程中。浙江指标交易、重庆地票交易、城乡建设用地增减挂钩等机制本质上构建了新增耕地发展权的市场交易机制；成都耕地保护基金机制本质上构建了现存耕地发展权内在价值的补偿机制；永久基本农田制度和以数量为基础、以产能为核心的占补新机制本质上区分了不同种类耕地的发展权，并赋予不同种类的耕地发展权不同的权能；耕地占补平衡指标、城乡建设用地增减挂钩指标的跨省域交易机制则将耕地发展权交易市场范围从局部的省域市场拓展到全国市场。

总体上看，我国耕地发展权机制的每次变迁都修正了此前制度安排的不足之处，均促进了效率与公平的改进，不过，每次变迁也遗留了部分问题，从而为下一阶段的制度变迁埋下伏笔。当前，我国耕地保护机制依然存在耕地发展权种类设置不够明确、配置机制不够完善、不同耕地发展权的权能实现形式不够明确、耕地发展权归属不够清晰等问题，从而影响了耕地利用与保护的效率与公平。

第五章　中国特色的耕地发展权创新机制分析

对我国耕地保护制度以及相应的耕地保护机制的回顾与现状分析，是为了更合理地创新耕地保护机制以更好地实现我国耕地保护的效率与公平。为此，本章首先梳理我国耕地保护机制进一步改革创新的总体思路，再从耕地发展权的种类设置、实现方式、权能界定、产权归属以及耕地发展权的配置机制等方面系统地构建出中国特色的耕地发展权创新机制，最后通过构建数理模型分析论证中国特色耕地发展权创新机制下的耕地保护的效率与公平。

第一节　耕地保护机制的进一步改革创新思路

通过前文的分析可知，耕地不仅能提供粮食生产服务、带来农业生产价值，同时耕地的存在也能带来粮食安全、生态服务等各种公共外部性收益。在缺乏任何激励或约束的条件下，各经济主体在决定耕地的利用与保护时只考虑耕地给其带来的私人收益和成本，而忽略了耕地存在所带来的公共外部性收益，从而未能实现耕地利用与保护的最大化收益，即耕地利用与保护的帕累托最优效率。因此，耕地保护的核心问题是如何保护并内化耕地的公共外部性收益，以实现耕地收益的最大化。耕地发展权的清晰界定保护了耕地存在的公共外部性收益、耕地发展权的交易配置实现了耕地存在的公共外部性收益、耕地发展权的合理归属协调了公共外部性收益在各经济主体间的公平合理分配，构建合理的耕地发展权机制，可以帮助经济主体形成合理的耕地利用与保护收益预期，让各经济主体可以在耕地保有中获得收益、也可以在耕地非农化中获得收益、还可以在耕地补充中获得收益，进而理顺各经济主体在耕地保护、非农化利用和补充中的经济利益分配关系，形成正确的经济诱因，引致合理的耕地保护行为，最终实现的期望的耕地资源配置效率和社会公平状况（耕地发展权制度、耕地经济收益与耕地配置结果之间的关系见图 5 -1)。因此，创新耕地发展权的种类设置、实现方式、权能界定、产权归属并建立相应的配置机制是实现耕地保护的根本途径。

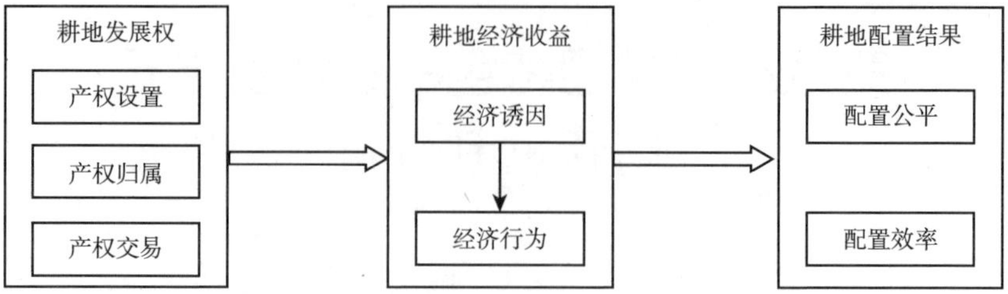

图 5 -1　耕地发展权制度、耕地经济收益与耕地配置结果之间的关系

纵观我国改革开放以来的耕地保护机制的变迁历程与创新现状，可以发现，当前，我国耕地保护机制依然存在耕地发展权种类设置不够明确、配置机制不够完善、不同耕地发展权的权能实现形式不够明确、耕地发展权归属不够清晰等问题，从而影响了耕地利用与保护的效率与公平。因此，需要进一步以党的指导思想和我国宪法为指导，以耕地保护理论为支撑，以中国的耕地保护现状为基础，创新中国特色耕地发展权机制，进一步提升我国耕地利用与保护的效率与公平状况。

第二节　中国特色的耕地发展权创新机制构建

应该根据我国耕地保护的总体目标，吸收现有耕地保护机制中的合理部分，修正并完善现有耕地保护机制中的不合理部分，进而从耕地发展权种类设置、实现方式、权能界定、产权归属以及相应的产权配置机制等方面系统构建中国特色的耕地发展权创新机制。

一、中国特色的耕地发展权的种类设置、实现形式与权能界定

从 2008 年的《全国土地利用总体规划纲要（2006 -2020 年)》、2016 年的《耕地质量等级》(GB/T 33469 -2016)、2017 年的《中共中央、国务院关于加强耕地保护和改进占补平衡的意见》和 2019 年新修订的《土地管理法》等政策法规可以看出，我国从耕地的保护级别、耕地的质量等级、耕地是否新增等维度，对不同种类的耕地在耕地保有、耕地非农化、耕地补充等方面赋予了不同的权责

(见表5－1)。首先，我国将耕地区分为永久基本农田和普通耕地两种，对二者实行了不同的保护级别。2019年新修订的《土地管理法》第三十三至三十五条明确，我国实行永久基本农田保护制度，永久基本农田经依法划定后，除了国家能源、交通、水利、军事设施等重点建设项目选址确实难以避让、并经国务院批准占用永久基本农田的情况以外，其他任何情况下任何单位和个人不得擅自占用或者改变永久基本农田用途；不仅如此，2019年新修订的《土地管理法》第三十条明确，我国实行占用耕地补偿制度，占用永久基本农田的要开垦与所占用永久基本农田的数量和质量相当的永久基本农田。对于普通耕地，2019年新修订的《土地管理法》也明确了要严格控制将耕地转为非耕地，尤其是将耕地转为非农建设用地。将普通耕地转为非农建设用地的，由国务院或者国务院授权的省、自治区、直辖市人民政府批准，其中，征收占用普通耕地超过35公顷的由国务院批准，其他情况则由国务院授权的省、自治区、直辖市人民政府批准；不仅如此，根据占用耕地补偿制度，占用普通耕地的要开垦与所占用普通耕地数量和质量相当的耕地。其次，2016年12月30日起正式实施的《耕地质量等级》(GB/T 33469－2016)将我国耕地进一步细分为10个质量等级，国土资源部则根据多年积累的成果划分了15个耕地质量等级，不同质量等级的耕地具有不同的农用经营、社会粮食安全保障等价值，根据占用耕地补偿制度，占用某一质量等级的耕地要开垦与所占用耕地的数量和质量相当的耕地。最后，我国还将耕地区分为现存的耕地和新增的耕地，二者在非农化中具有不同的权限：其中，现存耕地在耕地利用与保护管理中只具有一种权能，即表征耕地保有存在并可以获得耕地保护的补偿金（当前只有成都等部分地方构建了耕地保护基金机制）；新增耕地则拥有两种独立的权能，即获得耕地保护的补偿金和在符合相关规划和计划的条件下可以对数量和质量相当的耕地进行非农化。

表5－1　我国耕地种类区分

项目		耕地保有	耕地非农化和占补平衡
耕地保护级别	永久基本农田	到2020年，全国耕地保有总量不少于18.65亿亩，其中，永久基本农田保护面积不少于15.46亿亩，其余为普通耕地的保有量	任何单位和个人不得擅自占用或者改变永久基本农田用途；国家能源、交通、水利、军事设施等重点建设项目选址确实难以避让永久基本农田，涉及永久基本农田转用或者征收的，必须经国务院批准；占用永久基本农田的单位负责开垦与所占用永久基本农田数量和质量相当的永久基本农田

续表

项目		耕地保有	耕地非农化和占补平衡
耕地保护级别	普通耕地	到2020年，全国耕地保有总量不少于18.65亿亩，其中，永久基本农田保护面积不少于15.46亿亩，其余为普通耕地的保有量	严格控制耕地转为非耕地；实行占用耕地补偿制度；征收或转用普通耕地的，由国务院或者国务院授权的省、自治区、直辖市人民政府批准，其中，征收或转用普通耕地超过35公顷的由国务院批准，其他情况则由国务院授权的省、自治区、直辖市人民政府批准
耕地质量等级	15个耕地质量等级	—	占用某一质量等级的耕地要开垦与所占用耕地数量和质量相当的耕地
耕地是否新增	现存耕地	—	严格控制将现存耕地转为非耕地，将现存耕地非农化的，不超过35公顷的由国务院或者国务院授权的省、自治区、直辖市人民政府批准，反之由国务院批准；在成都等部分地区，现存耕地可以获得相应的耕地保护的补偿金
	新增耕地	—	新增耕地拥有两种独立的权能，即获得耕地保护的补偿金和在符合各种规划和计划下对相同面积的耕地进行非农化的权利

资料来源：根据《全国土地利用总体规划纲要（2006－2020年）》《耕地质量等级》（GB/T 33469－2016）、《中共中央、国务院关于加强耕地保护和改进占补平衡的意见》和2019年新修订的《土地管理法》等政策法规整理得到。

需要说明的是，当前我国还从耕地新增方式的角度区分两种不同的新增耕地，并赋予不同的新增耕地的发展权不同的权能。第一种，通过拆旧地块复垦得到的新增耕地指标，即复垦指标，在符合土地利用规划并获得政府审批情况下，可以将相应数量和质量的耕地进行非农化；第二种，通过高标准农田建设等土地整治项目补充和改造的耕地，以及经省级国土资源主管部门组织认定的城乡建设用地增减挂钩和历史遗留工矿废弃地复垦形成的新增耕地节余部分等方式获得的新增耕地指标，即耕地占补平衡指标，需要加上建设占用耕地年度指标或者复垦指标，并且在符合土地利用规划、获得政府审批的情况下，才可以将相应数量和质量的耕地进行非农化。由此可见，复垦指标的权能大于耕地占补平衡指标。不过，本书认为从耕地新增方式的角度来区分新增耕地并无太大意义，不管是通过何种方式新增的耕地，只要其增加的耕地数量和粮食产能是真实有效的，就应该认定新增耕地是真实有效的；复垦指标要想将相应数量和质量的耕地进行非农化，需要符合土地利用规划并获得政府审批，同样，耕地占补平衡指标要想将相应数量和质量的耕地进行非农化，需要加上建设占用耕地年度指标或者复垦指标并且符合土地利用规划、获得政府审批，这二者本质上都一样，即都需要符合土地利用规划并获得政府审批，而这本质上都可以统一为需要获得政府颁发的规划指标和计划指标。只要赋予政府相对灵活的建设占用耕地的规划指标和计划指标的配置权限（具体在“建设占用普通耕地〈永久基本农田〉规划指标和建设占用普通耕地〈永久基本农田〉计划指标的配置机制”一节阐述），即可使政府可以更合理灵活地规划耕地保护、耕地非农化利用与耕地补充，以实现耕地利用与保护的帕累托最优效率。

因此，中国特色的耕地发展权应该首先根据耕地保护级别区分为永久基本农田发展权和普通耕地发展权两类。其次，应该根据耕地的质量等级区分为不同质量等级的永久基本农田发展权和不同质量等级的普通耕地发展权。当前，我国对于耕地质量等级划分方法有两种：第一种，《土地利用现状分类标准》（GBT21010－2007）和《耕地质量等级》（GB/T 33469－2016）将耕地划分为 10 个质量等级，其中，1 等耕地质量最好，10 等耕地质量最差；第二种，国土资源部根据多年积累的成果建立了 15 个耕地质量等级，其中，1 等耕地质量最好，15 等耕地质量最差，并且按照 1～4 等、5～8 等、9～12 等、13～15 等划分为优等地、高等地、中等地和低等地。第二种质量等级划分方法给出了各个职能等级耕地的单位粮食产量范围，并且在现实的耕地占补平衡中得到实际运用，因此，采用第二种方法划分中国特色的耕地发展权的质量等级具有推行成本低和路径依赖优势，因此，本书将耕地的质量划分为 15 等，则在此基础上则形成 15 个质量等级的耕地的发展权。最后，应该根据不同的权限进一步将不同质量等级的永久基本农田发展权区分为不同质量等级的现存永久基本农田发展权和不同质量等级的新增永久基本农田发展权权，将不同质量等级的普通耕地发展权区分为不同质量等级的现存普通耕地发展权和不同质量等级的新增普通耕地发展权（见表 5－2）。不同种类耕地发展权的实现形式分别是：每一单位不同质量等级的现存永久基本农田产生一单位相应质量等级的“永久基本农田保有指标”；每一单位不同质量等级的新增永久基本农田产生一单位相应质量等级的“永久基本农田保有指标”和一单位相应质量等级的“永久基本农田补充指标”；每一单位不同质量等级的现存普通耕地产生一单位相应质量等级的“普通耕地保有指标”；每一单位不同质量等级的新增普通耕地产生一单位相应质量等级的“普通耕地保有指标”和一单位相应质量等级的“普通耕地补充指标”。

表5-2　　　　我国耕地发展权种类设置、权能界定与实现形式

耕地发展权分类	不同质量等级的永久基本农田发展权			不同质量等级的普通耕地发展权		
	不同质量等级的现存永久基本农田发展权	不同质量等级的新增永久基本农田发展权		不同质量等级的现存普通耕地发展权	不同质量等级的新增普通耕地发展权	
耕地发展权的实现形式	每一单位不同质量等级的现存永久基本农田产生一单位相应质量等级的“永久基本农田保有指标”	每一单位不同质量等级的新增永久基本农田产生一单位相应质量等级的“永久基本农田保有指标”	每一单位不同质量等级的新增永久基本农田产生一单位相应质量等级的“永久基本农田补充指标”	每一单位不同质量等级的现存普通耕地产生一单位相应质量等级的“普通耕地保有指标”	每一单位不同质量等级的新增普通耕地产生一单位相应质量等级的“普通耕地保有指标”	每一单位不同质量等级的新增普通耕地产生一单位“普通耕地补充指标”
耕地发展权权能	获取相应质量等级的永久基本农田保护补偿金	获取相应质量等级的永久基本农田保护补偿金	在获得国务院的规划和计划指标的条件下对相同数量、质量不高于新增耕地的永久基本农田（或普通耕地）进行非农化	获取相应质量等级的普通耕地保护补偿金	获取相应质量等级的普通耕地保护补偿金	在获得省级以上政府的规划和计划指标的条件下对相同数量、质量不高于新增耕地的普通耕地进行非农化

资料来源：笔者根据有关资料整理。

不同的耕地指标具有不同的权能。其中，一单位不同质量等级的普通耕地保有指标具有获得相应质量等级的普通耕地保护补偿金的权利；一单位不同质量等级的永久基本农田保有指标具有获得相应质量等级的永久基本农田保护补偿金的权利；在获得建设占用耕地的规划指标和计划指标的条件下，一单位的某一质量等级的新增普通耕地可以对一单位不高于其质量等级的普通耕地进行非农化；在获得建设占用耕地的规划指标和计划指标的条件下，一单位的某一质量等级的新增永久基本农田可以对一单位不高于其质量等级的普通耕地或永久基本农田进行非农化。这里的建设占用耕地的规划指标和计划指标与现有耕地利用与保护机制下的建设占用耕地的规划指标和计划指标是一致的，即上级政府通过制定“土地利用总体规划纲要”规定各下级地区未来较长的规划期内建设用地指标总量和建设占用耕地指标总量，从而形成了建设占用耕地的规划指标；同时，政府又通过制定和实施年度土地利用计划将建设占用耕地指标分配到各个年度，从而形成了建设占用耕地的计划指标。通过构建这些耕地指标的庇古税与庇古补贴、总量控制下的市场交易或混合机制等机制来实现各种耕地发展权的权能。需要进一步强调的是，永久基本农田是一种高保护级别的耕地，所以基本农田发展权可以实现普通耕地发展权的权能，反之则不行；较高质量等级的耕地的发展权可以实现较低质量等级的耕地的发展权的权能，反之则不行。

二、各种耕地发展权（耕地指标）的归属

根据经济学原理，将资源配置到利用效率最高的经济主体，才能实现资源的最优配置；同时，赋予该经济主体按照其贡献获取相应报酬的权利，这样才能实现公平。我国耕地利用与保护涉及众多利益主体：需要政府代表人民从公共的视角对土地利用进行总体规划（通过设置建设占用普通耕地规划指标、建设占用永久基本农田规划指标、建设占用普通耕地计划指标、建设占用永久基本农田计划指标等来实现）、需要受限发展的地方政府和农民集体保有现有的永久基本农田和普通耕地、需要地方政府进行耕地开垦补充。我国生态保护实行“谁污染谁治理，谁保护谁受益”的基本原则，这意味着中国特色的耕地发展权应该由上述利益相关者共同分享耕地发展权益，耕地发展权的收益应该在他们之间进行合理分配。

首先，将建设占用耕地规划指标和建设占用耕地计划指标权归于政府所有，由政府代表公众进行统一管理和分配（见表5－3），其中，建设占用永久基本农田规划指标和建设占用永久基本农田计划指标归中央政府所有，建设占用普通耕地规划指标和建设占用普通耕地计划指标归地方政府（主要是省级政府）所有。这主要基于以下两个原因，第一，在现实的经济发展中，建设占用耕地规划与分配主要由政府完成，根据2019年修订的《土地管理法》，征收普通耕地超过35公顷的以及永久基本农田由国务院批准，其他情况则由国务院授权的省、自治区、直辖市人民政府批准，因此，在现有的制度基础上，将建设占用耕地指标归于政府所有，具有推行成本低的优势。第二，这样归属有利于国家意志和公众利益的体现和落实。上级政府在规划建设占用耕地指标时，除了一些明确的重大项目给予预先计划分配外，其余部分比例的指标可以预留给后期的实际发展，根据各地实际发展情况予以审批与分配。

其次，将不同质量等级的普通耕地（永久基本农田）保有指标归于普通耕地（永久基本农田）所在地并承担相应耕地保护责任的耕地保护者——耕地所在的地方政府和拥有其所有权的农民集体，二者按一定比例分享耕地保护补贴基金。这主要基于以下三个原因：第一，现行耕地保护任务主要落实到各级地方政府和拥有其所有权的农民集体，因此，这样归属有利于现有耕地保护

表 5-3 我国各种耕地发展权（耕地指标）的归属

耕地发展权种类	相应的耕地指标	产权归属
—	建设占用永久基本农田规划指标和建设占用永久基本农田计划指标	中央政府
	建设占用普通耕地规划指标和建设占用普通耕地计划指标	地方政府
不同质量等级的现存永久基本农田发展权	不同质量等级的永久基本农田保有指标	永久基本农田的保护者：所在地的地方政府和拥有其所有权的农民集体
不同质量等级的现存普通耕地发展权	不同质量等级的普通耕地保有指标	普通耕地的保护者：所在地的地方政府和拥有其使用权的农民集体
不同质量等级的新增永久基本农田发展权	不同质量等级的永久基本农田保有指标	永久基本农田的保护者：所在地的地方政府和拥有其所有权的农民集体
	不同质量等级的永久基本农田补充指标	永久基本农田的补充者：所在地的地方政府
不同质量等级的新增普通耕地发展权	不同质量等级的普通耕地保有指标	普通耕地的保护者：所在地的地方政府和拥有其所有权的农民集体
	不同质量等级的普通耕地补充指标	普通耕地的补充者：所在地的地方政府

资料来源：笔者根据有关资料整理。

体系的连贯性；第二，通过将这些子权利赋予地方政府和拥有其所有权的农民集体，补偿了地方政府和拥有其所有权的农民集体为了保护耕地而进行的付出，有利于激发地方政府和拥有其所有权的农民集体保护耕地的积极性；第三，通过这些子权利的交易，可以实现地区间的协调发展。

最后，将不同质量等级的普通耕地（永久基本农田）补充指标归于补充新耕地的耕地补充者——复垦耕地所在的地方政府，即，地方政府拥有补充普通耕地（永久基本农田）指标的支配权和收益权。复垦土地的原所有者——农民集体，则拥有新增耕地的所有权。这样一方面有利于耕地非农化过程中农民土地权利的保护，另一方面有利于激发各经济主体保护耕地的积极性。

根据上述我国各种耕地发展权（耕地指标）的归属分析可知，在中国特色的耕地发展权创新机制中，各种耕地发展权要么归属于各级政府、要么归属于农民集体，同时各种耕地发展权的归属均充分协调了所有耕地保护贡献者的利益，表明中国特色的耕地发展权创新机制既坚持了土地公有制，又保护了耕地贡献者尤其是农民的利益。

三、各种耕地指标的配置机制

（一）不同质量等级的普通耕地（永久基本农田）补充指标的配置机制

重庆地票、城乡建设用地增减挂钩指标、浙江省的复垦指标和耕地异地占补平衡指标等指标本质上均是不同质量等级的普通耕地（永久基本农田）补充指标，因此，可以通过类似重庆地票交易机制、城乡建设用地增减挂钩机制、浙江指标交易机制等市场交易机制实现不同质量等级的普通耕地（永久基本农田）补充指标的内在价值。

占用 sc 数量的某一等级的耕地，则需要不少于该数量的耕地补充指标 ls，即 ls≥sc，并且 ls 数量的耕地补充指标所带来的粮食产能不能少于 sc 数量被占用耕地的粮食产能。为了实现粮食产能之间的比较，需要进一步明确各种耕地质量等级的折算系数。

2009 年，国土资源部根据光、温、水、土以及社会经济条件的差异，将耕地划分为 15 个等级，每一等别均与某一标准粮产量水平一一对应，具体见表 5－4。

表 5－4　国土资源部的耕地等级划分

耕地等级	耕地等级指数	标准粮（千克/公顷）
15	0～200	0～1500
14	200～400	1500～3000
13	400～600	3000～4500
12	600～800	4500～6000
11	800～1000	6000～7500
10	1000～1200	7500～9000
9	1200～1400	9000～10500
8	1400～1600	10500～12000
7	1600～1800	12000～13500
6	1800～2000	13500～15000
5	2000～2200	15000～16500

续表

耕地等级	耕地等级指数	标准粮（千克/公顷）
4	2200 ~ 2400	16500 ~ 18000
3	2400 ~ 2600	18000 ~ 19500
2	2600 ~ 2800	19500 ~ 21000
1	2800 ~ 3000	21000 ~ 22500

资料来源：国土资源部土地整理中心等编制的《中国农用地（耕地）等别调查与评定》，具体参看：路婕，吴克宁，郧文聚，赵华甫．全国统一的耕地占补平衡按等级折算系数研究［J］．资源与产业，2012，14（4）：128－134.

路婕等（2012）根据国土资源部公布的耕地15个等别的分等成果，提出了三种耕地等级折算系数方案。方案一将全国耕地划分为4个等级：优等地（对应于国土资源部的1~4等耕地）、高等地（对应于国土资源部的5~8等耕地）、中等地（对应于国土资源部的9~12等耕地）和低等地（对应于国土资源部的12~15等耕地）；方案二沿用国土资源部的耕地分等成果，将全国耕地划分为15个等级；方案三在国土资源部公布的耕地15等别的分等成果的基础上，进一步将全国耕地细分为30等级。① 三个耕地等级折算系数方案各有优缺点，其中，分等数目越小的方案，由于在同一等级内耕地不用折算，从而降低了耕地占补交易成本，容易推行，不过，同等别内耕地产能可能存在较大差异，从而也导致耕地质量保护存在更大风险；而分等数目越大的方案，同等别内耕地产能差异较小，因此，耕地质量保护可以得到更好的保证，但是，分等过细增加了耕地占补执行成本。考虑到方案二将全国耕地划分为15个等级与国土资源部公布的耕地等别划分一致，便于管理，同时分等数目适中，耕地占补执行成本也适中，因此，本书将沿用国土资源部现有的耕地分等成果，即将全国耕地划分为15个等级，在此基础上，梳理不同质量等级耕地的折算系数。不过，正如表5－4所示，国土资源部划分的15个等别耕地的每个等别对应的标准粮产量是一个区间，那么该用该区间范围内的哪个值作为耕地等级折算系数测算的基础？本书赞同路婕等（2012）的研究观点，即考虑到我国的耕地后备资源多处在生态环境较脆弱的山区，如果折算系数过大会加大对后备资源的开发速度，从而会对生态环境形成较大破坏，这显然与中央政府提出的要构建耕地数量、质量、生态三位一体的耕地保护新格局的目标不相符，所

① 路婕，吴克宁，郧文聚，赵华甫．全国统一的耕地占补平衡按等级折算系数研究［J］．资源与产业，2012，14（4）：128－134.

以折算系数不宜大，而应该尽可能地小。可以用式（5.1）证明基于各等别对应的粮食生产能力最大值测算得到耕地等级折算系数，得到最小的耕地等级折算系数。设 $g<\bar{g}$，并分别用 z_max_g 和 z_min_g 表示第 g 等级耕地的标准粮产值的最大值和最小值，分别用 $z\_max_{\bar{g}}$ 和 $z\_min_{\bar{g}}$ 表示第 $\bar{g}$ 等级耕地的标准粮产值的最大值和最小值，设 $\iota \in (0, z\_max_g - z\_min_g]$，则有：

$$\frac{z\_max_g}{z\_max_{\bar{g}}} - \frac{z\_max_g - \iota}{z\_max_{\bar{g}} - \iota} = \frac{(z\_max_{\bar{g}} - z\_max_g)\iota}{z\_max_{\bar{g}}(z\_max_{\bar{g}} - \iota)} < 0 \qquad (5.1)$$

基于各等别对应的粮食生产能力最大值测算得到耕地等级折算系数，见表 5-5。

（二）不同质量等级的普通耕地（永久基本农田）保有指标的配置机制

根据本书第三章的分析，仅有耕地给各经济主体带来的边际公共外部性收益均相等时，市场交易机制才能实现总量控制下的耕地利用与保护的帕累托最优状态；而在耕地给各经济主体带来的边际外部性不完全相等时，构建恰当的混合机制可以实现耕地利用与保护的帕累托最优状态。现实经济中，耕地给我国各地区各经济主体带来的公共外部性收益往往不相同，因此，只构建不同质量等级的普通耕地（永久基本农田）补充指标的市场交易机制无法实现我国耕地利用与保护的帕累托最优状态。为此，需要进一步构建类似成都耕地保护基金机制的不同质量等级的普通耕地（永久基本农田）保有指标的补偿机制。

考虑到耕地资源给我国各地区各经济主体带来的公共外部性收益既包含全局公共外部性收益（主要是耕地资源的粮食安全价值），也包括局部公共外部性收益（主要是耕地资源给耕地所在区域的所有经济主体带来的生态价值），结合本书第三章的分析，本章认为：为了实现不同质量等级的现存普通耕地（永久基本农田）保护所产生公共外部性价值，我国需要构建国家耕地保护基金和地方耕地保护基金双层联动与分档补偿相结合的普通耕地（永久基本农田）保有指标的补偿机制。其中，国家耕地保护基金主要是为了协调各省区共同承担耕地保护责任与共同享受耕地保护收益，主要为了保护和实现耕地的全局公共外部性价值；地方耕地保护基金则是为了协调各省区内部耕地保护与非农化利用、共享各地区发展成果，主要为了保护和实现耕地的局部公共外部性收益。

1. 国家耕地保护基金

笔者认为国家耕地保护基金主要为了保护和内化耕地的全局公共外部性价

表 5－5　　　　耕地等级折算系数

占用耕地等级	补充耕地等级														
	1	2	3	4	5	6	7	8	9	10	11	12	13	14	15
1	1.000	1.071	1.154	1.250	1.364	1.500	1.667	1.875	2.143	2.500	3.000	3.750	5.000	7.500	15.000
2	1.000	1.000	1.077	1.167	1.273	1.400	1.556	1.750	2.000	2.333	2.800	3.500	4.667	7.000	14.000
3	1.000	1.000	1.000	1.083	1.182	1.300	1.444	1.625	1.857	2.167	2.600	3.250	4.333	6.500	13.000
4	1.000	1.000	1.000	1.000	1.091	1.200	1.333	1.500	1.714	2.000	2.400	3.000	4.000	6.000	12.000
5	1.000	1.000	1.000	1.000	1.000	1.100	1.222	1.375	1.571	1.833	2.200	2.750	3.667	5.500	11.000
6	1.000	1.000	1.000	1.000	1.000	1.000	1.111	1.250	1.429	1.667	2.000	2.500	3.333	5.000	10.000
7	1.000	1.000	1.000	1.000	1.000	1.000	1.000	1.125	1.286	1.500	1.800	2.250	3.000	4.500	9.000
8	1.000	1.000	1.000	1.000	1.000	1.000	1.000	1.000	1.143	1.333	1.600	2.000	2.667	4.000	8.000
9	1.000	1.000	1.000	1.000	1.000	1.000	1.000	1.000	1.000	1.167	1.400	1.750	2.333	3.500	7.000
10	1.000	1.000	1.000	1.000	1.000	1.000	1.000	1.000	1.000	1.000	1.200	1.500	2.000	3.000	6.000
11	1.000	1.000	1.000	1.000	1.000	1.000	1.000	1.000	1.000	1.000	1.000	1.250	1.667	2.500	5.000
12	1.000	1.000	1.000	1.000	1.000	1.000	1.000	1.000	1.000	1.000	1.000	1.000	1.333	2.000	4.000
13	1.000	1.000	1.000	1.000	1.000	1.000	1.000	1.000	1.000	1.000	1.000	1.000	1.000	1.500	3.000
14	1.000	1.000	1.000	1.000	1.000	1.000	1.000	1.000	1.000	1.000	1.000	1.000	1.000	1.000	2.000
15	1.000	1.000	1.000	1.000	1.000	1.000	1.000	1.000	1.000	1.000	1.000	1.000	1.000	1.000	1.000

资料来源：笔者根据相关数据测算。

值——耕地的粮食安全价值，从而实现耕地保护、非农化利用和补充的帕累托最优效率。不仅如此，政府作为非营利性的公共管理机构，在构建和实施国家耕地保护基金机制过程中还要实现自身的财政收支平衡。为此，本节将从国家耕地保护基金的发放对象、发放标准和资金来源等方面系统构建兼顾帕累托最优效率和财政收支平衡的国家耕地保护基金机制。

（1）国家耕地保护基金的发放对象。国家耕地保护基金主要为了协调各省区共同承担耕地保护责任与共同享受耕地保护收益，即主要为了保护和实现耕地的全局公共外部性——耕地的粮食安全价值。不同质量等级的普通耕地（永久基本农田）保有指标的设置则是为了保护和实现现存耕地产生的各种公共外部性价值，因此，国家耕地保护基金的发放对象是普通耕地（永久基本农田）保有指标的所有者、普通耕地（永久基本农田）所在地并承担相应耕地保护责任的耕地保护者——耕地所在的地方政府和拥有其所有权的农民集体。国家耕地保护基金的领取者应承担相应的耕地保护义务。

（2）国家耕地保护基金的补偿标准。根据本书第三章的分析，兼顾帕累托最优和财政收支平衡的条件下，需要对耕地保有的行为进行补偿，补偿的标准等于该单位耕地给所有经济主体带来的公共外部性价值。国家耕地保护基金主要为了保护和实现耕地的全局公共外部性收益——耕地的粮食安全价值，因此，国家耕地保护基金的补偿标准为每单位耕地的粮食安全价值。将全国所有耕地的粮食安全总价值除以耕地总数即可求得每单位耕地的粮食安全价值，即国家耕地保护基金的补偿标准。

关于耕地粮食安全价值的测算，现有文献主要提出了以下三种测算方法。

周建春（2006）①、袁博（2014）②、杨帆等（2016）③ 等认为耕地的粮食安全价值是中央政府基于国家的粮食安全战略考虑，通过法律法规、土地利用规划等方式，强制确保国家所需要的基本耕地数量和质量而体现的价值量，其计算公式为：$v_s = t + a$，其中，v_s 为一单位耕地粮食安全价值，t 为国家对占用耕地收取的费用（具体包括耕地占用税、新增建设用地有偿使用费和耕地开垦费），a 为国家因保护现有耕地而必要的年支出；

王扬（2013）④、邓健（2010）⑤ 等认为：对于人们来说，粮食安全是最

① 周建春．耕地估价理论与方法研究［M］．北京：中国大地出版社，2006：163－170.

② 袁博．西安市耕地资源社会价值研究［J］．广东土地科学，2014，13（1）：39－43.

③ 杨帆，吴群，房琪．基于资金盈亏平衡的江苏省耕地保护区域补偿研究［J］．水土保持通报，2016，36（1）：157－163，168.

④ 王扬．哈尔滨市耕地资源价值测算研究［D］．东北农业大学，2013.

⑤ 邓健．重庆市耕地保护区域补偿机制研究［D］．西南大学，2010.

低层次的保障、最基本的需求，因此，可以用人们所需的最低生活保障金额来衡量粮食安全价值，其计算公式为：$v_s = \frac{\text{人均月最低生活保障金额} \times 12}{\text{贴现率}} \times$单位耕地能够养活的人口数量；

李洪霞（2016）[①] 依照替代原则，采用影子价格法来测算耕地的粮食安全价值，即粮食安全价值 v_s 等于新开垦耕地的投入成本与新开发耕地的收益损失之和。

上述的几种测算耕地粮食安全价值的方法是从不同的角度去认识和核算耕地粮食安全价值，均有一定合理性，但也存在数据不易得、统计不够精确、耕地粮食安全价值含义模糊等问题。本书认为，国家基于粮食安全战略考虑，强制要求保护一定数量和质量的耕地，从而保证本国能够完全提供本国人口最基本的粮食消费需求。为此，耕地的粮食安全价值可以看作国家为了消除粮食不安全的风险而愿意支付的保费。根据经济学原理，国家愿意支付的最优保费应该等于不保护耕地的预期损失。用 per_cg 表示必要人均粮食消费量，用 I 表示全国人口总数，用 χ 表示粮食生产的自给率，则，$per\_cg \cdot I \cdot \chi$ 为保障粮食安全所必要的粮食总量，用 p_g 表示粮食价格，用 $\hat{S}$ 表示当前全国耕地保有量，用 per_pg 表示当前单位耕地的粮食产量，则 $S_d = \frac{per_cg \cdot I \cdot \chi}{per_pg}$是为保障粮食安全而至少要保有的耕地数量。现有的 $\hat{S}$ 数量的耕地的保留状况总共有 $\hat{S}$ 种可能：1 亩,2 亩,3 亩,…,$\hat{S}-1$ 亩,$\hat{S}$ 亩，假设每个每种可能的数量出现的概率均相等，都等于$\frac{1}{\hat{S}}$。当耕地数量为 1 亩时，则国家需要额外损耗 $per_cg \cdot I \cdot \chi \cdot p_g \cdot \frac{S_d-1}{S_d}$的货币去购买必要的粮食；当耕地数量为 2 亩时，则国家需要额外损耗 $per_cg \cdot I \cdot \chi \cdot p_g \cdot \frac{S_d-2}{S_d}$的货币去购买必要的粮食；同理，当耕地数量为 S_d-2 亩时，则国家需要额外损耗 $per_cg \cdot I \cdot \chi \cdot p_g \cdot \frac{2}{S_d}$的货币去购买必要的粮食；当耕地数量为 S_d-1 亩时，则国家需要额外损耗 $per_cg \cdot I \cdot \chi \cdot p_g \cdot \frac{1}{S_d}$的货币去购买必要的粮食；当耕地数量大于等于 S_d 亩时，则粮食产量超过了为保障粮食安全的必要的粮食总量，因此，国家没必要为粮食

① 李洪霞．山东省耕地保护经济补偿机制研究［D］．山东财经大学，2016.

安全额外支付任何货币。由此，单位耕地的粮食安全价值 v_s 的计算公式为：

$$v_s = \frac{\frac{per\_cg \cdot I \cdot \chi \cdot p\_g}{\hat{S}} \cdot \left(\frac{S\_d-1}{S\_d}+\frac{S\_d-2}{S\_d}+\cdots+\frac{2}{S\_d}+\frac{1}{S\_d}\right)}{\hat{S}}$$

$$= \frac{per\_cg \cdot I \cdot \chi \cdot p\_g \cdot (S\_d-1)}{2\hat{S}^2}. \tag{5.2}$$

式（5.2）中各变量的具体数据如下：

参考联合国粮农组织和周小平等（2010）①、阮羿佑等（2019）② 等研究，并考虑国内当前基本实现小康生活水平的事实，本章设定必要人均粮食消费量 per_cg = 400 千克/人年；

根据《中国统计统计年鉴 2020》，我国 2019 年的人口总数 I = 140005 万人；

根据《国家粮食安全中长期规划纲要》，我国需要达到较高的粮食自给率，因此，参考《国家粮食安全中长期规划纲要》阮羿佑等（2019）③ 的研究，设定 χ = 95%；

2019 年国家在粮食主产区实行的最低收购价：2019 年生产的早籼稻、中晚籼稻和粳稻（三等）最低收购价格分别为 2.4 元/千克、2.52 元/千克和 2.6 元/千克，本章取三者的平均值，设定粮食价格 p_g = 2.51 元/千克；

考虑到我国耕地一共区分为 15 个等级，根据国土资源部发布的《2016 年全国耕地质量等级更新评价主要数据成果》中的我国各省区各个质量等级的耕地数量（具体数据见表 4-2），并结合耕地等级折算系数（见表 5-5），将耕地总数折算成以第 15 等耕地为标准耕地的耕地总数（见表 5-6），设定全国耕地总数 $\hat{S}$ = 1219244.39 万亩标准耕地；

根据《中国统计统计年鉴 2020》，我国 2019 年粮食总产量为 66384.34 万吨，由此算得每亩标准耕地的粮食产量为 per_pg = 54.45 千克/亩，因此，测算得到为保障粮食安全而至少要保有的耕地数量 S_d = 997129.82 万亩标准耕地。根据上述数据测算得到，每单位标准耕地的粮食安全价值为：

$$v_{s15} = 43.89(\text{元/亩·年}) \tag{5.3}$$

① 周小平，宋丽洁，柴铎，刘颖梅．区域耕地保护补偿分区实证研究［J］．经济地理，2010，30（9）：1546-1551．

②③ 阮羿佑，宋敏．福建省耕地保护经济补偿分区研究——基于粮食安全和生态安全视角［J］．上海国土资源，2019，40（4）：27-32．

根据式（5.3），算得我国所有耕地的粮食安全价值总共为5350.96亿元。进一步结合表5-4的耕地等级折算系数，可以得到每单位各个等级耕地的粮食安全价值，即每单位各个等级耕地的国家耕地保护基金补偿标准，具体见表5-7。

表5-6　　全国31个省区市耕地数量

省份	耕地数量（万亩标准耕地）
北　京	2394.14
天　津	3772.17
河　北	49892.45
山　西	24370.1
内蒙古	27376.11
辽　宁	36499.8
吉　林	55948.19
黑龙江	106122.65
上　海	2908.78
江　苏	68208.65
浙　江	22935.33
安　徽	66404.6
福　建	15654.1
江　西	39854.05
山　东	87650.19
河　南	104189.94
湖　北	83493.73
湖　南	48517.78
广　东	41259.69
广　西	49693.27
海　南	8317.96
重　庆	22703.96
四　川	68096.98
贵　州	32083.43
云　南	51269.85
西　藏	1219.92
陕　西	27954.37
甘　肃	23857.57

续表

省份	耕地数量（万亩标准耕地）
青　海	2504.52
宁　夏	9517.19
新　疆	34572.92
总　计	1219244.39

资料来源：根据国土资源部《2016 年全国耕地质量等别更新评价主要数据成果》计算得到。

表 5－7　　每单位不同质量等级的耕地的粮食安全价值

耕地等级	单位耕地的粮食安全价值（元/亩/年）
15	43.89
14	87.78
13	131.66
12	175.55
11	219.44
10	263.33
9	307.21
8	351.10
7	394.99
6	438.88
5	482.76
4	526.65
3	570.54
2	614.43
1	658.31

资料来源：笔者根据相关数据测算。

（3）国家耕地保护基金的来源。根据第三章的分析，兼顾帕累托最优和财政收支平衡的条件下，需要对每个经济主体征收（给予）的超过全社会总的无偿保有的耕地数量的一单位耕地存量的税额，每单位耕地存量的税额为耕地存量给该经济主体带来的边际公共外部性收益。国家耕地保护基金主要为了保护和实现耕地的全局公共外部性——耕地的粮食安全价值，因此，国家耕地保护基金的征收标准为耕地存量给每个经济主体带来的边际粮食安全价值。根据经济学原理，耕地存量给每个经济主体带来的边际粮食安全价值等于每个经济主体愿意对每单位耕地存量给自身带来的粮食安全而给予的最大支付。本章假设每个经济主体愿意对每单位耕地存量给自身带来的粮食安全而给予的最大支付随着自身收入的增加而增加，用 $income_i$ 表示经济主体 i 的人均可支配收入，用 wtp_s 表示每个经济主体愿意对每单位耕地存量给自身带来的粮食安全而给予的平均最大支付，$wtp\_s \cdot income_i$ 为经济主体 i 愿意对每单位耕地存量给自身带来的粮食安全而给予的最大支付，用 $\bar{s}_i$ 表示公共管理者规定经济主体 i 必须无偿保有的耕地数量，则 $\sum_{i=1}^{I} \bar{s}_i$ 为全社会总的无偿保有的耕地数量，$\hat{S} - \sum_{i=1}^{I} \bar{s}_i$ 为总的需要进行补贴的耕地数量，$v_s \cdot \left(\hat{S} - \sum_{i=1}^{I} \bar{s}_i\right)$ 为总的耕地保护基金补偿总额。在兼顾财政收支平衡的条件下，有：

$$\sum_{i=1}^{I}(wtp\_s \cdot income_i) = wtp\_s \cdot \sum_{i=1}^{I} income_i = v_s \cdot \left(\hat{S} - \sum_{i=1}^{I} \bar{s}_i\right) \tag{5.4}$$

式（5.4）中各地区无偿保有的耕地数量均为零，即 $\bar{s}_j = 0$，这样设定主要基于两个方面的考虑：第一，同地同权的公平考虑，如果各地区无偿保有的耕地数量不设定为零，则意味着部分现存耕地可以获得补偿而部分现存耕地无法获得补偿，从而无法实现同地同权；第二，如果各地区无偿保有的耕地数量不设定为零，那么各地区无偿保有的耕地数量该设定为多少则是一个争议较大的问题；由此，根据上节的测算，我国总的耕地保护基金补偿总额为 5350.96 亿元；根据《中国统计统计年鉴 2020》，算得 2018 年我国居民可支配总收入 $\sum_{i=1}^{I} income_i = 394055.93$ 亿元，由此得到：

$$wtp\_s = 58.50（元/万元） \tag{5.5}$$

根据式（5.5），国家耕地保护基金需要向全国公民征收，标准为每万元人均可支配收入征收 58.50 元。根据公民的国家耕地保护基金征税标准，并在《中国统计统计年鉴 2020》中采集各省人均可支配收入和各省总人口等数据，测算得到各省需要上缴的国家耕地保护基金金额；同时，结合每单位各个等级耕地的国家耕地保护基金补偿标准、各省各等级耕地拥有量，测算得到各省分配得到的国家耕地保护基金补偿金额；结合各省需要上缴的国家耕地保护基金金额和各省分配得到的国家耕地保护基金补偿金额，测算得到各省分配得到的国家耕地保护基金补偿净金额，具体见表 5－8。

表 5-8　各省份国家耕地保护基金的上缴金额、分配金额和净分配金额　单位：亿元

省份	上缴金额	分配金额	净分配金额
北　京	182.40	10.51	-171.90
天　津	83.69	16.56	-67.13
河　北	240.56	218.97	-21.60
山　西	111.02	106.95	-4.07
内蒙古	97.64	120.15	22.51
辽　宁	175.81	160.19	-15.62
吉　林	83.71	245.54	161.83
黑龙江	116.43	465.75	349.31
上　海	211.26	12.77	-198.50
江　苏	416.49	299.35	-117.14
浙　江	357.11	100.66	-256.45
安　徽	205.96	291.43	85.47
福　建	174.70	68.70	-105.99
江　西	151.98	174.91	22.93
山　东	398.44	384.68	-13.76
河　南	286.47	457.26	170.80
湖　北	207.41	366.43	159.02
湖　南	236.46	212.93	-23.53
广　东	551.72	181.08	-370.64
广　西	143.72	218.09	74.38
海　南	31.17	36.51	5.33
重　庆	111.14	99.64	-11.50
四　川	254.40	298.86	44.46
贵　州	90.10	140.81	50.71
云　南	131.73	225.01	93.28
西　藏	8.07	5.35	-2.72
陕　西	118.21	122.68	4.48
甘　肃	62.62	104.70	42.08
青　海	17.00	10.99	-6.00
宁　夏	20.93	41.77	20.84
新　疆	72.61	151.73	79.12

资料来源：笔者根据相关信息整理。

2. 地方耕地保护基金

本研究认为地方耕地保护基金主要为了保护和内化耕地的局部公共外部性

价值——耕地的生态价值，从而实现耕地保护、非农化利用和补充的帕累托最优效率。政府作为非营利性的公共管理机构，在构建和实施地方耕地保护基金机制过程中还要实现自身的财政收支平衡。为此，本节将从地方耕地保护基金的发放对象、发放标准和资金来源等方面系统构建兼顾帕累托最优效率和财政收支平衡的地方耕地保护基金机制。

（1）地方耕地保护基金的发放对象。地方耕地保护基金是为了协调各省区内部耕地保护与非农化利用、共享各地区发展成果，即主要为了保护和实现耕地的局部公共外部性——耕地的生态价值。不同质量等级的普通耕地（永久基本农田）保有指标的设置则是为了保护和实现现存耕地产生的各种公共外部性价值，因此，地方耕地保护基金的发放对象是普通耕地（永久基本农田）保有指标的所有者、普通耕地（永久基本农田）所在地并承担相应耕地保护责任的耕地保护者——耕地所在的地方政府和拥有其所有权的农民集体。地方耕地保护基金的领取者应承担相应的耕地保护义务。

（2）地方耕地保护基金的补偿标准。根据本书第三章的分析，兼顾帕累托最优和财政收支平衡的条件下，需要对耕地保有的行为进行补偿，补偿的标准等于该单位耕地给所有经济主体带来的公共外部性价值。地方耕地保护基金主要为了保护和实现耕地的局部公共外部性收益——耕地的生态价值，因此，地方耕地保护基金的补偿标准为每单位耕地的生态价值。将整个地区所有耕地的生态价值除以耕地总数即可求得每单位耕地的生态价值，即地方耕地保护基金的补偿标准。

估算耕地生态价值的方法主要包括能值分析法、物质量评价法、价值量评价法三种。物质量评价法主要是从物质量的角度对耕地提供的生态服务进行整体评价；价值量评价法主要是利用市场理论、环境经济学理论对耕地资源的生态价值进行货币化评估或者定价的方法，基于不同的思路与角度，价值量评价法又可以进一步区分为基于实际市场的评估方法、基于替代品市场的评估方法、基于虚拟市场的评估方法三种类型；能值分析法把耕地系统和人类社会经济系统结合起来，定量分析耕地系统中自然资源和人类投入对系统的贡献，通过对系统中的能量流、物质流、货币流、信息流的能值转换，为耕地的合理利用提供了一个重要的度量标准。三种耕地生态价值的评估方法均有各自的优缺点。

著名生态经济学家罗伯特·科斯坦萨（Robert Costanza，1997）采用物质量评价法对全球10种类型土地资源的生态服务价值进行了评估，本章将参考其研究成果，采用他对每单位耕地的生态效益的估算值来测算单位耕地生态价值。耕地的单位面积生态效益见表5-9。

表 5-9 耕地的单位面积生态效益 单位：元/亩/年

价值类型	农田（包括耕地和园地）
生态价值（1994 年美元价格）	6.13
生态价值（2019 年人民币价格）	104.44

资料来源：参考 Robert Costanza，Ralphd'Arge，etc. The value of the world's ecosystem services and natural capital. Nature：Volume 387. 15. May 1997. P256 计算。

根据环境经济学的原理，生态环境资源非市场价值的存在源于公众对保护生态环境资源有支付意愿（wiliness to pay，WTP）或接受意愿（willingness to accept，WTA），[①] 因此，耕地生态价值的高低，不仅取决于受益者获得的收益的大小，而且还取决于受益者对这些生态价值的评价。经济主体对耕地生态价值的支付意愿或接受意愿随着经济发展阶段的不同而不同，随着经济、人均收入和生活水平的不断提高，经济主体对耕地生态价值的支付意愿也会越来越高。因此，需要用支付意愿调整系数对耕地的生态价值进行修正，从而衡量经济主体对耕地的生态价值的支付意愿，以便更精确地估算各地区的耕地生态价值。不同地区支付意愿调整系数公式为：

$$d_j = \frac{per\_gdp_j}{us1994\_per\_gdp} \tag{5.6}$$

式（5.6）中，d_j 表示第 j 地区的支付意愿调整系数，per_gdp_j 表示当前第 j 地区的人均 GDP，us1994_per_gdp 表示美国 1994 年的人均 GDP。经济主体对耕地生态价值的支付意愿随着收入的增加而增加，罗伯特·科斯坦萨（1997）的耕地生态价值是基于美国 1994 年的收入的评估值，因此用人均 GDP 比值作为支付意愿调整系数。由此得到第 j 地区的每单位耕地的生态价值 v_{ej}，即第 j 地区的每单位耕地的地方耕地保护基金补偿标准 v_{ej}：

$$v_{ej} = 104.44 \cdot d_j (元/亩/年) \tag{5.7}$$

本章以福建省为具体例子，分析福建省每单位耕地的地方耕地保护基金补偿标准。式（5.6）和式（5.7）中各变量的具体数据如下：根据《中国统计统计年鉴 2019》，2018 年福建的人均 GDP 为 91197 元，美国 1994 年的人均 GDP 为 us1994_per_gdp = 27694 美元，需要用 1994 年美元与人民币的兑换汇率为 8.62 将美国 1994 年的人均 GDP 折算成以人民币描述的人均 GDP，即

① Freeman A M. 环境与资源价值评估——理论与方法［M］. 曾贤刚，译. 北京：中国人民大学出版社，2002.

us1994_per_gdp = 238722. 28 元。由此，测算得到福建省调整系数 d = 0. 3820，由此得到福建省每单位耕地的地方耕地保护基金补偿标准：

$$v_e = 39.90(\text{元/亩/年}) \quad (5.8)$$

根据式（5.8），并结合福建省的耕地总数，算得福建所有耕地的生态价值总共为 8.00 亿元。

（3）地方耕地保护基金的来源。根据本书第三章的分析，在兼顾帕累托最优和财政收支平衡的条件下，需要对每个经济主体征收（给予）的超过全社会总的无偿补充的耕地数量的一单位耕地存量的税额，每单位耕地存量的税额为耕地存量给该经济主体带来的边际公共外部性收益。地方耕地保护基金主要为了保护和实现耕地的局部公共外部性收益——耕地的生态价值，因此，地方耕地保护基金的征收标准为耕地存量给每个经济主体带来的边际生态价值。根据经济学原理，耕地存量给每个经济主体带来的边际生态价值也等于每个经济主体愿意对每单位耕地存量给自身带来的生态服务而给予的最大支付。本章假设每个经济主体愿意对每单位耕地存量给自身带来的生态服务而给予的最大支付随着自身收入的增加而增加，用 $income_{i_j}$ 表示第 j 地区经济主体 i_j 的人均可支配收入，用 wtp_e 表示每个经济主体愿意对每单位耕地存量给自身带来的生态服务而给予的平均最大支付，用 $wtp\_e \cdot income_{i_j}$ 表示第 j 地区经济主体 i_j 愿意对每单位耕地存量给自身带来的生态服务而给予的最大支付，用 $\bar{s}_{i_j}$ 表示公共管理者规定第 j 地区经济主体 i_j 必须无偿保有的耕地数量，则 $\sum_{i_j=1}^{I_j} \bar{s}_{i_j}$ 为第 j 地区总的无偿保有的耕地数量。因此 $\hat{S}_j - \sum_{i_j=1}^{I_j} \bar{s}_{i_j}$ 为第 j 地区总的需要进行补贴的耕地数量，$v_{ej} \cdot \left(\hat{S}_j - \sum_{i_j=1}^{I_j} \bar{s}_{i_j}\right)$ 为第 j 地区总的耕地保护基金补偿总额，$\sum_{i_j=1}^{I_j}(wtp\_e \cdot income_{i_j})$ 为第 j 地区所有经济主体愿意对第 j 地区耕地总量给整个地区带来的生态服务而给予的最大总支付。在兼顾财政收支平衡的条件下，有：

$$\sum_{i_j=1}^{I_j}(wtp\_e \cdot income_{i_j}) = wtp\_e \cdot \sum_{i=1}^{I} income_{i_j} = v_{ej} \cdot \left(\hat{S}_j - \sum_{i_j=1}^{I_j} \bar{s}_{i_j}\right). \quad (5.9)$$

根据式（5.9），可以得到每个经济主体愿意对每单位耕地存量给自身带来的生态服务而给予的平均最大支付 wtp_e 的估算公式：

$$wtp\_e = \frac{v_{ej} \cdot \left(\hat{S}_j - \sum_{i_j=1}^{I_j} \bar{s}_{i_j}\right)}{\sum_{i=1}^{I} income_{i_j}} (元/万元) \quad (5.10)$$

本节以福建省为具体例子，测算福建省的 wtp_e。式（5.10）中的各变量的具体数据如下：福建省各地区无偿保有的耕地数量均为零，即 $\bar{s}_{i_j}=0$，这样设定主要基于两个方面的考虑：第一，同地同权的公平考虑，如果各地区无偿保有的耕地数量不设定为零，则意味着部分现存耕地可以获得补偿而部分现存耕地无法获得补偿，从而无法实现同地同权；第二，如果各地区无偿保有的耕地数量不设定为零，那么各地区无偿保有的耕地数量该设定为多少是一个争议较大的问题；由此根据上节的测算得到，福建所有耕地的生态价值总共为 8.00 亿元；根据《福建统计统计年鉴 2019》，算得 2018 年福建居民可支配总收入 $\sum_{i=1}^{I} income_i = 12865$(亿元)，由此得到：

$$wtp\_e = 6.22(元/万元) \quad (5.11)$$

根据式（5.11），福建省级耕地保护基金需要向全省公民征收，征收的标准为每万元人均可支配收入 6.22 元。

（三）建设占用普通耕地（永久基本农田）规划指标和建设占用普通耕地（永久基本农田）计划指标的配置机制

为了与 2019 年修订的《土地管理法》的规定相一致以及利于公众利益的体现和落实，应该将建设占用普通耕地（永久基本农田）规划和建设占用普通耕地（永久基本农田）计划指标归属于政府所有。本书认为应该在保留当前的建设占用普通耕地（永久基本农田）规划和建设占用普通耕地（永久基本农田）计划指标的计划配置机制的基础上，适当赋予各级政府相对灵活的建设占用耕地的规划指标和计划指标的配置权限。这主要基于以下三个原因：第一，这样的配置机制与当前我国土地利用总体规划的制定相一致，具有推行成本低的优势；第二，这样计划配置机制有利于国家意志、公众利益的体现和落实；第三，适当赋予各级政府相对灵活的建设占用耕地的规划指标和计划指标的配置权限，可以使各级政府可以根据实际经济发展情况更加合理灵活地规划耕地保护、耕地非农化利用与耕地补充，以实现耕地利用与保护的帕累托最优效率。

建设占用普通耕地（永久基本农田）规划指标和建设占用普通耕地（永久基本农田）计划指标的计划配置机制的具体做法包括两个方面。首先，各上级政府通过制定“土地利用总体规划纲要”规定各下级地区未来较长规划期内的建设用地指标总量和建设占用耕地指标总量，其中，一部分规划指标要在空间上严格落实到具体的建设留用地，剩余的规划指标则留待规划期内由地方政府根据实际的经济社会发展情况逐步落实到具体地块。其次，政府通过制定和实施年度土地利用计划将建设占用耕地规划指标分配到各个年度，其中，通过指令性分配管理体制将部分建设占用耕地的计划指标从中央到地方层层分解，直至下达到乡镇一级，剩余指标则根据各年度各地区实际经济社会发展情况进行灵活调剂。

（四）基于耕地指标的绿色金融创新

不同质量等级的普通耕地（永久基本农田）补充指标、不同质量等级的普通耕地（永久基本农田）保有指标均可以获得相应的收益，因此，可以基于这些耕地指标创设绿色金融产品。例如，以这些耕地指标为抵押获得相应的贷款，或者以这些耕地指标为基础标的进行资产证券化，从而拓宽耕地保护的资金来源，引导社会资本通过市场机制流向耕地保护领域。尤其是不同质量等级的普通耕地（永久基本农田）保有指标，耕地保护基金机制只能给予其每年的耕地保护补偿金，但是未能实现不同质量等级的普通耕地（永久基本农田）保有指标的完整价值，通过基于不同质量等级的普通耕地（永久基本农田）保有指标的抵押贷款或者以其为基础标的的资产证券化，则可以实现不同质量等级的普通耕地（永久基本农田）保有指标的完整价值。

根据金融学有关理论，不同质量等级的耕地保有指标的价值应该等于不同质量等级的耕地保有指标每年获得的补贴的折现值，因此，不同质量等级的耕地保有指标的价值 p_ca_g 的测算公式：

$$p\_ca_{gj} = \frac{(v_{sg} + v_{ej})}{r} \tag{5.12}$$

式（5.12）中，v_{sg}为一单位第 g 等级耕地的国家耕地保护基金补偿标准，v_{ej}为地区 j 一单位第 g 等级耕地的地方耕地保护基金补偿标准，$v_{sg} + v_{ej}$为地区 j 一单位第 g 等级耕地总的耕地保护基金补充标准，r 为贴现率。

以福建省的耕地为例，测算在绿色金融创新下，不同质量等级的耕地保有指标的价值。根据表 5－6 可以获得单位不同质量等级耕地的国家耕地保护基金补偿标准，根据式（5.8）可以得知福建省每单位耕地的地方耕地保护基金补偿标准为 39.90（元/亩/年），贴现率取 2019 年 3 年期的国债利率，即 r = 4%。在此基础上，根据式（5.12），测算得到福建不同质量等级的耕地保有指标的价值，具体见表 5－10。

表 5-10 福建不同质量等级的耕地保有指标的补贴标准及其价值估计

耕地等级	耕地保有指标的补贴标准（元/亩/年）	耕地保有指标的价值（元/亩）
1	83.79	2094.75
2	127.68	3192.00
3	171.56	4289.00
4	215.45	5386.25
5	259.34	6483.50
6	303.23	7580.75
7	347.11	8677.75
8	391.00	9775.00
9	434.89	10872.25
10	478.78	11969.50
11	522.66	13066.50
12	566.55	14163.75
13	610.44	15261.00
14	654.33	16358.25
15	698.21	17455.25

资料来源：笔者根据相关数据测算。

四、耕地发展权创新机制下我国耕地利用与保护的管理目标的实现

《中共中央、国务院关于加强耕地保护和改进占补平衡的意见》明确要求“到 2020 年，全国耕地保有总量不少于 18.65 亿亩，其中，永久基本农田保护面积不少于 15.46 亿亩”。在中国特色耕地发展权创新机制下，该耕地保护的目标可以通过以下方式实现（见表 5-11）。

表 5-11 运用中国耕地发展权创新机制实现我国耕地利用与保护管理目标

	耕地保护	耕地非农化和耕地补充
目标	至少保有 18.65 亿亩耕地，其中 15.65 亿亩为永久基本农田，并且将相对的耕地和基本农田保护任务，层层分配到各级地方政府	非农化建设占用耕地的必须要经政府审核批准，同时还要按照“占多垦多少”的原则，由占用耕地的单位负责开垦与所占耕地的数量和质量相当的耕地
实现方式	至少持有 18.65 亿的耕地保有指标，含 15.65 亿的永久基本农田保有指标。根据分配的任务，要求各级地方政府持有相应数量的耕地保有指标和永久基本农田保有指标	只有同时拥有建设占用耕地指标、相应数量的质量等级不低于被占用耕地的耕地补充指标时，该耕地才能允许被非农化

资料来源：笔者根据相关信息整理。

耕地保护方面。在规划期内，要求全国共持有18.65亿亩的耕地保有指标，其中15.46亿亩为永久基本农田保有指标，并将这些任务层层分配到各级地方政府，如果各级地方政府自身无法实现这些持有任务，则可以通过耕地保有指标交易市场购买所需数量的不同质量等级的耕地保有指标。拥有耕地保有指标的所有者则每年获得国际耕地保护基金和地区耕地保护基金的耕地保护补贴。

我国耕地非农化和耕地补充的管理目标可以通过以下方式实现：只有建设项目同时拥有建设占用耕地指标、耕地补充指标，建设项目才可以将一块耕地非农化，如果建设项目自身没有这些指标，则可以通过相应的耕地补充指标交易市场购买所需数量的不同质量等级的耕地补充指标。

第三节 中国特色耕地发展权创新机制的效率与公平分析

实现耕地利用与保护的效率与公平是我国公众、政府共同追求的目标。本章第二节构建的中国特色的耕地发展权机制能否实现我国耕地利用与保护的效率与公平，还需要进一步在理论模型上予以分析论证。

一、中国特色耕地发展权创新机制的效率与公平的论证分析思路

首先，构建我国耕地利用与保护的帕累托最优模型，并求得我国耕地利用与保护的帕累托最优实现条件，从而得到我国耕地利用与保护的效率标准。

其次，基于非线性规划理论，构建中国特色耕地发展权创新机制下的经济主体耕地利用与保护的最优选择模型，并求得市场均衡条件。

再次，结合宪法、党的最新指导思想，明确我国耕地利用与保护的公平原则。

最后，分析基于中国特色耕地发展权创新机制的耕地保护的效率与公平。如表5-12所示，具体的分析可以区分为两个方面：第一方面，将步骤1中求得的中国特色耕地发展权创新机制下的耕地利用与保护的市场均衡条件与步骤2中求得的我国耕地利用与保护的帕累托最优实现条件进行比较，从而分析中国特色耕地发展权机制创新的耕地保护的效率状况；第二方面，进一步分析中国特色耕地发展权创新机制下市场均衡时的各耕地保护利益相关者的权益分配

状况，并将该状况与步骤3中确立的我国耕地保护利益相关者的权益分配标准进行比较分析，从而分析论证中国特色耕地发展权机制创新的耕地保护的公平状况。

表5-12 中国特色耕地发展权创新机制的合理性评定

	效率与公平的评定	
	第一方面：效率分析	第二方面：公平分析
我国耕地利用与保护的理想状态	效率标准：模型求得的帕累托最优条件	公平标准：公平原则下的权益分配状况
创新机制下的耕地保护状态	模型求得市场均衡条件	市场均衡下的权益分配状况
比较分析	创新机制是否实现最优效率	创新机制是否公平

资料来源：笔者根据相关信息整理。

二、基于中国特色耕地发展权创新机制的耕地保护效率分析

（一）基本说明

中国特色的耕地发展权制度需要区分不同种类的耕地的发展权：首先根据耕地保护级别区分为永久基本农田发展权和普通耕地发展权两类；然后，应该根据耕地的质量等级区分为15个质量等级的永久基本农田发展权和不同质量等级的普通耕地发展权；最后，根据不同的权限进一步将不同质量等级的永久基本农田发展权区分为不同质量等级的现存永久基本农田发展权和不同质量等级的新增永久基本农田发展权，将不同质量等级的普通耕地发展权区分为不同质量等级的现存普通耕地发展权和不同质量等级的新增普通耕地发展权。为了构建中国特色的耕地发展权机制的数理模型，假设我国耕地一共可以区分为G个种类，用g作为耕地种类索引。同时，我国划分为31个省、自治区、直辖市（由于耕地利用与保护相关的政策法规一般只适用于31个省、自治区、直辖市，而不适用于我国的香港特别行政区、澳门特别行政区和我国台湾地区，因此，本研究的相关分析没有包含这三个区域），即，我国总共分成$J=31$个省域，用$j(\bar{j})$作为省域的索引，用I_j表示省域j的经济主体个数（经济主体可以是下级行政区域），用$i_j(\bar{i}_j)$作为区域j的经济主体索引，则有$\sum_{j=1}^{J} I_j = I$。用

$\hat{S}_{gj}$ 表示区域 j 内的所有经济主体拥有的第 g 种类耕地的初始数量，则有 $\hat{S}_{gj}=\sum_{i_j=1}^{I_j}\hat{s}_{gi_j}$。用 $\hat{C}_j$ 表示区域 j 内的所有经济主体拥有的初始建设用地数量，则有 $\hat{C}_j=\sum_{i_j=1}^{I_j}\hat{c}_{i_j}$。用 $\hat{L}_j$ 表示区域 j 内的所有经济主 体拥有的初始未利用地数量，则有 $\hat{L}_j=\sum_{i_j=1}^{I_j}\hat{l}_{i_j}$。用 FS_{gj} 表示区域 j 内的所有经济主体经营第 g 种类耕地农用的总数，则有 $FS_{gj}=\sum_{i_j=1}^{I_j}fs_{gi_j}$。用 LS_{gi} 表示区域 j 内的所有经济主体将未利用地转为第 g 种类耕地的总量，则有 $LS_{gj}=\sum_{i_j=1}^{I_j}ls_{gi_j}$。用 S_{gj} 表示区域 j 的最终拥有的第 g 种类耕地总量，则有 $S_{gj}=\sum_{i_j=1}^{I_j}s_{gi_j}$；用 $\bar{S}_{gj}$ 表示区域 j 必须无偿补充的第 g 种类耕地数量，则有 $\bar{S}_{gj}=\sum_{i_{j,h}=1}^{I_{j,h}}\bar{s}_{gi_j}$。$u_{i_j}(S,S_j,fs_{i_j},fc_{i,j})$ 表示区域 j 内的经济主体 i_j 的收益函数，和不考虑经济分区以及局部外部性的情景相比，在考虑经济分区以及局部外部性的情景中，耕地除了给所有经济主体带来全局公共外部性收益之外，还会给本区域内的其他经济主体带来局部公共外部性收益。用 $U_j(S_1,\cdots,S_G,S_{1\bar{j}},\cdots,S_{G\bar{j}},FS_{1j},\cdots,FS_{Gj},FC_j)$ 表示区域 j 内的所有经济主体的总收益函数，则有 $U_j(\bullet)=\sum_{\bar{i}_j=1}^{I_j}u_{\bar{i}_j}(S_1,\cdots,S_G,S_{1\bar{j}},\cdots,S_{G\bar{j}},fs_{1\bar{i}_j},fs_{G\bar{i}_j},fc_{\bar{i}_j})$。用 $F_j(LS_{1j},\cdots,Ls_{Gj},SC_{1j},\cdots,SC_{Gj},LC_j)$ 表示区域 j 内的所有经济主体的总成本函数，则有 $F_j(\bullet)=\sum_{i_j=1}^{I_j}f_{\bar{i}_j}(sc_{1\bar{i}_j},\cdots,sc_{G\bar{i}_j},ls_{1\bar{i}_j},\cdots,ls_{G\bar{i}_j},fs_{\bar{i}_j})$。

（二）我国耕地利用与保护的帕累托最优模型

可以用式（5.13）描述考虑我国耕地利用与保护的帕累托最优模型：

$$
\begin{aligned}
\max:&\sum_{\bar{j}=1}^{J}\sum_{\bar{i}_{\bar{j}}=1}^{I_{\bar{j}}}[u_{\bar{i}_{\bar{j}}}(S_1,\cdots,S_G,S_{1\bar{j}},\cdots,S_{G\bar{j}},fs_{1\bar{i}_{\bar{j}}},\cdots,fs_{G\bar{i}_{\bar{j}}},fc_{\bar{i}_{\bar{j}}})-\\
&f_{\bar{i}_{\bar{j}}}(sc_{1\bar{i}_{\bar{j}}},\cdots,sc_{G\bar{i}_{\bar{j}}},ls_{1\bar{i}_{\bar{j}}},\cdots,ls_{G\bar{i}_{\bar{j}}},fs_{\bar{i}_{\bar{j}}})]\\
st.:&\sum_{\bar{j}=1}^{J}\sum_{\bar{i}_{\bar{j}}=1}^{I_{\bar{j}}}(\hat{s}g_{\bar{i}_{\bar{j}}}-sc_{g\bar{i}_{\bar{j}}}+ls_{g\bar{i}_{\bar{j}}})\geqslant\sum_{\bar{j}=1}^{J}\sum_{\bar{i}_{\bar{j}}=1}^{I_{\bar{j}}}s^{**}_{g\bar{i}_{\bar{j}}}(\forall g),
\end{aligned}
$$

$$\sum_{\bar{j}=1}^{J}\sum_{\bar{i}_{\bar{j}}=1}^{I_{\bar{j}}}(fs_{g\bar{i}_{\bar{j}}}) = \sum_{\bar{j}=1}^{J}\sum_{\bar{i}_{\bar{j}}=1}^{I_{\bar{j}}}(\hat{s}_{g\bar{i}_{\bar{j}}} - sc_{g\bar{i}_{\bar{j}}} + ls_{g\bar{i}_{\bar{j}}})(\forall g),$$

$$\sum_{\bar{j}=1}^{J}\sum_{\bar{i}_{\bar{j}}=1}^{I_{\bar{j}}}(fc_{\bar{i}_{\bar{j}}}) = \sum_{\bar{j}=1}^{J}\sum_{\bar{i}_{\bar{j}}=1}^{I_{\bar{j}}}\left(\hat{c}_{\bar{i}_{\bar{j}}} - lc_{\bar{i}_{\bar{j}}} + \sum_{g=1}^{G} sc_{g\bar{i}_{\bar{j}}}\right),$$

$$\hat{l}_{i_j} - \sum_{g=1}^{G} ls_{gi_j} - lc_{i_j} \geqslant (\forall i_j \forall j) \tag{5.13}$$

式（5.13）描述了在整个国家第 g 种类耕地最终保有量不少于公共管理者设定的目标保有总量［用 $\sum_{\bar{j}=1}^{J}\sum_{\bar{i}_{\bar{j}}=1}^{I_{\bar{j}}}(\hat{s}_{g\bar{i}_{\bar{j}}} - sc_{g\bar{i}_{\bar{j}}} + ls_{g\bar{i}_{\bar{j}}}) \geqslant \sum_{\bar{j}=1}^{J}\sum_{\bar{i}_{\bar{j}}=1}^{I_{\bar{j}}} s^{**}_{g\bar{i}_{\bar{j}}}(\forall g)$ 描述］、整个国家可经营的各种种类耕地总量等于整个社会的各种种类耕地总存量［用 $\sum_{\bar{j}=1}^{J}\sum_{\bar{i}_{\bar{j}}=1}^{I_{\bar{j}}}(fs_{g\bar{i}_{\bar{j}}}) = \sum_{\bar{j}=1}^{J}\sum_{\bar{i}_{\bar{j}}=1}^{I_{\bar{j}}}(\hat{s}_{g\bar{i}_{\bar{j}}} - sc_{g\bar{i}_{\bar{j}}} + ls_{g\bar{i}_{\bar{j}}})(\forall g)$ 描述］、整个国家可经营的建设用地总量等于整个社会的建设用地总存量［用 $\sum_{\bar{j}=1}^{J}\sum_{\bar{i}_{\bar{j}}=1}^{I_{\bar{j}}}(fc_{\bar{i}_{\bar{j}}}) = \sum_{\bar{j}=1}^{J}\sum_{\bar{i}_{\bar{j}}=1}^{I_{\bar{j}}}\left(\hat{c}_{\bar{i}_{\bar{j}}} + lc_{\bar{i}_{\bar{j}}} + \sum_{g=1}^{G} sc_{g\bar{i}_{\bar{j}}}\right)$ 描述］、各省域各经济主体未利用地数量不能少于0［用 $\hat{l}_{i_j} - \sum_{g=1}^{G} ls_{gi_j} - lc_{i_j} \geqslant 0(\forall i_j \forall j)$ 描述］等条件的约束下，最大化整个国家的总收益。式（5.13）的拉格朗日式为：

$$\begin{aligned} L_{4.1} = {} & \sum_{\bar{j}=1}^{J}\sum_{\bar{i}_{\bar{j}}=1}^{I_{\bar{j}}}[u_{\bar{i}_{\bar{j}}}(\cdot) - f_{\bar{i}_{\bar{j}}}(\cdot)] + \varpi \cdot \left[\sum_{\bar{j}=1}^{J}\sum_{\bar{i}_{\bar{j}}=1}^{I_{\bar{j}}}(\hat{s}_{g\bar{i}_{\bar{j}}} - sc_{g\bar{i}_{\bar{j}}} + ls_{g\bar{i}_{\bar{j}}}) - \right. \\ & \left.\sum_{\bar{j}=1}^{J}\sum_{\bar{i}_{\bar{j}}=1}^{I_{\bar{j}}} s^{**}_{g\bar{i}_{\bar{j}}}\right] - \varepsilon_g \cdot \left[\sum_{\bar{j}=1}^{J}\sum_{\bar{i}_{\bar{j}}=1}^{I_{\bar{j}}}(fs_{g\bar{i}_{\bar{j}}}) - \sum_{\bar{j}=1}^{J}\sum_{\bar{i}_{\bar{j}}=1}^{I_{\bar{j}}}(\hat{s}_{g\bar{i}_{\bar{j}}} - sc_{g\bar{i}_{\bar{j}}} + ls_{g\bar{i}_{\bar{j}}})\right] + \\ & \sum_{I_j=1}^{J}\sum_{I_j=1}^{I_j}\left[\sigma_{i_j} \cdot \left(\hat{l}_{i_j} - \sum_{g=1}^{G} ls_{gi_j} - lc_{i_j}\right)\right] - \zeta \cdot \left[\sum_{\bar{j}=1}^{J}\sum_{\bar{i}_{\bar{j}}=1}^{I_{\bar{j}}}(fc_{\bar{i}_{\bar{j}}}) - \right. \\ & \left.\sum_{\bar{j}=1}^{J}\sum_{\bar{i}_{\bar{j}}=1}^{I_{\bar{j}}}\left(\hat{c}_{\bar{i}_{\bar{j}}} + lc_{\bar{i}_{\bar{j}}} + \sum_{g=1}^{G} sc_{g\bar{i}_{\bar{j}}}\right)\right] \end{aligned} \tag{5.14}$$

式（5.14）中，υ_g、ε_g、ζ、σ_{i_j}为相应变量的影子价格，从而将各经济变量统一成货币价值。根据 K－T 定理，可以得到我国耕地利用与保护的帕累托最优的实现条件（见表 5－13 的“帕累托最优实现条件方程组”列）。

表 5－13　我国耕地利用与保护的帕累托最优状态实现条件与中国特色耕地发展权创新机制下的市场均衡条件比较

变量	帕累托最优实现条件方程组	市场均衡条件方程组	最优均衡价格条件
sc_{gi_j}	$\zeta - \sum_{\bar{j}=1}^{J}\sum_{\bar{i}_{\bar{j}}=1}^{I_{\bar{j}}}\left(\frac{\partial u_{\bar{i}_{\bar{j}}}}{\partial S_g}\right) - \sum_{\bar{i}_j=1}^{I_j}\left(\frac{\partial u_{\bar{i}_j}}{\partial S_{gj}}\right) - \varepsilon_g - \frac{\partial f_{i_j}}{\partial sc_{gi_j}} - \varpi_g = 0$　(5.15*)	$pc - \frac{\partial u_{i_j}}{\partial S} - \frac{\partial u_{i_j}}{\partial S_g} - ps_g - \frac{\partial f_{i_j}}{\partial sc_{gi_j}} - t_g + b_{gi_j} - \upsilon_g = 0$　(5.15°)	$\upsilon_g + t_g - b_{gi_j} = \sum_{\bar{j}=1}^{J}\sum_{\bar{i}_{\bar{j}}\neq i_j}^{I_{\bar{j}}}\left(\frac{\partial u_{\bar{i}_{\bar{j}}}}{\partial S_g}\right) + \sum_{\bar{i}_j\neq i_j}^{I_j}\left(\frac{\partial u_{\bar{i}_j}}{\partial S_{gj}}\right) + \varpi_g$　(5.15^e)
ls_{gi_j}	$\sum_{\bar{j}=1}^{J}\sum_{\bar{i}_{\bar{j}}=1}^{I_{\bar{j}}}\left(\frac{\partial u_{\bar{i}_{\bar{j}}}}{\partial S_g}\right) + \sum_{\bar{i}_j=1}^{I_j}\left(\frac{\partial u_{\bar{i}_j}}{\partial S_{gj}}\right) + \varepsilon_g - \frac{\partial f_{i_j}}{\partial ls_{gi_j}} + \varpi_g - \sigma_{i_j} = 0$　(5.16*)	$\frac{\partial u_{i_j}}{\partial S} + \frac{\partial u_{i_j}}{\partial S_g} + ps_g - \frac{\partial f_{i_j}}{\partial ls_{gi_j}} + t_g - b_{gi_j} + \upsilon_g - \eta_{i_j} = 0$　(5.16°)	$\upsilon_g + t_g - b_{gi_j} = \sum_{\bar{j}=1}^{J}\sum_{\bar{i}_{\bar{j}}\neq i_j}^{I_{\bar{j}}}\left(\frac{\partial u_{\bar{i}_{\bar{j}}}}{\partial S_g}\right) + \sum_{\bar{i}_j\neq i_j}^{I_j}\left(\frac{\partial u_{\bar{i}_j}}{\partial S_{gj}}\right) + \varpi_g$　(5.16^e)
fs_{gi_j}	$\frac{\partial u_{i_j}}{\partial fs_{gi_j}} - \varepsilon_g = 0$　(5.17*)	$\frac{\partial u_{i_j}}{\partial fs_{gi_j}} - ps_g = 0$　(5.17°)	$\varepsilon_g = ps_g$　(5.17^e)
fc_{i_j}	$\frac{\partial u_{i_j}}{\partial fc_{i_j}} - \zeta = 0$　(5.18*)	$\frac{\partial u_{i_j}}{\partial fc_{i_j}} - pc = 0$　(5.18°)	$\zeta = pc$　(5.18^e)
—	$\sigma_{i_j} \cdot \left(\hat{l}_{i_j} - \sum_{g=1}^{G} ls_{gi_j} - lc_{i_j}\right) = 0, \sigma_{i_j} \geqslant 0$　(5.19*)	$\eta_{i_j} \cdot \left(\hat{l}_{i_j} - \sum_{g=1}^{G} ls_{gi_j} - lc_{i_j}\right) = 0, \eta_{i_j} \geqslant 0$　(5.19°)	—

资料来源：笔者根据相关信息整理。

（三）基于中国特色耕地发展权创新机制下的耕地利用与保护的市场均衡模型

可以用式（5.20）描述市场机制下，区域 j 内的经济主体 i_j 追求自身福利最大化下的耕地利用与保护的最优选择模型：

$$
\begin{aligned}
\max: & u_{i_j}(S_1,\cdots,S_G,S_{1j},\cdots,S_{Gj},fs_{1i_j},\cdots,fs_{Gi_j},fc_{i_j}) - f_{\bar{i}_{\bar{j}}}(sc_{1i_j},\cdots,sc_{G\bar{i}_{\bar{j}}}, \\
& ls_{1\bar{i}_{\bar{j}}},\cdots,ls_{G\bar{i}_{\bar{j}}},fs_{\bar{i}_{\bar{j}}}) + t_g\cdot(\hat{s}_{gi_j}+ls_{gi_j}-sc_{gi_j}-\bar{s}_{gi_j}) - b_{gi_j}\cdot \\
& \left[\sum_{\bar{j}=1}^{J}\sum_{\bar{i}_{\bar{j}}=1}^{I_{\bar{j}}}(\hat{s}g_{\bar{i}_{\bar{j}}}+ls_{g\bar{i}_{\bar{j}}}-sc_{g\bar{i}_{\bar{j}}}-\bar{s}_{g\bar{i}_{\bar{j}}})\right] + \sum_{g=1}^{G}ps_g\cdot(\hat{s}_{gi_j}-sc_{gi_j}+ \\
& ls_{gi_j}-fs_{gi_j}) + pc\cdot(\hat{c}_{i_j}+lc_{i_j}+sc_{i_j}-fc_{i_j}) \\
\text{s.t.}: & \sum_{\bar{j}=1}^{J}\sum_{\bar{i}_{\bar{j}}=1}^{I_{\bar{j}}}(\hat{s}_{g\bar{i}_{\bar{j}}}-sc_{g\bar{i}_{\bar{j}}}+ls_{g\bar{i}_{\bar{j}}}) \geqslant \sum_{\bar{j}=1}^{J}\sum_{\bar{i}_{\bar{j}}=1}^{I_{\bar{j}}}s^{**}_{g\bar{i}_{\bar{j}}}(\forall g), \\
& \hat{l}_{i_j} - \sum_{g=1}^{G}ls_{gi_j} - lc_{i_j} \geqslant 0
\end{aligned}
\tag{5.20}
$$

式（5.20）描述了区域 j 内的经济主体 i_j 的自身收益最大化的耕地利用与保护的最优选择：在所有经济主体每一种类型的耕地的保有总量不少于公共管理者规定的目标总量［用 $\sum_{\bar{j}=1}^{J}\sum_{\bar{i}_{\bar{j}}=1}^{I_{\bar{j}}}(\hat{s}_{g\bar{i}_{\bar{j}}}-sc_{g\bar{i}_{\bar{j}}}+ls_{g\bar{i}_{\bar{j}}}) \geqslant \sum_{\bar{j}=1}^{J}\sum_{\bar{i}_{\bar{j}}=1}^{I_{\bar{j}}}s^{**}_{g\bar{i}_{\bar{j}}}(\forall g)$ 描述］、自身拥有的未利用地数量不小于 0（用 $\hat{l}_{i_j} - \sum_{g=1}^{G}ls_{gi_j} - lc_{i_j} \geqslant 0$ 描述）等前提下，进行耕地利用与保护的最优选择，最终实现自身收益最大化。式（5.20）的拉格朗日式为：

$$
\begin{aligned}
L_{4.2i_j} = & u_{i_j}(\bullet) - f_{i_j}(\bullet) + t_g\cdot(\hat{s}_{gi_j}+ls_{gi_j}-sc_{gi_j}-\bar{s}_{gi_j}) - b_{gi_j}\cdot\left[\sum_{\bar{j}=1}^{J}\sum_{\bar{i}_{\bar{j}}=1}^{I_{\bar{j}}}(\hat{s}_{g\bar{i}_{\bar{j}}}+\right. \\
& \left.ls_{g\bar{i}_{\bar{j}}}-sc_{g\bar{i}_{\bar{j}}}-\bar{s}_{g\bar{i}_{\bar{j}}})\right] + \sum_{g=1}^{G}ps_g\cdot(\hat{s}_{gi_j}-sc_{gi_j}+ls_{gi_j}-fs_{gi_j}) + pc\cdot \\
& (\hat{c}_{i_j}+lc_{i_j}+sc_{i_j}-fc_{i_j}) + \upsilon_g\cdot\sum_{g=1}^{G}\left[\sum_{\bar{j}=1}^{J}\sum_{\bar{i}_{\bar{j}}=1}^{I_{\bar{j}}}(\hat{s}_{g\bar{i}_{\bar{j}}}-sc_{g\bar{i}_{\bar{j}}}+ls_{g\bar{i}_{\bar{j}}})-\right. \\
& \left.\sum_{\bar{j}=1}^{J}\sum_{\bar{i}_{\bar{j}}=1}^{I_{\bar{j}}}s^{**}_{g\bar{i}_{\bar{j}}}\right] + \eta_{i_j}\cdot\left[\hat{l}_{i_j}-\sum_{g=1}^{G}ls_{gi_j}-lc_{i_j}\right]
\end{aligned}
\tag{5.21}
$$

式（5.21）中，υ_g、η_{i_j}为相应变量的影子价格，从而将各经济变量统一成货币价格。根据K－T定理，由拉格朗日式$L_{4.2i_j}$得到经济主体i_j的市场选择的均衡结果（见表5－13中的“市场均衡条件方程组”列）。

（四）使中国特色耕地发展权创新机制下的市场均衡结果实现我国的耕地利用与保护的帕累托最优的最优均衡价格条件

通过类似第三章附录3A的证明，可以证明得到引理5.1：

引理5.1：（1）表5－13中“最优均衡价格条件”列中的4个式子［式（5.15^e）至式（5.18^e）］是使中国特色耕地发展权创新机制下的市场均衡结果实现我国耕地利用与保护的帕累托最优的最优均衡价格条件，并且，对于任何$sc_{i_j}\neq0$或$ls_{i_j}\neq0$、$\hat{s}_{i_j}-sc_{i_j}+ls_{i_j}\neq0$、$\hat{c}_{i_j}+lc_{i_j}+sc_{i_j}\neq0$，表5－13中这组最优均衡价格是使中国特色耕地发展权创新机制下的市场均衡结果实现我国的耕地利用与保护的帕累托最优的唯一充分必要条件；（2）表5－13中“最优均衡价格条件”中的式（5.17^e）和式（5.18^e）可以由市场机制自动实现。

现实经济中，无法预先判断是否存在$sc_{i_j}\neq0$或$ls_{i_j}\neq0$、$\hat{s}_{i_j}-sc_{i_j}+ls_{i_j}\neq0$、$\hat{c}_{i_j}+lc_{i_j}+sc_{i_j}\neq0$，因此，表5－13中“最优均衡价格条件”列中的4个式子可以看作使中国特色耕地发展权创新机制下的市场均衡结果实现我国的耕地利用与保护的帕累托最优的唯一充分必要条件。根据引理5.1，最优均衡价格条件中的式（5.17^e）和式（5.18^e）可以由市场机制自动实现。因此，式（5.15^e）是唯一需要额外机制实现的最优均衡价格条件，式（5.15^e）可以转变为：

$$t_g-b_{gi_j}=\sum_{\bar{j}=1}^{J}\sum_{i_{\bar{j}}\neq i_j}^{I_{\bar{j}}}\left(\frac{\partial u_{i_{\bar{j}}}}{\partial S_g}\right)+\sum_{\bar{i}_j\neq i_j}^{I_j}\left(\frac{\partial u_{\bar{i}_j}}{\partial S_{gj}}\right)+\tau_g(\tau_g=\varpi_g-\upsilon_g,\text{为任意实数})\tag{5.22}$$

根据式（5.22），在我国，一单位第g种类耕地给整个国家其他经济主体带来的边际总收益为$\sum_{\bar{j}=1}^{J}\sum_{i_{\bar{j}}\neq i_j}^{I_{\bar{j}}}\left(\frac{\partial u_{i_{\bar{j}}}}{\partial S_g}\right)+\sum_{\bar{i}_j\neq i_j}^{I_j}\left(\frac{\partial u_{\bar{i}_j}}{\partial S_{gj}}\right)$，边际总收益包括两个部分，第一部分是该单位第g种类耕地给耕地拥有者之外的全国其他所有经济主体带来的边际总收益$\sum_{\bar{j}=1}^{J}\sum_{i_{\bar{j}}\neq i_j}^{I_{\bar{j}}}\left(\frac{\partial u_{i_{\bar{j}}}}{\partial S_g}\right)$，这一部分是全局公共外部性收益，主要是各个种

类耕地的粮食安全价值；第二部分是该单位第 g 种类耕地给耕地所在省域的其他所有经济主体带来的边际总收益 $\sum_{\bar{i}_j \neq i_j}^{I_j}\left(\frac{\partial u_{\bar{i}\bar{j}}}{\partial S_{gj}}\right)$，可以看作局部公共外部性收益，主要是各个种类耕地给耕地所在区域带来的生态价值。因此，在我国，为了使耕地保护的全部外部性收益内化，可以针对省域间的全局公共外部性收益和省域内的局部公共外部性收益两个层次分别构建相应的配置机制。

对于全局公共外部性收益，设定 $t1_g$ 为一单位第 g 种类耕地的补贴价格，$b1_{gi_j}$ 为对省域 j 内经济主体 i_j 征收（给予）的超过全社会总的无偿补充的第 g 种类耕地数量的一单位第 g 种类耕地存量的税额（补贴）。通过与上文类似的建模与推导可以得到：为了市场均衡结果实现我国耕地利用与保护的帕累托最优状态，针对全局公共外部性收益的唯一最优均衡价格为：

$$t1_g - b1_{gi_j} = \sum_{\bar{j}=1}^{J}\sum_{\bar{i}_{\bar{j}} \neq i_j}^{I_{\bar{j}}}\left(\frac{\partial u_{\bar{i}\bar{j}}}{\partial S_g}\right) + \tau 1_g \qquad (5.23)$$

对于局部公共外部性收益，设定 $t2_g$ 为补充一单位第 g 种类耕地的补贴价格，$b2_{i_jg}$ 为对区域 j 内经济主体 i_j 征收（给予）的超过整个区域 i 总的无偿补充的第 g 种类耕地数量的一单位第 g 种类耕地存量的税额（补贴）。通过与上文类似的建模与推导可以得到：为了市场均衡结果实现我国耕地利用与保护的帕累托最优状态，针对局部公共外部性收益的唯一最优均衡价格为：

$$t2_g - b2_{gi_j} = \sum_{\bar{i}_j \neq i_j}^{I_j}\left(\frac{\partial u_{\bar{i}_j}}{\partial S_{gj}}\right) + \tau 2_g \qquad (5.24)$$

式中，$\tau_g = \tau 1_g + \tau 2_g$。通过类似于附录 3B 的证明，也可以得到兼顾财政收支平衡和帕累托最优的针对全局公共外部性收益和局部公共外部性收益的耕地保护价格约束政策，分别见表 5 - 14 和表 5 - 15。由于针对全局公共外部性收益的最优均衡价格和局部公共外部性收益的最优均衡价格均具有唯一性，并且财政收支平衡式也具有唯一性，因此，表 5 - 14 描述的兼顾财政收支平衡和帕累托最优的针对全局公共外部性收益的耕地保护价格约束式具有唯一性，同样，表 5 - 15 描述的兼顾财政收支平衡和帕累托最优的针对局部公共外部性收益的耕地保护价格约束式也具有唯一性。

表 5-14　　针对全局公共外部性收益 $t1_g$ 和 $b1_{gi_j}$ 的解

价格约束类型	解的表达式
价格约束类型 I	$t1_g = \sum_{\bar{j}=1}^{J} \sum_{\bar{i}_{\bar{j}} \neq 1}^{I_{\bar{j}}} \left(\frac{\partial u_{\bar{i}_{\bar{j}}}}{\partial S_g}\right) + \frac{\tau 1_g \cdot I}{I-1}$　(5.25)
	$b1_{gi_j} = \frac{\partial u_{i_j}}{\partial S_g} + \frac{\tau 1_g}{I-1}$　(5.26)
	$\sum_{\bar{j}=1}^{J} \sum_{\bar{i}_{\bar{j}}=1}^{I_{\bar{j}}} (ls_{\bar{i}_{\bar{j}}} - sc_{\bar{i}_{\bar{j}}} - \bar{s}_{\bar{i}_{\bar{j}}}) \neq 0$　(5.27)
价格约束类型 Ⅱ	$t1_g - b1_{gi_j} = \sum_{\bar{j}=1}^{J} \sum_{\bar{i}_{\bar{j}} \neq i_j}^{I_{\bar{j}}} \left(\frac{\partial u_{\bar{i}_{\bar{j}}}}{\partial S_g}\right) + \tau 1_g$　(5.28)
	$\sum_{\bar{j}=1}^{J} \sum_{\bar{i}_{\bar{j}}=1}^{I_{\bar{j}}} (ls_{\bar{i}_{\bar{j}}} - sc_{\bar{i}_{\bar{j}}} - \bar{s}_{\bar{i}_{\bar{j}}}) = 0$　(5.29)

资料来源：笔者根据相关信息整理。

表 5-15　　针对局部公共外部性收益 $t2_g$ 和 $b2_{gi_j}$ 的解

价格约束类型	解的表达式
价格约束类型 I	$t2_g = \sum_{\bar{i}_j=1}^{I_j} \left(\frac{\partial u_{\bar{i}_j}}{\partial S_{gj}}\right) + \frac{\tau 2_g \cdot I_j}{I_j - 1}$　(5.30)
	$b2_{gi_j} = \frac{\partial u_{i_j}}{\partial S_{gj}} + \frac{\tau 2_g}{I_j - 1}$　(5.31)
	$\sum_{\bar{i}_j=1}^{I_{\bar{j}}} (ls_{\bar{i}_j} - sc_{\bar{i}_j} - \bar{s}_{\bar{i}_j}) \neq 0$　(5.32)
价格约束类型 Ⅱ	$t2_g - b2_{gi_j} = \sum_{\bar{i}_j \neq i_j}^{I_j} \left(\frac{\partial u_{\bar{i}_j}}{\partial S_{gj}}\right) + \tau 2_g$　(5.33)
	$\sum_{\bar{i}_j=1}^{I_{\bar{j}}} (ls_{\bar{i}_j} - sc_{\bar{i}_j} - \bar{s}_{\bar{i}_j}) = 0$　(5.34)

资料来源：笔者根据相关信息整理。

本章第二节构建的中国特色的耕地发展权创新机制中，针对全局耕地的公共外部性收益和局部公共外部性收益分别构建了国家耕地保护基金和地方耕地保护基金双层联动与分档补偿相结合的补偿机制，以内化耕地的全局公共外部性收益和局部公共外部性收益。并且，国家耕地保护基金的补偿标准为每单位耕地的粮食安全价值，即每单位耕地给整个国家带来的边际粮食安全价值，国家耕地保护基金向全国所有公民征收的标准是每个公民愿意为一单位耕地的边际粮食安全价值所付出的最大支付，根据经济学原理，公民愿意为一单位耕地的边际粮食安全价值所付出的最大支付本质上等于该单位耕地给该公民带来的边际粮食安全价值。由此可见，本章第二节构建的中国特色的耕地发展权制度中，设定$\tau 1_g = 0$、$t1_g = \sum_{\bar{j}=1}^{J} \sum_{\bar{i}_{\bar{j}}=1}^{I_{\bar{j}}} \left(\frac{\partial u_{\bar{i}_{\bar{j}}}}{\partial S_g} \right)$和$b1_{gi_j} = \frac{\partial u_{i_j}}{\partial S_g}$，$\tau 2_g = 0$、$t2_g = \sum_{\bar{i}_j=1}^{I_j} \left(\frac{\partial u_{\bar{i}_j}}{\partial S_{gj}} \right)$和$b2_{gi_j} = \frac{\partial u_{i_j}}{\partial S_{gi_j}}$。因此，本章第二节构建的中国特色的耕地发展权制度能够实现表表 5 - 14 和表 5 - 15 描述的兼顾财政收支平衡和帕累托最优的价格约束，即本章第二节构建的中国特色的耕地发展权制度能够实现我国耕地利用与保护的帕累托最优状态。尽管$\tau 1_g$和$\tau 2_g$设定成其他值也可以实现我国耕地利用与保护的帕累托最优状态，但是，$\tau 1_g$和$\tau 2_g$设定成其他值增加了制度的复杂性。

三、基于中国特色耕地发展权创新机制的耕地保护公平性分析

基于不同的价值观，则有不同的公平原则。我国的耕地配置中的社会公平，应该要以社会主义核心价值观为基础，以我国宪法为准绳，以党的最新指导思想为指导，应该体现以下两个原则。（1）机会、产权权利均等原则——同地同权同价，即相同种类的土地产权对于任何产权拥有者都应该具有相同的权利。获得转用审批并转为非农建设用地后的农民集体所有的耕地，理应和国有的建设用地一样，拥有均等的入市交易机会、权利，实现同地同权同价。（2）市场原则——耕地收益按贡献分配，即耕地收益要分配给谁、分配多少，关键要看谁在耕地创造收益中付出劳动做了贡献、付出多少劳动、做出多大的贡献。耕地保护的行为涉及三个方面：耕地保留农用、耕地非农化和耕地补充。因此，要实现耕地保护的公平，应该在耕地保护的这三个方面都坚持市场原则，即在这三个方面的耕地保护行为中，应该按劳按贡献分配相应的耕地收益。本章第二节构建的中国特色的耕地发展权创新机制能够满足这两个公平原则，具体体现以下方面。

首先，保留农用的现存耕地能够产生两种价值：现存耕地的使用价值和现存耕地的存在价值。其中，现存耕地的使用价值由现存耕地使用权予以保护和实现，属于现存耕地使用权所有人；现存耕地的存在价值由现存耕地发展权予以保护和实现，属于现存耕地发展权所有人。2019 年新修订的《土地管理法》第十三条明确：农民集体所有和国家所有依法由农民集体使用的耕地，采取农村集体经济组织内部的家庭承包方式承包。由此可见，农民集

体所有和国家所有依法由农民集体使用的耕地，其中，已经被承包的耕地的使用权归属于该耕地的承包者，而该农民集体中的农民则是该耕地的承包者；未被承包的耕地的使用权归属于农民集体。在中国特色的耕地发展权创新机制中，现存耕地发展权，即耕地保有指标归于现存耕地保护者——耕地所在的地方政府和拥有其所有权的农民集体，二者按一定比例分享耕地保护补贴基金。从而保护和鼓励耕地所在的地方政府和拥有其所有权的农民集体为保护耕地而牺牲现存耕地非农化机会而做出的贡献与努力。需要进一步说明，在中国特色的耕地发展权制度中，各地区无偿保有的耕地数量均为零，即 $\bar{s}_j=0$，换言之，任何地区现存耕地都获得耕地保护补偿，这也进一步体现了机会、产权权利均等原则，如果各地区无偿保有的耕地数量不设定为零，则意味着部分现存耕地可以获得补偿而部分现存耕地无法获得补偿，无法实现同地同权。

其次，在耕地非农化中，创造的收益可以分为三个部分：被占用耕地使用价值的补偿、被占用耕地存在价值的补偿和耕地非农化的价值增值。在中国特色的耕地发展创新机制中，被占用耕地使用价值补偿成本归属于被占用的现存耕地使用权所有人；被占用耕地存在价值补偿成本归属于被占用的现存耕地发展权所有人，即被占用现存耕地保护者——耕地所在的地方政府和拥有其所有权的农民集体，二者按一定比例分享被占用耕地存在价值补偿金；耕地非农化的价值增值由耕地非农化参与者共同分享，即被占用的现存耕地使用权所有人、耕地补充指标所有人、建设用地使用者、建设占用耕地规划（计划）指标所有人和基础设施建设者——政府共同分享，各参与者各自的分享数额则由各自在市场交易中的讨价还价能力决定。

最后，在将未利用地或建设用地转为耕地的过程中，创造的收益可以分为两个部分：新增耕地的使用价值和新增耕地的存在价值。其中，新增耕地的使用价值由新增耕地使用权予以保护和实现，属于新增耕地使用权所有人；新增耕地的存在价值由新增耕地发展权予以保护和实现，属于新增耕地发展权所有人。根据2019年新修订的《土地管理法》，转为耕地前的土地是农民集体所有的，则新增耕地使用权归相应的农民集体所有，转为耕地前的土地是国有的，则新增耕地使用权属于国有。在中国特色的耕地发展权创新机制中，不同质量等级的耕地补充指标归于补充新耕地的耕地补充者——复垦土地所在的地方政府。

综上所述，中国特色的耕地发展权制度充分体现了机会、产权权利均等原则和耕地收益按贡献分配的市场原则，实现了耕地利用与保护的公平目标，见

表 5－16。

表 5－16　中国特色的耕地发展权制度中的耕地收益构成与权益归属

类别	收益构成	权益归属	
		收益归属	产权归属
耕地保留农用	现存耕地使用价值	现存耕地使用权所有人	农民集体所有和国家所有依法由农民集体使用的耕地，其中，已经被承包的耕地的使用权归属于该耕地的承包者，而该农民集体中的农民则是该耕地的承包者；未被承包的耕地的使用权归属于农民集体
	现存耕地存在价值	现存耕地发展权所有人	耕地所在的地方政府和拥有其所有权的农民集体
耕地非农化	被占用耕地使用价值补偿成本	被占用的现存耕地使用权所有人	农民集体所有和国家所有依法由农民集体使用的被占用耕地，其中，已经被承包的耕地的使用权归属于该耕地的承包者，而该农民集体中的农民则是该耕地的承包者；未被承包的耕地的使用权归属于农民集体
	被占用耕地存在价值补偿成本	被占用的现存耕地发展权所有人	被占用的现存耕地所在的地方政府和拥有其所有权的农民集体
	耕地非农化的价值增值	耕地非农化参与者共同分享	被占用的现存耕地使用权所有人、耕地发展权所有人、建设用地使用者、基础设施建设者共同分享
耕地补充	新增耕地使用价值	新增耕地使用权所有人	转为耕地前的土地是农民集体所有的，则新增耕地使用权归相应的农民集体或承包该耕地的农民所有；转为耕地前的土地是国有的，则新增耕地使用权属于国有或承包该耕地的农民所有
	新增耕地存在价值	新增耕地发展权所有人	补充新耕地的耕地补充者——复垦土地所在的地方政府

资料来源：笔者根据相关信息整理。

第四节　小结

进一步以党的指导思想和我国宪法为指导，以耕地保护理论为支撑，以中国的耕地保护机制现状为基础，吸收现有耕地保护机制中的合理部分，修正并完善现有耕地保护机制中的不合理部分，进而从耕地发展权种类设置、实现方式、权能界定、产权归属以及相应的产权配置机制等方面系统构建中国特色的耕地发展权创新机制，是实现我国耕地利用与保护的效率与公平的根本途径。

为此，本章从种类设置、实现方式、权能界定、产权归属、配置机制等方面系统构建了中国特色的耕地发展权创新机制，具体见表5－17。

表5－17　中国特色的耕地发展权创新机制

耕地发展权种类	实现方式	权能界定	产权归属	配置机制
—	建设占用永久基本农田规划指标和建设占用永久基本农田计划指标	与一定数量永久基本农田保有指标一起，可以对相同数量、质量不高于新增耕地的永久基本农田（或普通耕地）进行非农化	中央政府	计划命令
	建设占用普通耕地规划指标和建设占用普通耕地计划指标	与一定数量普通耕地保有指标一起，可以对相同数量、质量不高于新增耕地的普通耕地进行非农化	地方政府	计划命令
不同质量等级的现存永久基本农田发展权	不同质量等级的永久基本农田保有指标	获取相应质量等级的永久基本农田保护补偿金	永久基本农田的保护者：所在地的地方政府和拥有其所有权的农民集体	国家耕地保护基金和地方耕地保护基金双层联动与分档补偿相结合的耕地保护基金补贴机制
不同质量等级的现存普通耕地发展权	不同质量等级的普通耕地保有指标	获取相应质量等级的普通耕地保护补偿金	普通耕地的保护者：所在地的地方政府和拥有其使用权的农民集体	国家耕地保护基金和地方耕地保护基金双层联动与分档补偿相结合的耕地保护基金补贴机制
不同质量等级的新增永久基本农田发展权	不同质量等级的永久基本农田保有指标	获取相应质量等级的永久基本农田保护补偿金	永久基本农田的保护者：所在地的地方政府和拥有其所有权的农民集体	国家耕地保护基金和地方耕地保护基金双层联动与分档补偿相结合的耕地保护基金补贴机制
	不同质量等级的永久基本农田补充指标	在获得国务院的规划和计划指标下对相同数量、质量不高于新增耕地的永久基本农田（或普通耕地）进行非农化	永久基本农田的补充者：所在地的地方政府	总量控制下的市场交易机制

续表

耕地发展权种类	实现方式	权能界定	产权归属	配置机制
不同质量等级的新增普通耕地发展权	不同质量等级的普通耕地保有指标	获取相应质量等级的普通耕地保护补偿金	普通耕地的保护者：所在地的地方政府和拥有其所有权的农民集体	国家耕地保护基金和地方耕地保护基金双层联动与分档补偿相结合的耕地保护基金补贴机制
	不同质量等级的普通耕地补充指标	在获得省级以上政府的规划和计划指标下对相同数量、质量不高于新增耕地的普通耕地进行非农化	普通耕地的补充者：所在地的地方政府	总量控制下的市场交易

资料来源：笔者根据相关信息整理。

通过构建数理模型，本章论证了中国特色的耕地发展权创新机制可以在兼顾政府财政收支平衡的前提下实现我国耕地保护的帕累托最优效率，模型中的主要变量或函数的含义与说明见表5－18。不仅如此，在中国特色的耕地发展权创新机制中，耕地的权益分配状况能够符合我国宪法和党的最新指导思想所确立的公平原则。中国特色的耕地发展权创新机制在坚守住土地公有制性质不改变、耕地红线不突破、农民利益不受损的三条底线的基础上，实现了我国耕地利用与保护的效率与公平。

表5－18　　　　本章的主要变量或函数的含义与说明

变量或函数	变量或函数的含义	说明
$g(\bar{g})$	耕地等级（耕地种类）索引	与前面几章的含义基本相同
G	耕地等级（耕地种类）总数	G＝15
z_max_g	第g等级耕地的标准粮产值的最大值	—
z_min_g	第g等级耕地的标准粮产值的最小值	—
l	$(0, z\_max_g - z\_min_g]$ 区间内的任一实数	—
v_s	一单位耕地粮食安全价值，即国家耕地保护基金的补充标准	—
t	国家对占用耕地收取的费用（具体包括耕地占用税、新增建设用地有偿使用费和耕地开垦费）	与前面几章的含义基本相同

续表

变量或函数	变量或函数的含义	说明
a	国家因保护现有耕地而必要的年支出	—
per_cg	必要的人均粮食消费量	—
I	全国人口总数	与前面几章的含义基本相同
χ	粮食生产的自给率	—
$\hat{S}$	当前全国耕地保有量（耕地的初始数量）	与前面几章的含义基本相同
p_g	粮食价格	—
per_pg	当前单位耕地的粮食产量	—
S_d	为保障粮食安全而至少要保有的耕地数量	—
$income_i$	经济主体 i 的人均可支配收入	—
wtp_s	每个经济主体愿意对每单位耕地存量给自身带来的粮食安全而给予的平均最大支付	—
$\hat{s}_i$	公共管理者规定经济主体 i 必须无偿保有的耕地数量	与前面几章的含义基本相同
d_j	第 j 地区的支付意愿调整系数	—
per_gdp_j	当前第 j 地区的人均 GDP	—
us1994_per_gdp	美国 1994 年的人均 GDP	—
v_{ej}	第 j 地区的每单位耕地的生态价值，即第 j 地区的每单位耕地的地方耕地保护基金补偿标准	—
p_ca_g	第 g 等级的耕地保有指标的价值	—
r	贴现率	—
LS_{gj}	区域 j 内的所有经济主体将未利用地转为第 g 种类耕地的总量	—
$t1_g$	补充一单位第 g 种类耕地所创造的全局公共外部性收益的补贴价格	—
$b1_{gi_j}$	对省域 j 内经济主体 i_j 征收（给予）的超过全社会总的无偿补充的第 g 种类耕地数量的一单位第 g 种类耕地存量所创造的全局公共外部性收益的税额（补贴）	—

续表

变量或函数	变量或函数的含义	说明
$t2_g$	补充一单位第 g 种类耕地所创造的局部公共外部性收益的补贴价格	—
$b2_{gi_j}$	对区域 j 内经济主体 i_j 征收（给予）的超过整个区域 j 总的无偿补充的第 g 种类耕地数量的一单位第 g 种类耕地存量所创造的局部公共外部性收益的税额（补贴）	—

注：本表只汇总了本章首次出现的变量或函数的名称与含义，或与其他章节名称相同但含义略有不同的变量或函数的名称与含义；本表没有列出的本章变量或函数的含义与本书其他章节同一变量或函数含义一致。

资料来源：笔者根据相关信息整理。

第六章　研究结论与政策建议

基于前文各章节的分析，本章将总结本书的主要结论，并在此基础上提出具有可操作性的完善耕地发展权制度和机制，从而实现我国耕地最优利用与保护的对策建议。

第一节　研究结论

（一）合理的产权制度以及相应的市场配置机制是实现稀缺资源优化配置的根本途径

产权是受制度（法律、规则、习惯）保护的对财产的权利，它保护了财产给相关经济主体带来的收益或效用，在交易时帮助相关经济主体形成合理的均衡收益预期，进而规范经济主体之间的行为关系，最终实现稀缺资源的优化配置。换言之，产权的设置保护了财产的内在价值，产权的合理初始归属调节了经济主体间的收益分配，产权的市场交易一方面实现了财产的内在价值，另一方面将稀缺的资源配置到最有效率的经济主体手中。合理的产权界定和产权交易能形成合理的收益分配，会引起合理的经济诱因，导致合理的经济行为，最终实现期望的资源配置效率和社会公平状况。

（二）耕地保护的核心问题是如何保护并内化耕地的公共外部性收益

耕地是人类赖以生存和发展的基本自然资源，它除了能为人类提供生产各种农产品的生产功能外，还能为人类提供社会粮食安全、生态服务等存在价值，而这些存在价值具有非竞争性和非排他性，是一种公共外部性价值。在没有对经济主体针对耕地存在所产生的公共外部性收益施加任何额外的价格约束政策情况下，各经济主体只会考虑耕地所带来的私人收益，而忽略了耕地所带来的外部收益，因而无法实现耕地利用与保护的帕累托最优效率，而这也就是需要对耕地施加额外保护的根本原因。耕地保护的核心问题即如何保护并内化耕地的公共外部性收益，以实现耕地收益的最大化。为此，需要对于耕地存在所产生的公共外部性收益实施额外的管理政策：对于每个经济主体补充一单位耕地的行为进行补贴，净补贴额等于该单位耕地给整个经济社会其他经济主体带来的边际外部收益；对于每个经济主体削减一单位耕地的行为进行征税，净税额等于该单位耕地给整个经济社会其他经济主体造成的边际外部成本，从而将耕地的公共外部性收益内化到经济主体的耕地利用与保护的决策当中。

（三）通过设置耕地发展权并构建合理的耕地发展权配置机制是实现耕地利用与保护的根本途径

耕地发展权是耕地农用用途的变更之权，其设置则是保护和实现耕地的存在价值（公共外部性收益）而对使用权的一种限制。因此，通过设置耕地发展权并构建合理的耕地发展权配置机制是实现耕地利用与保护的根本途径。目前，耕地发展权的配置机制主要有两类：计划命令的配置机制和经济措施的配置机制，其中，经济措施通过基于价格控制（庇古税与庇古补贴）、基于数量控制（总量控制下的市场交易）以及混合机制（综合了基于价格控制和基于数量控制）等基本方式来实现耕地发展权的内在价值进而保护耕地。总体而言，相对于计划命令的配置机制，经济措施因具有成本有效性而备受推介。庇古税与庇古补贴、总量控制下的市场交易和混合机制各有优缺点，其中，混合机制兼得了基于价格控制和基于数量控制的优点，在很多情况下优于纯价格控制和纯数量控制，尤其在考虑不确定性的情况下更是具有明显的优势。

经济发展不能仅仅只讲经济效益，还要兼顾公平。从经济学视角看，公平可以分为机会公平和结果公平。相对于公平标准的不统一，现有文献在资源配置的效率标准上有相对统一的共识，即资源配置应该达到帕累托最优状态、实现帕累托最优效率。因此，实现资源配置的效率与公平，应该更强调在实现资源配置的帕累托最优效率的基础上尽可能兼顾公平。从经济学视角看，机会公平是发挥市场配置资源的基础性作用、提高耕地利用与保护的配置效率、实现耕地利用与保护给整个社会带来最大化收益的首要条件；而通过界定耕地发展权并构建相应的市场机制可以实现耕地利用与保护的帕累托最优效率。因此，界定耕地发展权并构建相应的市场机制与机会公平实质上是统一的。耕地利用与保护最优状态的福利总额在各经济主体的任何一种分配方案，都可以通过某一无偿补充的耕地数量分配方案予以实现。由此可见，在构建耕地发展权机制时，通过设定恰当的无偿补充的耕地数量分配方案可实现期望的结果公平。

（四）我国耕地保护制度和机制变迁具有明显的阶段性特征、清晰的变迁路径和深层次的变迁动因

基于耕地发展权理论，可以将改革开放以来我国耕地保护制度和机制的变迁历程分为三个阶段：（1）1978～1986 年的耕地保护制度和机制的起步阶段，即耕地发展权逐步确立阶段；（2）1987～1999 年的耕地保护制度的构建阶段，即耕地发展权计划配置机制的构建阶段；（3）2000 年至今的耕地保护制度的完善阶段，即耕地发展权经济措施的配置机制的构建阶段。

由上述的阶段划分可以看出，改革开放以来，我国耕地保护制度和机制顺着以下的逻辑路径持续推进：由最初的耕地发展权缺失和产权主体虚置，逐步变迁到 1986 年《土地管理法》框架下的地方政府以征收权和出让权的形式实质性地确立耕地发展权，再到 1998 年逐步建立总量控制下的计划命令的配置机制，2000 年至今正处于耕地发展权的计划命令的配置机制向经济措施的配置机制变迁过程中。浙江指标交易、重庆地票交易、城乡建设用地增减挂钩等机制本质上构建了新增耕地发展权的市场交易机制；成都耕地保护基金机制本质上构建了现存耕地发展权内在价值的补偿机制；永久基本农田制度和以数量为基础、产能为核心的占补新机制本质上区分了不同种类的耕地的发展权，并赋予不同种类的耕地的发展权不同的权能；耕地占补平衡指标、城乡建设用地增减挂钩指标的跨省域交易机制则是将耕地发展权交易市场范围从局部的省域市场拓展到全国市场。

从总体上看，我国耕地发展权机制的每次变迁都修正了此前制度安排的不足之处，均促进了效率与公平的改进，不过，每次变迁也遗留了部分问题，从而为下一阶段的制度变迁埋下伏笔。当前，我国耕地保护机制依然存在耕地发展权种类设置不够明确、配置机制不够完善、不同耕地发展权的权能实现形式不够明确、耕地发展权归属不够清晰等问题，影响了耕地利用与保护的效率与公平，也为耕地发展权制度和机制的进一步创新埋下伏笔。

（五）中国特色的耕地发展权创新机制可以实现我国耕地利用与保护的效率与公平

要进一步以党的指导思想和我国宪法为指导，以耕地保护理论为支撑，以中国的耕地保护机制现状为基础，吸收现有耕地保护机制中的合理部分，修正完善现有耕地保护机制中的不合理部分，进而从耕地发展权种类设置、实现方式、权能界定、产权归属以及相应的产权配置机制等方面系统构建中国特色的

耕地发展权创新机制，是实现我国耕地利用与保护的效率与公平的根本途径。

首先，应该根据耕地的保护级别、耕地的质量等级、耕地是否新增等维度区分耕地发展权种类；其次，将各种耕地发展权的权能分解到建设占用耕地计划指标、建设占用耕地计划指标、耕地保有指标、耕地补充指标等耕地指标中；再次，将各种耕地指标在耕地保护的利益相关者中进行合理归属；最后，需要针对不同的各种指标构建不同的配置机制，即综合了庇古补贴、总量控制下的市场交易的混合机制：建设占用耕地计划指标和建设占用耕地计划指标采用计划命令的配置机制，耕地保有指标采用国家耕地保护基金和地方耕地保护基金双层联动与分档补偿相结合的耕地保护基金补贴机制，耕地补充指标则采用总量控制下的市场交易机制。

通过构建数理模型，可以得到结论：中国特色的耕地发展权创新机制实现了我国耕地利用与保护的效率与公平。

第二节　政策建议

根据以上的结论，本书提出以下政策建议。

（一）明晰政府与市场在耕地保护中的作用分工

在科斯看来，外部性的根本原因在于产权的缺失，如果已经对外部性进行了有效的产权界定，经济主体就可以通过产权的使用与交易获得外部性收益，从而使外部性收益内部化，就不会存在外部性导致的市场失灵。改革开放以来，我国耕地保护之所以存在无效率和不公平的状态，其根本原因在于保护耕地公共外部性收益的耕地发展权的缺失以及相应配置机制的不完善，引起了耕地公共外部性价值的流失，导致耕地的过度非农化。由于耕地发展权的缺失以及相应配置机制的不完善，作为公权代表的政府就自然而然地成为耕地保护与非农化配置的权利的实际拥有者。因此，众多学者很自然地诟病政府是导致耕地利用与保护无效与不公状态的“罪魁祸首”。事实上，如果政府没有介入，而是由农民或农民集体来支配耕地保护与非农化配置的权利，并不能改变耕地保护的公共外部性价值缺乏产权保护的状态，最终，耕地保护与非农化配置无效的结果一样不可避免。

虽然，政府直接介入耕地保护与非农化配置不是造成无效与不公状态的根本原因，但是这也不能成为政府直接介入的理由。市场调节和政府计划是资源配置的两种主要方式，二者在资源配置中各有优缺点。为了更好地利用与保护耕地，应该要构建综合了宏观调控的市场机制，使市场在耕地保有、耕地非农化利用和耕地补充中起决定性作用的同时更好地发挥政府作用，最终实现耕地利用与保护的效率与公平。由此可以明确政府与市场在耕地保护中的界线：一方面，要在耕地利用与保护中建立、完善市场机制，使市场在耕地利用与保护中起决定性作用，以实现耕地利用与保护的帕累托最优效率。另外，政府应该立足于宏观管理，注重纠正市场失灵，完善市场机制，以促进市场对耕地资源的有效配置，同时通过土地利用的总体规划、财税机制以及土地产权的核配等政策措施，对耕地利用与保护中的收益进行合理分配，促进效率与公平的实现，最终提高全社会的福利水平。具体而言，首先，政府要事先根据社会追求的管理目标，明确土地利用分区，并在此基础上，系统构建耕地发展权制度，清晰界定耕地发展权的种类、权能、实现形式与归属；其次，要针对不同种类的耕地发展权构建相应的配置机制（总量控制下的市场交易机制或庇古税与庇古补贴机制），充分保护与实现耕地发展权；最后，加强耕地保护的考核与监督，以确保各经济主体在权利范围内进行经济行为，保障耕地保护的管理目标的实现。

（二）完善中国特色耕地发展权种类设置、实现方式、权能界定和产权归属等制度安排

耕地不仅是重要的农业生产资源，也是一种基本的生态系统，从社会整体的角度来看，所有经济主体的耕地保有总量与社会最优量相比往往太低了。耕地保护的实质与核心问题是要保护并将这些公共外部性收入内化到经济主体的耕地利用与保护的决策当中。耕地发展权的设置与交易则保护与实现了耕地的这些公共外部性收益。因此，要区分清楚政府与市场的界线，实现我国耕地利用与保护的效率与公平，最根本的是完善中国特色的耕地发展权制度。以我国现有耕地保护机制的创新实践为基础，从耕地发展权种类设置、实现方式、权能界定和产权归属等维度进一步建立健全中国特色的耕地发展权制度安排，具有推行成本低的优势。

（三）建立健全耕地发展权配置机制

耕地发展权的配置机制主要有两类：计划命令的配置机制和经济措施的配置机制，经济措施又可以进一步区分为基于价格控制的经济措施（庇古税与庇古补贴）、基于数量控制（总量控制下的市场交易）以及混合机制等三种基

本方式。这三种配置机制具有不同的优缺点。本书认为应该以我国现有耕地保护机制的创新实践为基础，综合考虑各耕地指标的特点与各种配置机制的优缺点，建立健全我国耕地发展权配置机制。

鼓励基于不同质量等级的耕地补充指标、不同质量等级的耕地保有指标等耕地指标的金融产品创新。鼓励商业银行创新基于耕地指标为抵押的信贷产品，支持以耕地指标为基础标的进行的资产证券化创新，从而拓宽耕地保护的资金来源，引导社会资本通过市场机制流向耕地保护领域。

（四）完善耕地保护的支持体系

不管是不同质量等级的耕地保有指标的补偿工作，还是不同质量等级的耕地补充指标的市场交易，都要基于精确的各地区不同质量等级的耕地的实时数据、充分的耕地保护监督、强有力的耕地违规行为处罚、合理的耕地保护考核等。(1) 综合利用卫星遥感、地理信息系统、数据库等相关技术，建立国土资源动态监测系统，提高信息化水平，建立我国各地区不同质量等级的耕地实时数据库，利用现代化的科技和管理手段对耕地资源进行有效监控。(2) 更多地赋民以权，让广大人民监督、制约地方政府和官员的耕地保有、耕地非农化和耕地补充等行为；充分发挥各级人民代表大会的耕地保护监督作用，使其真正起到委托者和监督者的职能；建立土地咨询机构和畅通的外部监督渠道，充分发挥媒体的监督作用，保障公众在耕地保有、耕地非农化和耕地补充过程中的知情权、参与权和监督权。(3) 加大对耕地违规占用行为的查处力度，增加地方政府违规行为被查处后的损失；坚决依法处罚违规征收耕地的单位，明确领导责任并加大对责任人的处罚力度，特别是对于涉及金额巨大、影响恶劣的违规占用或征收耕地的行为。(4) 加强对地方政府的耕地保护绩效非经济指标的考核，尤其是加强永久基本农田保护、耕地占补平衡的核查，使耕地保护制度得到切实执行。

参考文献

[1] [美] A 迈里克·弗里曼. 环境与资源价值评估——理论与方法 [M]. 曾贤刚, 译. 北京: 中国人民大学出版社, 2002.

[2] [美] Scott J Callan, Janet M Thomas. 环境经济学与环境管理 [M]. 李建民, 姚从睿, 译. 北京: 清华大学出版社, 2006.

[3] [美] 贝克尔. 家庭经济分析 [M]. 北京: 华夏出版社, 1987.

[4] 毕宝德. 土地经济学 [M]. 北京: 中国人民大学出版社, 2006.

[5] 蔡燕培, 许实, 方斌. 地方政府耕地保护义务量配置与对策研究 [J]. 中国土地科学, 2015, 29 (6): 26-32, 74.

[6] 蔡银莺, 李晓云, 张安录. 耕地资源非市场价值评估初探 [J]. 生态经济, 2006 (2): 10-14.

[7] 蔡银莺、余元. 基本农田规划管制下农民的土地发展权受限分析——以江夏区五里界镇为实证 [J]. 中国人口·资源与环境, 2012, 22 (9): 76-82.

[8] 曹瑞芬, 张安录, 万珂. 耕地保护优先序省际差异及跨区域财政转移机制——基于耕地生态足迹与生态服务价值的实证分析 [J]. 中国人口·资源与环境, 2015, 25 (8): 34-42.

[9] 柴铎, 董藩. 美国土地发展权制度对中国征地补偿改革的启示——基于福利经济学的研究 [J]. 经济地理, 2014, 4 (2): 148-153.

[10] 陈百明. 中国农业资源综合生产能力与人口承载能力 [M]. 北京: 气象出版社, 2001.

[11] 陈佳骊. 美国新泽西州土地发展权转移银行的运作模式及其启示 [J]. 中国土地科学, 2011, 25 (5): 85-90.

[12] 陈江龙, 曲福田等. 农地非农化效率的空间差异及其对土地利用政策调整的启示 [J]. 管理世界, 2004 (8): 37-42.

[13] 陈怡竹. 中国土地征收程序模式之转型: 从管理主义到协商合作 [J]. 中国土地科学, 2020, 34 (4): 35-40, 47.

[14] 陈征, 李建平, 郭铁民. 政治经济学 [M]. 北京: 经济科学出版

社，2001.

[15] 陈征．劳动和劳动价值论 [M]. 北京：高等教育出版社，2005.

[16] 陈征．土地价值论 [J]. 福建论坛（人文社会科学版），2005 (2)：4-6.

[17] 陈志刚，曲福田，韩立，高艳梅．工业化、城镇化进程中的农村土地问题：特征、诱因与解决路径 [J]. 经济体制改革，2010 (5)：93-98.

[18] [美] 哈罗德·德姆塞茨．关于产权的理论 [C]. 上海：上海三联出版社，1994.

[19] 高鸿业．西方经济学 [M]. 北京：中国人民大学出版社，1999.

[20] 管新春．改革开放以来农村土地制度的变迁及其发展趋势 [J]. 人民论坛（中旬刊），2013 (9)：216-217.

[21] 黄小虎．中国土地使用制度改革的成果经验、存在问题与未来趋势 [J]. 国土资源情报，2010 (5)：36-39.

[22] 贾生华，郑文娟．加快征地制度改革的突破口 [J]. 经济体制改革，2010 (4)：90-94.

[23] 江平，巫昌祯．现代实用民法词典 [M]. 北京：北京出版社，1988.

[24] 靳相木，姚先国．农地非农化管理的分权取向改革及其情景模拟 [J]. 公共管理学报，2010 (3)：10-20.

[25] 靳相木．新增建设用地指令性配额管理的市场取向改进 [J]. 中国土地科学，2009，23 (3)：19-23.

[26] 科斯．财产权利与制度变迁 [M]. 上海：上海人民出版社、上海三联书店，1994.

[27] 李孟波，李春聚，姜乖妮．耕地资源价值研究综述 [J]. 价值工程，2007 (6)：51-54.

[28] 李升发，李秀彬，辛良杰等．中国山区耕地撂荒程度及空间分布——基于全国山区抽样调查结果 [J]. 资源科学，2017，39 (10)：1801-1811.

[29] 李嵩誉．农地发展权与农民农地增值收益的合理分配 [J]. 天津市经理学院学报，2010 (3)：5-7.

[30] 廖小军. 中国失地农民研究 [M]. 北京：社会科学文献出版社，2005.

[31] 林坚，许超诣．土地发展权、空间管制与规划协同 [J]. 城市规划，2014 (1)：26-34.

[32] 林卿．农地利用问题研究 [M]. 北京：中国农业出版社，2003.

[33] 林卿. 世贸组织框架下闽台农业资源整合与优化配置 [M]. 北京: 中国农业出版社, 2004.

[34] 林晓雪. 改革开放后我国耕地保护政策的演变及分析 [D]. 华南理工大学, 2014.

[35] 林毅夫. 制度、技术与中国农业发展 [M]. 上海: 上海人民出版社, 2008.

[36] 刘芳慈. 台湾农地发展权转移制度的设计 [D]. 台北大学博士论文, 2013.

[37] 刘国凤. 中国最严格耕地保护制度研究 [D]. 吉林大学, 2011.

[38] 刘书凯, 曲福田. 土地经济学 [M]. 北京: 中国农业出版社, 2004.

[39] 卢现祥. 新制度经济学 [M]. 武汉: 武汉大学出版社, 2004.

[40] 罗必良. 新制度经济学 [M]. 山西: 山西经济出版社, 2005.

[41] 罗杰·珀曼等. 自然资源与环境经济学 [M]. 北京: 中国经济出版社, 2002.

[42] 罗凌霄. 成都市耕保基金制度的做法、成效及对策建议 [J]. 天府新论, 2012 (2): 74-78.

[43] 马凯, 钱忠好. 中国农村集体非农建设用地市场长期动态均衡分析 [J]. 中国土地科学, 2009, 23 (3): 66-71.

[44] 马克思恩格斯全集 (第25卷) [M]. 北京: 人民出版社, 1974.

[45] 牛善栋, 方斌. 中国耕地保护制度70年: 历史嬗变、现实探源及路径优化 [J]. 中国土地科学, 2019, 33 (10): 1-12.

[46] 诺斯. 经济史上的结构与变革 [M]. 北京: 商务印书馆, 1992.

[47] 逄锦聚, 洪银兴, 林岗, 刘伟. 政治经济学 (第三版) [M]. 北京: 高等教育出版社, 2007.

[48] 邱道持, 廖万林, 廖和平. 小城镇建设用地指标配置研究 [J]. 西南师范大学学报 (自然科学版), 2002, 27 (6): 970-973.

[49] 权衡. 收入分配经济学 [M]. 上海: 上海人民出版社, 2007.

[50] 任艳胜. 基于主体功能分区的耕地发展权补偿研究 [D]. 武汉: 华中农业大学博士学位论文, 2009: 27.

[51] 十九大精神十三讲 [M]. 北京: 人民出版社, 2017.

[52] 孙敬水, 吴娉娉. 初次分配公平满意度研究——基于起点公平、过程公平、结果公平的微观证据 [J]. 浙江大学学报 (人文社会科学版), 2019,

49 (4): 88 - 103.

[53] 汤怀志，桑玲玲，郧文聚．我国耕地占补平衡政策实施困境及科技创新方向 [J]. 中国科学院院刊，2020，35 (5): 637 - 644.

[54] 汤姆·泰坦伯格．环境与自然资源经济学 [M]. 严旭阳等，译．北京：经济科学出版社，2003.

[55] 田茫茫．地票交易政策实施中的问题——来自重庆市彭水靛水乡新田坡村的案例 [D]. 西南大学博士论文，2013.

[56] 童菊儿，严斌，汪晖．异地有偿补充耕地——土地发展权交易的浙江模式及政策启示 [J]. 国际经济评论，2012 (2): 140 - 152.

[57] 汪晖，陶然．论土地发展权转移与交易的"浙江模式"——制度起源、操作模式及其重要含义 [J]. 管理世界，2009 (8): 39 - 52.

[58] 汪晖，王兰兰，陶然．土地发展权转移与交易的中国地方经验——背景、模式、挑战与突破 [J]. 城市规划，2011，35 (7): 9 - 14.

[59] 王文龙．土地发展权交易视角下的粮食安全区域协调机制研究——以浙江省为例 [J]. 经济体制改革，2015 (1): 90 - 94.

[60] 王志勤．德国土地抵押权证券化 [J]. 上海大学学报（社会科学版)，2020，37 (2): 104 - 119.

[61] 魏来，黄祥祥．集体经营性建设用地入市改革的实践进程与前景展望——以土地发展权为肯綮 [J]. 华中师范大学学报（人文社会科学版)，2020，59 (4): 34 - 42.

[62] 吴宣恭．产权理论比较：马克思主义与西方现代产权学派 [M]. 北京：经济科学出版社，2000.

[63] 习近平新时代中国特色社会主义思想三十讲 [M]. 北京：人民出版社，1972.

[64] 许恒周．市场失灵与农地非农化过度性损失研究 [D]. 南京：南京农业大学博士学位论文，2008: 77 - 78.

[65] 杨召欣．基于资源价值功能的农地价值评估研究 [D]. 南京：南京农业大学硕士学位论文，2008: 27.

[66] 姚洋．土地、制度和农业发展 [M]. 北京：北京大学出版社，2004.

[67] 臧俊梅，王万茂，陈茵茵．农地发展权的价格涵义与价值分析 [J]. 经济体制改革，2009 (5): 88 - 93.

[68] 臧俊梅，郑捷航，林晓雪，苏少青，李利番．1978 年以来中国耕地保护的嬗变与启示——基于国家层面政策文本的分析 [J]. 广东土地科学，

2019, 18 (5): 38 -48.

[69] 张蔚文，李学文. 外部性作用下的耕地非农化权配置——“浙江模式”的可转让土地发展权真的有效率吗? [J]. 管理世界, 2011 (6): 47 -62.

[70] Aaron W Thompson, Linda Stalker Prokopy. Tracking urban sprawl: Using spatial data to inform farmland preservation policy. Land Use Policy, 2009 (26): 194 -202.

[71] Abe T. Consistency and the core in games with externalities [J]. International Journal of Game Theory, 2018, 47 (1): 133 -154.

[72] Amnon Frenkel. The potential effect of national growth-management policy on urban sprawl and the depletion of open spaces and farmland [J]. Land Use Policy, 2004 (21): 357 -369.

[73] Antonio Scialà. External economies and diseconomies in a competitive situation [J]. Studi Economici, 2000, 70 (245): 54 -67.

[74] Aumarm R J. Acceptable points in general cooperative n-person games [J]. Contributions to the Theory of Games (AM -40), 1959 (4): 287 -324.

[75] Blondel Averil Brinkman. Farmland preservation and conversion: An econometric analysis of the impact for the Northeastern United States [D]. West Lafayette: Purdue University, 2006.

[76] Chander P. The gamma-core and coalition formation [J]. International Journal of Game Theory, 2007, 35 (4): 539 -556.

[77] Chander P. Subgame-perfect cooperative agreements in a dynamic game of climate change [J]. Journal of Environmental Economics & Management, 2017 (84): 173 -188.

[78] Driesen D M. Emissions trading versus pollution taxes: Playing “nice” with other instruments [J]. Environmental Law, 2017, 48 (29): 31 -80.

[79] Goulder L H, Schein A R. Carbon Taxes versus cap and trade: A critical review [J]. Climate Change Economics, 2013, 4 (3): 1350010 -1 -1350010 -28.

[80] Graff J. Soil Conservation and sustainalbe land use: An economic approach [M]. Amersterdam, 1994.

[81] Hepburn C. Regulation by prices, quantities, or both: A review of instrument choice [J]. Oxford Review of Economic Policy, 2006, 22 (2): 226 -247.

[82] Huang C Y, Sjostrom T. Consistent solutions for cooperative games with externalities [J]. Games and Economic Behavior, 2003 (43): 196 -213.

[83] Keohane N O. Cap and trade, rehabilitated: Using tradable permits to control U. S. greenhouse gases [J]. Review of Environmental Economics & Policy, 2009, 3 (1): 42 -62.

[84] Mansur E T. Prices versus quantities: Environmental regulation and imperfect competition [J]. Journal of Regulatory Economics, 2013, 44 (1): 80 -102.

[85] Marron D B, Toder E J. Carbon taxes and corporate tax reform [J]. Social Science Electronic Publishing, 2015: 141 -158.

[86] Mattew Henson Brinkley. Where is TDR working and how would we know: Results from a nationwide study of TDR program components and outcomes [D]. A Thesis Submitted to Michigan State University, 2007.

[87] Metcalf G E. Designing a Carbon Tax to Reduce U. S. Greenhouse Gas-Emissions [J]. Nber Working Papers, 2009, 3 (1): 63 -83.

[88] Michale D Kaplowitz, Patricia Machemer, Rick Pruetz. Planners' experiences in managing growth using transferable development rights (TDR) in the United States [J]. Land Use Policy, 2008 (25): 378 -387.

[89] Nash J F. Two person cooperativegames [J]. Econometrica, 1953 (21): 128 -140.

[90] Nelson Arthur C, Rick Pruetz, Doug Woodruff. The TDR handbook: Designing and implementting transfer of development rights programs [M]. Washington DC: Island Press, 2012.

[91] Okada A. The Nash bargaining solution in general n-person cooperative games [J]. Journal of Economic Theory, 2010, 145 (6): 2356 -2379.

[92] Pearce D, Turner K. Economics of natural resources and the environment [M]. New York: Harvester Wheatsheaf, 1990.

[93] Robert Costanza, Ralphd Arge et al. The value of the world's ecosystem services and natural capital [J]. Nature: 1997, 387 (15): 256.

[94] Robert Evenson, Prabhu Pingali. Handbook of agricultural economic [M]. North-Holland, 2010.

[95] Rubinstein A. Perfect equilibrium in a bargaining model [J]. Econometrica, 1982, 50 (1): 97 -109.

[96] Seong-Hoon Cho. Urbanization under uncertainty and land use regulations: Theory and estimation [D]. Corvallis: Oregon State University, 2001.

[97] Serrano R. Fifty years of the Nash program, 1953 -2003 [J]. Investi-

gaciones Economicas, 2005 (29): 219 - 258.

[98] Shapley L S. A value for n-persons games [J]. Annals of Mathematics Studies, 1953 (28): 307 - 318.

[99] Shikha Marwah. Land preservation decisions: Theoretical and empirical analysis [D]. Iowa: Iowa State University, 2004.

[100] Stavins R N. A meaningful U. S. cap-and-trade system to address climate change [J]. Working Papers, 2008.

[101] StorrØsten, Briseid H. Prices versus quantities: Technology choice, uncertainty and welfare [J]. Environmental and Resource Economics, 2014, 59 (2): 275 - 293.

[102] Stranlund J K, Son I. Prices versus quantities versus hybrids in the presence of co-pollutants [J]. Environmental and Resource Economics, 2018.

[103] Timm Kroeger, Frank Casey. An assessment of market-based approaches to providing ecosystem services on agricultural lands [J]. Ecological economics, 2007, 64 (2): 321 - 332.

[104] Tomas MKoontz. The farmer, the planner, and the local citizen in the dell: How collaborative groups plan for farmland preservation [J]. Landscape and Urban Planning, 2003 (66): 19 - 34.

[105] Trejo K K, Clempner J B, Poznyak A S. Computing the Nash Bargaining Solution for multiple players in discrete-time markov chains games [J]. Cybernetics and Systems, 2019 (2): 1 - 26.

[106] Ulrike K, Robert M. Prices vs quantities for international environmental agreements [J]. Oxford Economic Papers, 2018.

[107] Wei Li, Tingting Feng, Jinmin Hao. The evolving concepts of land administration in China: Cultivated land protection perspective [J]. Land Use Policy, 2009 (26): 262 - 272.

[108] Wei Yaping, Zhao Min. Urban spill over vs local urban sprawul: Entangling land-use regulations in the urban growth of China's megacities [J]. Land Use Policy, 2009 (26): 1031 - 1045.

[109] William J Baumol, Wallace E Oates. The theory of environmental policy (Second edition) [M]. Cambridge: Cambridge University Press, 1988.

[110] Woodward R T et al. The economic value of wet land services: A metananlysis [J]. Ecological Economics, 2001, 37 (2): 257 - 270.

[111] Zhong Ming, Hunt John Douglas, Abraham John Edward. Design and development of a statewide land use transport model for Alberta [J]. Journal of transportation, 2007, 7 (1): 79 -91.

[112] Zhu J. From land use rights to land development rights: Institutional change in China's urban development [J]. Urban Studies, 2004, 41 (7): 1249 - 1267.